射击运动脑电分析与反馈训练研究

龚安民 伏云发 谷 峰 著

西北工业大学出版社

西安

【内容简介】 本书聚焦射击运动行为,以探索射击运动神经机制、优化射击训练方法、提升射击表现为目标,重点论述了脑电图技术在射击运动行为机制研究中的最新研究成果,探讨了射击瞄准阶段的 EEG 信号特征分析、静息态 EEG 与射击表现之间的联系、精英射手的 EEG 信号特质以及利用神经反馈训练提升射击表现等方面的关键问题。本书研究内容涉及运动科学、心理学、神经科学、生物医学工程等多个方面,具有较高的多学科交叉融合特色。

本书可以作为从事运动心理学、神经科学、生物医学工程等研究工作的教师、研究人员、技术人员以及高年级本科生和研究生的研究参考用书。

射击运动脑电分析与反馈训练研究/龚安民,伏云发,谷峰著. —西安:西北工业大学出版社,2024.8.
ISBN 978-7-5612-9379-9

Ⅰ.G871

中国国家版本馆 CIP 数据核字第 2024K49U77 号

SHEJI YUNDONG NAODIAN FENXI YU FANKUI XUNLIAN YANJIU

射击运动脑电分析与反馈训练研究

龚安民　伏云发　谷峰　著

责任编辑:朱辰浩	**策划编辑**:杨　军
责任校对:孙　倩	**装帧设计**:高永斌　董晓伟

出版发行:西北工业大学出版社
通信地址:西安市友谊西路 127 号　　　邮编:710072
电　　话:(029)88491757,88493844
网　　址:www.nwpup.com
印　刷　者:兴平市博闻印务有限公司
开　　本:710 mm×1 000 mm　　　1/16
印　　张:18.875
字　　数:359 千字
版　　次:2024 年 8 月第 1 版　　　2024 年 8 月第 1 次印刷
书　　号:ISBN 978-7-5612-9379-9
定　　价:79.00 元

如有印装问题请与出版社联系调换

前　言

随着各国"脑计划"的研究开展,神经科学在运动科学领域中的应用也受到了广泛关注,人们期望利用神经科学的研究成果促进运动科学的发展,提升运动表现。本书聚焦射击这一古老而重要的运动类型,以优化射击训练方法、提升射击表现为目标,重点论述了近年来脑电图(Electroencephalogram,EEG)技术在射击运动行为机制研究中的发展现状和发展趋势,归纳了该领域中各具特色的研究类型。结合笔者近年的研究成果,以 EEG 作为主要技术手段,重点探讨了射击瞄准阶段的 EEG 信号特征机制分析、静息态 EEG 与射击表现之间的联系、精英射手的 EEG 信号特质以及利用神经反馈训练提升射击表现等方面的关键问题。本书介绍的相关研究成果已发表在影响力较高的国际刊物上,得到了学术同行们的肯定。本书的结构和详细内容如下:

第 1 部分主要介绍相关基本概念,具体包括:

(1)射击运动概述(第 1 章);

(2)脑电信号基本原理和分析方法(第 2 章);

(3)脑电技术在运动科研领域中的应用(第 3 章)。

第 2 部分主要介绍基于 EEG 的射击准备阶段大脑神经机制分析,具体包括:

(1)射击瞄准阶段脑网络机制分析(第 4 章);

(2)视听干扰环境下射击准备阶段脑电功率特征分析(第 5 章);

(3)视听受限条件下射击准备阶段脑电网络特征研究(第 6 章)。

第 3 部分主要介绍基于 EEG 的高水平射手大脑神经特征分析,具体包括:

(1)专业射击运动员静息态脑网络特性研究(第 7 章);

(2)静息态 EEG 在射击水平评估和优秀射手选拔中的应用研究(第 8 章);

(3) 精英射箭运动员的大脑神经特质-脑网络拓扑分析研究（第9章）；

(4) 精英和专家射击运动员在不同状态下 EEG 微状态分析（第10章）。

第4部分主要介绍面向射击训练的神经反馈技术研究，具体包括：

(1) 用于提升运动表现的神经反馈训练技术综述（第11章）；

(2) 用于提升射击表现的神经反馈系统设计和开发（第12章）；

(3) 用于提升射击表现的 SMR 和 Alpha 节律神经反馈比较研究（第13章）；

(4) PEAK 神经反馈训练对提升射击表现的效果和无应答者特性研究（第14章）。

本书撰写分工如下：龚安民负责撰写第1、4、7、8、11、13、14章，伏云发负责撰写第2、3、12章，谷峰负责撰写第5、6、9、10章。

本书的完成得到了国家自然科学基金项目（项目编号：62006246、82172058、62376112、81771926、61763022）、中国博士后科学基金第73批面上资助（项目编号：2023M734315）、西安市科协青年人才托举计划项目（项目编号：959202413100）、中央军事委员会科学技术委员会基础加强计划重点基础研究项目（项目编号：2019JCJQZD11500）的资助，在此特别向资助单位表示感谢。

在撰写本书的过程中，笔者参考了大量文献与资料，在此向其作者表示感谢。

由于笔者水平有限，书中难免存在疏漏之处，恳请同行学者批评指正。

著 者
2024 年 5 月

目 录

第 1 章　射击运动概述 ·· 1
　1.1　射击运动的基本概述 ··· 1
　1.2　射击运动的竞技能力分析 ·· 4
　1.3　本章小结 ··· 9
　参考文献 ·· 9

第 2 章　脑电信号基本原理和分析方法 ·· 12
　2.1　脑电信号的起源、概念和特点 ··· 12
　2.2　脑电信号采集和预处理 ··· 15
　2.3　脑电信号的经典分析方法 ·· 17
　2.4　脑电信号的现代分析方法 ·· 18
　2.5　本章小结 ··· 27
　参考文献 ·· 27

第 3 章　脑电技术在运动科研领域中的应用 ··· 35
　3.1　精细型运动行为的脑电神经机制 ··· 35
　3.2　非精细型运动的脑电神经机制 ··· 44
　3.3　用于提升运动表现的 EEG 神经反馈训练 ······································· 52
　3.4　本章小结 ··· 55
　参考文献 ·· 55

第 4 章　射击瞄准阶段脑网络机制分析 ·· 63
　4.1　引言 ·· 63
　4.2　射击实验的材料和方法 ··· 65
　4.3　实验结果 ··· 71

4.4 实验结果讨论 ··· 73

4.5 本章小结 ··· 76

参考文献 ··· 77

第 5 章 视听干扰环境下射击准备阶段脑电功率特征分析 ········· 82

5.1 引言 ··· 82

5.2 实验的材料和方法 ··· 83

5.3 实验结果 ··· 90

5.4 实验结果讨论 ··· 97

5.5 结论 ·· 101

参考文献 ·· 102

第 6 章 视听受限条件下射击准备阶段脑电网络特征研究 ········· 105

6.1 引言 ·· 105

6.2 功能性脑网络分析方法 ·· 107

6.3 实验结果 ·· 110

6.4 实验结果讨论 ·· 117

6.5 本章小结 ·· 121

参考文献 ·· 121

第 7 章 专业射击运动员静息态脑网络特性研究 ················· 127

7.1 引言 ·· 127

7.2 射击运动员静息态实验材料和方法 ······························ 129

7.3 实验结果 ·· 131

7.4 实验结果讨论 ·· 137

7.5 本章小结 ·· 139

参考文献 ·· 139

第 8 章 静息态 EEG 在射击水平评估和优秀射手选拔中的应用研究 ······· 144

8.1 引言 ·· 144

8.2 射击实验的材料和方法 ·· 145

8.3 实验结果 ·· 148

8.4 实验结果讨论 ……………………………………………… 152
8.5 本章小结 …………………………………………………… 156
参考文献 ………………………………………………………… 156

第 9 章 精英射箭运动员的大脑神经特质-脑网络拓扑分析研究 …… 160

9.1 引言 ………………………………………………………… 160
9.2 精英射手脑网络分析实验方法 …………………………… 162
9.3 实验结果 …………………………………………………… 169
9.4 实验结果讨论 ……………………………………………… 176
9.5 本章小结 …………………………………………………… 181
参考文献 ………………………………………………………… 181

第 10 章 精英和专家射击运动员在不同状态下 EEG 微状态分析 …… 187

10.1 引言 ……………………………………………………… 187
10.2 实验方法 ………………………………………………… 189
10.3 实验结果 ………………………………………………… 193
10.4 实验结果讨论 …………………………………………… 201
10.5 本章小结 ………………………………………………… 203
参考文献 ………………………………………………………… 204

第 11 章 用于提升运动表现的神经反馈训练技术综述 …………… 211

11.1 神经反馈技术的基本原理 ……………………………… 211
11.2 神经反馈技术的基本概念、过程和研究方法 ………… 213
11.3 面向用户体验的 SP-NFT 方案分类 …………………… 216
11.4 SP-NFT 发展中的若干重点问题 ……………………… 223
11.5 SP-NFT 的未来发展方向 ……………………………… 228
11.6 本章小结 ………………………………………………… 234
参考文献 ………………………………………………………… 235

第 12 章 用于提升射击表现的神经反馈系统设计和开发 ………… 242

12.1 引言 ……………………………………………………… 242
12.2 神经反馈训练系统结构设计 …………………………… 244

12.3 神经反馈系统的硬件构成 ……………………………………… 245
12.4 神经反馈训练系统软件平台 …………………………………… 248
12.5 本章小结 ………………………………………………………… 258
参考文献 ………………………………………………………………… 258

第 13 章 用于提升射击表现的 SMR 和 Alpha 节律神经反馈比较研究 … 259

13.1 引言 ……………………………………………………………… 259
13.2 SMR 和 Alpha 节律神经反馈实验的材料和方法 …………… 261
13.3 实验结果 ………………………………………………………… 265
13.4 实验结果讨论 …………………………………………………… 271
13.5 本章小结 ………………………………………………………… 273
参考文献 ………………………………………………………………… 274

第 14 章 PEAK 神经反馈训练对提升射击表现的效果和无应答者特性研究 ……………………………………………………… 278

14.1 引言 ……………………………………………………………… 278
14.2 PEAK 神经反馈训练实验的材料和方法 ……………………… 280
14.3 实验结果 ………………………………………………………… 284
14.4 实验结果讨论 …………………………………………………… 289
14.5 本章小结 ………………………………………………………… 290
参考文献 ………………………………………………………………… 291

第1章 射击运动概述

射击运动是人类社会中一项古老且经久不衰的运动,在竞技体育和军警训练领域中都具有重要的地位。在竞技体育中,射击是各类国际赛事中一项重要的运动科目。在军警训练中,射击也是军队官兵、公安干警必须掌握的实用技能。影响射击运动的因素主要有生理因素、心理因素以及技能因素。生理因素主要包括肌肉力量、耐力、呼吸;心理因素主要包括心理压力、目标期望,以及各种射击瞄准阶段的大脑思维活动;技能因素则是指瞄准方法、据枪姿势、持枪稳定性。在各种因素的共同作用下,射手完成整个射击据枪、瞄准、击发全过程。

1.1 射击运动的基本概述

1.1.1 枪支的基本原理和结构

枪支是一种杀伤性武器,具体是指利用火药燃气能量发射子弹,以打击无防护或弱防护的有生目标为主的一种武器。枪支一经发明,就被广泛应用于军队、警察等国防安全领域,在某些地区的民生领域,有时也被用于充当自卫或狩猎等的重要工具,在人们的工作和生活中具有重要的地位。

如图 1-1 所示,枪支最早出现的历史可以追溯到我国的南宋时期(1259 年),寿春府军民在抵御蒙军的战斗中发明了以黑火药发射子窠的竹管突火枪,这是世界上最早的管形射击火器,可以称为枪支的"始祖"。

自此之后,枪支技术逐渐传播到了世界各地。14—16 世纪,欧洲相继发明了火门枪、火绳枪、燧石枪。到了 19 世纪初,英国人发明了雷汞火帽,出现了击发式枪机。1860 年,美国首先成功设计出了 13.2 mm 机械式连珠枪,开创了弹夹的先河,这使得每次射击前无须重新装填弹药,大大提升了射击速度。1867 年,德国人研制了世界上第一支使用金属外壳子弹的"毛瑟枪"。

现代意义上的枪支应该从 19 世纪末出现的"马克沁机枪"算起,1893 式马克沁机枪是世界上第一挺以火药燃气为能源完成自动循环的自动武器,取代了传统的一次一发的供弹方式。随着科技的进步和战争的需求，20世纪以来，枪械无论在种类、性能或是杀伤力上都取得了突飞猛进的发展，出现了机枪、冲锋枪、自动步枪等今天为人们所熟知的各类枪械。

图1-1　国内外早期典型枪支示意图
(a)中国最早的枪支"竹管突火枪"；　(b)欧洲最早的枪支"火门枪"

美国酒精、烟草、枪支和爆炸物管理局将枪支定义为任何可以由爆炸引发抛射物体发射的装置。这个概念从根本上解释了枪支发射的基本原理：首先装入弹夹，在固定好填有子弹的弹夹后，打开保险使子弹进入枪膛，扣动扳机使击锁抬起，撞针快速撞击由雷汞制成的底火，其产生的能量迅速引燃了弹壳内的火药，点燃的火药瞬间释放出温度高达3 000 ℃的巨大热量，高压气体推动着弹头，以大约300 m/s的速度沿枪管中滑膛线高速旋转，飞出命中目标。

枪械发展到今天，已经过数百年的改良演进，以步枪为例，枪械的结构主要分为赋予子弹射向和加速度的枪管，据枪所需要的枪托、握把、上下护木，准心、缺口等满足三点一线的瞄准装置，扳机、撞针、拉柄套筒、复进机簧、抓弹勾等击发和复进装置，可调节不同弹药或者战场环境下的单发射、点射的导气装置及弹匣。

近年来，随着人工智能技术的兴起，最新型的枪支还融入了相当程度的智能算法，内部安装了高速计算芯片和多功能传感器，成为了新型的"智能步枪"。"智能步枪"在瞄准时可以自动根据各种传感器提供的数据，实时计算出最佳的射击弹道，使仅受过简单射击训练的新手通过概略瞄准，就能命中几百米外的预定目标，准确率可高达90%以上。

枪支的发展史也是人类文明发展史的一部分。枪支的射击精度越来越高，操作过程越来越方便，杀伤能力越来越大，这不但佐证了科学技术的进步，而且代表着人类社会科技对抗的日益复杂和尖锐。然而，虽然武器的威力越来越大，但决定是否"扣扳机"的，依然是人类自己。

1.1.2 射击运动的发展历程

实际上,在枪支出现之前,人类就已经利用长矛、弓弩等工具进行过狩猎和军事活动。而随着枪支的发明和普及,正式的射击比赛才开始出现。15世纪,瑞士出现了有史料记载的最早的射击比赛——火绳枪射击比赛。之后,一些欧洲国家陆续成立了射击协会等组织,射击运动专项训练开始在世界各国展开,并相继举行射击比赛。例如:500多年前,斯堪的纳维亚半岛就兴起了跑鹿射击的游戏活动;19世纪初期,欧洲一些国家还举行过对活鸽子射击的游戏,这些都是现代射击比赛的雏形。

国际射击运动联合会成立于1907年,其前身是在瑞士苏黎世成立的"各国射击协会国际联盟"。之后经过数次更名,1998年7月15日正式命名为国际射击运动联合会(International Shooting Sport Federation, ISSF),简称为"国际射联",它是国际业余射击运动在国际和世界水平比赛中的唯一管理机构(见图1-2)。

图1-2 国际射击运动联合会和现代射击奥运会
(a)国际射击运动联合会(ISSF)会徽; (b)现代射击国际奥运会

在现代奥运史上,除了1904年第3届奥运会和1928年第8届奥运会,射击在其余各届奥运会中都是正式比赛项目。1896年第一届现代奥运会上设置了5个射击比赛项目,但是只有男子运动员具有参赛资格。1897年举办了首届世界射击锦标赛,1920年第7届奥运会上射击类比赛项目增至21个,从1969年开始,女子运动员开始具有参加射击类奥运会射击项目的资格,但当时并没有设专门的女子项目,她们可与男子同场竞技。从1984年奥运会起,开始设立部分女子项目,1996年奥运会开始将男、女射击比赛完全分开。

虽然中国是"火药""火枪""铁铳"的发明国,但是清朝的"闭关锁国"政策使得我国的枪弹武器发展停滞不前,以致在近代远远落后于西方资本主义国家,直到辛亥革命后才开始复兴。新民主主义革命时期,我军逢重大节日、庆祝胜利或汇合大练兵运动都会召开运动会,射击运动作为重要的军事技能,都是运动会的主要项目之一。

1.1.3　我国竞技射击运动的发展现状

我国射击运动发展具有起步晚、发展快、水平高的特点。新中国成立之初,作为巩固国防事业的需要,同时伴随着"发展体育运动"热潮在国内的兴起,射击运动得到了较为广泛的开展和普及。1955年,"社会主义国家国际射击友谊赛"在北京举办,为做好赛前筹备工作,我国还特别邀请了苏联的射击教练员、运动员及射击专家来华传授训练、管理方面的经验,这是我国首次组建国家射击集训队并参加国际比赛。1956年,我国成立了射击协会。1958年,我国射击队第一次参加了国际性射击比赛——第37届世界射击锦标赛,并取得了一项团体冠军。1966—1972年期间,国内的竞技射击体系一度遭到严重破坏,后于1973年才得以恢复,我国射击开始走上了独立探索与创新的发展道路。

1974年,中国射击协会加入亚洲射击联合会,在第7届亚洲运动会上以4枚金牌的优异成绩打破了日本对射击项目金牌在亚洲的垄断地位。20世纪80年代,以"冲出亚洲,走向世界"为时代目标,我国射击运动在国际赛场上取得了更大的进步。在1984年第23届洛杉矶奥运会上,我国运动员许海峰以566环成绩夺得男子60发慢射手枪射击项目冠军,实现了我国奥运会金牌零的突破。

自此,我国射击整体水平不断上升,涌现出一批又一批的优秀人才,除1988年第24届奥运会外,我国射击运动员在历届奥运会上屡屡摘金夺银,成功跻身世界射击强国的行列。在第27届悉尼奥运会上,中国射击队以金牌数3枚、奖牌总数7枚的成绩位列所有参赛队伍之首,再次取得历史性突破。从1984年第1枚奥运会射击项目的金牌算起,我国先后有23人在奥运会上获得26枚射击项目金牌,射击也从20世纪90年代起成为我国竞技体育的优势项目,并连续在8届奥运会上夺金。

1.2　射击运动的竞技能力分析

射击运动是以技术动作为核心、以心理因素为主导的独立性较强的精细型运动项目。影响射击运动成绩的因素可分为外部因素和内部因素:外部因素主要是指射击环境,如距离、光照、风速、温湿度、地球引力等;内部因素则是指射手本身的综合素质,一个优秀射手应该具备扎实的操作耐力性(生理学)、良好的心理素质(心理学)以及高度的控制稳定性(训练技能)。

1.2.1 射击运动的生理学特征

力量训练对于任何运动竞技能力的提升都是非常必要的。在射击运动中,正确的瞄准境况和稳定的据枪姿势具有重要的作用,决定了射击结果的好坏。先前的研究认为,在手枪慢射中通过腰腹力量来稳定躯干,下肢进行支撑,上肢肩带肌肉协同收缩来完成一整套射击动作,这对肩、臂、腿及核心肌群的力量都提出了较高的要求。由于射击比赛的时间较长,如果运动员的体能储备不够充沛,核心力量较弱,必然会导致最佳射击状态无法持久,所以扎实的耐力、力量等基础体能是射击运动的基础要求。

胡媛等人发现射击比赛中射手的本体感觉和神经肌肉控制对于射击表现非常重要,本体感觉影响了射击的准确性,而神经肌肉控制会影响握枪的稳定性。该结论的依据是运动员通过大量的训练使得他们的肌肉运动感觉能力高度发达,且视觉、触觉、平衡觉、机体觉、空间知觉、肌肉运动觉能够密切协作的结果,这同样也是运动员取得稳定射击表现的原因。

呼吸节奏同样被认为会对射击表现产生一定的影响。有研究表明,低速率呼吸会改善运动员射击时姿势的控制,并有助于提升运动表现、促进恢复、防止焦虑及对注意力的调节。Groslambert 等人的研究认为减少射击过程中的通气量可提高人体保持稳定的能力,在击发期间专门控制通气量可提高射击表现。徐亮等人的研究发现运动员需进行长期、个性化的练习,使其可以在比赛中保持稳固的、与预期一致的呼吸节奏,并与击发的各个环节相配合。

1.2.2 射击运动的运动心理学特征

前美国射击运动员、第 21 届奥运会金牌获得者 Lahy Bassham 根据个人比赛经验和对百名射击运动员的调查得出"射击比赛 80%～90%比的是心理"的结论。如今,一些射击项目的世界纪录已接近或达到满环,为加大竞争难度,国际射联制定了新的比赛规则:在加赛十发子弹时,满环定为 10.9 环,使成绩计算单位降到十分位;每发射一发子弹就宣布一次成绩。这些规定使射击选手在成绩都不相上下时,稍有不慎或出现细微的情绪波动,就会使名次降低几个档次,以 0.1 环之差败北者不乏其人。因此,射击比赛对参赛运动员的心理稳定性提出了相当高的要求,尤其在关键时刻,心理作用几乎成为影响胜败的决定因素。

射手在射击时,内心都会存在不同程度的紧张,其紧张的程度主要取决于射手自身的心理素质和客观环境造成的心理压力。心理素质欠佳的射手会表现出过分怯场、精神涣散、缺乏信心甚至过分激动的现象。人体的生理和心理是相互作用的,心理过度紧张时,生理上还会出现心跳加快、血压升高、出汗、尿频、肌肉僵硬或颤抖等生理变化,尤其是在比赛中,生理反应更加剧烈,这严重影响到射手据枪瞄准时的稳定性,从而导致射手发挥失常,成绩距平时训练差距很大。

常用来研究射击心理的技术手段有心电图(Electrocardiogram,ECG)和脑电图(EEG)。如图1-3(a)所示,心率变化能够在一定程度上反映人体的情绪紧张或兴奋的程度,Niilo等人的研究表明,相比非优秀运动员,优秀运动员的平均心率模式变化幅度更小,且更加规律。Thompson等人的研究发现,安静时的心率变异性变化幅度小与高水平射击表现显著相关。相比心率变化,脑电活动可以更加直接地反映射手射击准备阶段的心理活动,如图1-3(b)所示,Del Perico等人发现相比射击新手,专业射击运动员在射击瞄准阶段的大脑活动程度更低。Gong等人也发现,对于普通业余射手,射击瞄准阶段大脑中各脑区的交互程度越低,射击成绩越好。这些结果也说明了过度的心理变化反而会导致射击成绩的降低,越是心无杂念,越是专注精神,就越可能获得更好的射击表现。

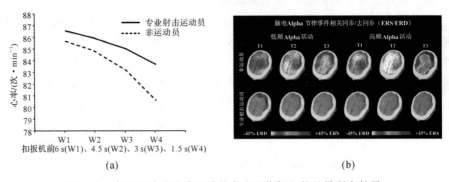

图1-3 专业运动员和非运动员在生理指标上的差异研究结果
(a)专业射击运动员与非运动员射击瞄准阶段心率差异;
(b)专业射击运动员与非运动员射击瞄准阶段大脑活动程度差异

此外,一些射击心理研究还表明,运动员的情绪紧张程度与射击技能的执行水平存在相应的关系,当紧张程度较低时,只会略微影响正常水平的发挥,中等强度的紧张会持续提升运动水平,过高的紧张则会导致发挥失常。这说明,适度的紧张是运动员的最佳状态,稳定的心理状态更有利于运动员的发挥。

射击运动具有极高的准确性,不允许运动员在比赛中出现毫厘的差错。这不仅需要运动员掌握过硬的技巧,更重要的是运动员还要具备强大的心理素质。

之前的研究者总结出了加强心理训练对全面提高射击运动员的竞技水平和心理素质的重要意义：一是有助于射手在短期内尽快掌握射击技术；二是有助于射击技术的巩固与提高；三是有利于消除射击训练的疲劳感；四是有助于射击技术在实战或比赛中充分发挥。

因此，射击运动中的心理训练应当是结合对射击比赛特点的科学认识和对射击训练规律的准确把握基础上的训练。射击心理训练的方法一般分为无形训练和有形训练：无形训练是指受训者通过自然的活动或自由的交谈等手段实现自己内心思想的改变，通常是教练员有意安排，运动员无意中接受训练；有形训练是指运用一定的方法（如借助工具、仪器和具体动作等的作用），在一定的时间和地点进行训练以达到预期的目的，有形训练需要双方有意识地相互协作。也正因为如此，心理学在射击领域的相关研究始终在进行，"射击心理学"更表现出成为独立学科的发展态势。诸如放松训练、暗示性训练、认知训练、集中注意力训练、表象训练和模拟训练等心理训练方法在训练和比赛中的应用，为运动员射击成绩的进步做出了巨大的贡献。

1.2.3 射击运动的技能特征

射击运动作为封闭式运动项目，其动作结构较为单一，技能训练的特点是易学难精。早在20世纪60年代，我国射击教练员就总结出射击训练要突出"四性"，即协调性、一致性、稳定性、持久性；80年代初，通过对相关理论的学习和实践经验的积累，射击被归为技心能主导类表现准确性项目，这个观念的提出奠定了技能训练与心理训练在射击竞技能力结构中的重要地位。

技能训练是射击运动项目的基本功，成功的射击动作就是"稳、瞄、扣"三大要素的有机结合。其中"稳"要求指射手射击过程要保证姿势平稳，有研究认为姿势平衡是射击技术最重要的方面，占射击得分差异的54%。如图1-4所示，射击技能研究通常采用特定的仪器设备分析射击过程中的姿态变化和技术动作，例如利用光学瞄准仪记录瞄准轨迹，利用震动传感器记录扣扳机力度，以及利用平衡台分析射手射击过程中的身体稳定情况等。采用现代化仪器能够有效记录射击瞄准阶段射手的各项生理数据，从而进一步分析其射击技能水平。

Mononen等人对步枪射击的研究发现姿势平衡会直接或间接地影响射击精度。Pryimakov等人认为射击准确性取决于身体姿势，直立姿势系统和自主收缩系统有关，当身体不适应训练负荷而产生疲劳时，身体晃动幅度会增加，射击稳定性下降，从而使射击表现水平降低。Konttinen等人研究发现，精英射手在不同侧压力中心摇摆速度都较低技能水平的射手更小，并提出姿势晃动的幅度与射击运动员的运动表现成反比的结论。"瞄"则重点要求瞄准时要把注意集中在枪的准心、缺口与靶心的平正关系上。在稳定瞄准的同时能否做到自然击发,关键就是"扣",其核心要义是做到"有意识瞄准,无意识击发",确保在扣扳机时射手食指的压力要均匀增加,压力方向要正,五指要同时用力。

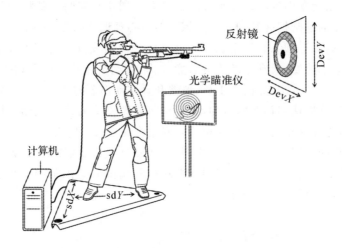

图 1-4　采用光学瞄准仪和平衡台记录射击瞄准阶段动作技能参数

1.2.4　影响射击比赛成绩的其他因素

除了上述生理、心理和技能等因素外,谢柳青等人还发现工作记忆容量和人格特质对于射击表现也存在一定影响。工作记忆是通过把任务相关信息保持在一种主动的、可访问的状态来完成复杂的认知和行为任务。高工作记忆容量的射手较少地受外界的影响,能够将注意力集中在射击行为相关信息的控制处理上。不同人格特质在面对压力时的个体表现也不同,自控能力强的人能够主动采取有效的反应,抑制无效的反应,具有更加出色的决策相关的行动导向,通过降低焦虑对注意力和行为的负面影响以确保射击的准确性。

在外部因素上,由于竞技项目类的比赛都可能出现各种干扰运动员发挥的参赛风险,所以周密的赛前准备是必不可少的。我国射击运动员历来高度重视赛前准备以应对不确定的参赛风险,有研究者总结出赛前准备包括 8 个方面的内容:技术准备、器材准备、心理准备、对规则的理解掌握、实战模拟训练、制定比赛的作战方案和预案、身体准备、整理过去比赛中出现的问题。正因为在赛前精益求精、面面俱到地做好了相关准备,才能保证比赛时不会出现低级失误,这也是我国射击运动取得辉煌成绩的可靠保障。

1.3 本章小结

本章首先介绍了射击运动的基本概念、发展历程以及我国竞技射击运动的发展现状。其次聚焦射击运动的竞技能力分析,详细分析了影响射击运动表现的三个重要因素:生理学因素、心理学因素和技能因素。通过分析可以看出:对于射击运动,生理学因素和技能因素通常指体能、力量、射击姿势、瞄准技巧等,是完成射击动作的基础因素;心理学因素则是临场反应、专注水平和心态变化等,是决定高水平射手赛场射击表现的主要因素。随着现代科学技术的不断发展,各种测量仪器已逐步应用于射手的生理状态监测,能够对射手进行全方位的定量信息评估,在揭示射手生理特质、改进训练方法、指导提升射击成绩方面能够发挥重要的作用。

参 考 文 献

[1] 王家磊,潘兆民. 浅谈枪弹的发展历程[J]. 中国军转民,2019,236(12):47-48.

[2] 刘亚军. 马克沁:自动武器之父[J]. 智慧中国,2017(10):28-29.

[3] 杨志国. 公安院校手枪射击"心技结合"训练研究[D]. 北京:北京体育大学,2016.

[4] 马杰,米靖. 我国射击运动发展的历史回顾[J]. 运动,2014(14):38-40.

[5] 石岩. 我国射击训练的理论创新与竞技实践[J]. 中国体育教练员,2019,27(4):3-7.

[6] 张翔. 射击项目基础训练的要领及方法[J]. 当代体育科技,2020(17):19.

[7] 杨东明. 专项力量训练对手枪运动员成绩的影响研究[J]. 体育科技,2016(5):27-28.

[8] 卢刚. 核心区力量训练作为射击项目主要体能训练手段的研究[J]. 广州体育学院学报,2010,30(6):61-63.

[9] 胡媛,曹春梅,张可盈,等. 射击项目运动成绩影响因素的综述[J]. 体育科学进展,2020,8(2):64-70.

[10] KOVALEVA A, KASATKIN V, BOCHAVER K. Effects of

respiratory sinus arrhythmia biofeedback training on alpha EEG activity, heart rate variability, postural control and shooting performance in young athletes[J]. International Journal of Psychophysiology, 2014, 2(94): 164.

[11] SOLANKY A S. Respiration biofeedback assisted controlled breathing training to enhance shooting performance[J]. British Journal of Sports Medicine, 2010, 44(Suppl 1): 27 – 28.

[12] GROSLAMBERT A, GRAPPE F, CANDAU R, et al. Cardio-ventilatory responses in biathlon standing shooting[J]. Science & Sports, 1998, 3(13): 135 – 137.

[13] 徐亮,李四化.飞碟射击运动员呼吸节奏的调查研究[C]//中国体育科学学会运动心理学分会.第十一届全国运动心理学学术会议摘要集(会后版).北京:2018:33 – 34.

[14] 卜庆海.射击运动员心理特点分析[J].运动,2015(4):33.

[15] KONTTINEN N, LYYTINEN H, VIITASALO J. Preparatory heart rate patterns in competitive rifle shooting[J]. Journal of Sports Sciences, 1998, 16(3): 235 – 242.

[16] THOMPSON A, ANDREW G. Autonomic response to tactical pistol performance measured by heart rate variability[J]. Journal of Strength and Conditioning Research, 2015(10):4 – 6.

[17] DEL PERCIO C, BABILONI C M. Visuo-attentional and sensorimotor alpha rhythms are related to visuo-motor performance in athletes[J]. Human Brain Mapping, 2010, 30(11): 3527 – 3540.

[18] GONG A M, LIU J P, JIANG C H, et al. Rifle shooting performance correlates with electroence-phalogram Beta rhythm network activity during aiming[J]. Computational Intelligence and Neuroscience, 2018, 1:4097561.

[19] 安燕,郑樊慧.心率变异性增强对射击运动员认知能力的影响[C]//第二十届全国心理学学术会议(心理学与国民心理健康),2017.

[20] 戴尔乓.简析射击运动员在比赛中心理变化特点的研究[J].运动,2015(9):18 – 19.

[21] 李四化.射击心理探究[M].北京:北京体育大学出版社,2017.

[22] 宋金华.武警狙击手心理品质特征及心理技能训练效果研究[D].南昌:江西师范大学,2011.

[23] 田麦久. 项群训练理论的创立与发展[M]. 北京:北京体育大学出版社,2013.

[24] 杨金鹏. 射击运动项目特点与规律分析[J]. 科技致富向导,2013(6):91.

[25] IHALAINEN S, MONONEN K, LINNAMO V, et al. Which technical factors explain competition performance in air rifle shooting?[J]. International Journal of Sports Science & Coaching, 2018, 13(1): 78-85.

[26] IHALAINEN S, KUITUNEN S, MONONEN K, et al. Determinants of elite-level air rifle shooting performance[J]. Scandinavian Journal of Medicine & Science in Sports, 2016, 26(3): 266-274.

[27] MONONEN K, KONTTINEN N, VIITASALO J, et al. Relationships between postural balance, rifle stability and shooting accuracy among novice rifle shooters[J]. Scandinavian Journal of Medicine & Science in Sports, 2007, 17(2): 180-185.

[28] PRYIMAKOV A A, EIDER E, OMELCHUK E V. Stability of equilibrium in upright stance and voluntary motion control in athletes-shooters in the process of ready position and target shooting[J]. Physical Education of Students, 2015, 19(1): 36-42.

[29] 谢柳青,柳曼. 警察射击行为的个体影响因素[J]. 贵州警察学院学报, 2021, 33(1): 94-99.

[30] 石岩. 我国优势项目高水平运动员参赛风险识别评估与应对[M]. 北京:北京体育大学出版社,2005.

[31] 一平. 赛前准备8要素[J]. 中国射击射箭, 2001, 17(4): 1-3.

第 2 章　脑电信号基本原理和分析方法

　　脑电信号是一种大脑自发或受外部刺激时产生的微弱、有一定规律的生理电信号。临床医生可以通过监测脑电信号变化,达到寻找病灶、预测病情和辅助治疗的目的,在医学领域有着重要的作用。随着科学技术的不断发展,脑电信号的采集技术和信号分析技术都取得了长足的进步。采集技术方面,出现了干电极、盐水电极等新兴采集传感器技术;信号分析技术方面,出现了连通性分析、脑网络分析、微状态分析、溯源分析等新型信号分析技术。新兴技术的出现,大大提高了脑电信号的应用范围和分析深度,让脑电技术的应用也不断拓展到心理、运动、军事、教育、娱乐、司法等多个非医学领域。

2.1　脑电信号的起源、概念和特点

　　大脑是调节机体功能的器官,是意识、精神、语言、学习、记忆和智能等高级神经活动的物质基础,它对人体在认知、复杂情绪和协调精确行为方面发挥着重要作用。EEG(Electroencephalography)从词源上看,"electro-"意为"电","encephalo-"意为"大脑","graphy"意为"记录",因此 EEG 被定义为一种从头皮表面记录到的大脑神经元产生的电活动。这种大脑的电活动由 140 多年前英国医生 Richard Caton 在猴子的头皮上首次发现。1924 年,德国精神病学家 Hans Berger 使用电流计记录了人类头皮上的第一个脑电图。后来的学者们证实了该电活动并非是由人工造成的,而很可能产生于人脑的枕叶区,即 Alpha 节律。EEG 出现之后,立即被应用于临床医学领域,在监测大脑疾病(如癫痫)、分析生理状态(如睡眠和麻醉)、辅助治疗(如神经反馈治疗多动症)等方面取得了显著的成果。之后,EEG 也被拓展到了其他科学领域,并逐渐发展普及。当前,对于 EEG 的研究成果已广泛应用于医学、心理学、军事、运动学等各个领域。

　　从神经生理学角度来说,脑电信号是由神经递质与突触后膜受体结合而产生的突触后电位。这些突触后电位在神经元周围产生电场,测量得到的 EEG 是大脑同步激活大量神经元所产生的电场叠加在头皮的总体反映,其中皮层锥体神经元是脑电信号的主要发生源。正因为一个电极测量的脑电信号可能是源自

所有大脑区域的突触后电位的混合,所以 EEG 的空间分辨率较差,但 EEG 凭借着高时间分辨率(可以达到毫秒级)、易于获取、成本较低的优势在其他非侵入性神经成像技术中脱颖而出。

作为一种生理电信号,EEG 具有以下特点:

(1) 幅度微弱,频率范围主要在 0.5~70 Hz 之间,头皮 EEG 波幅通常约为 50 μV,超过±100 μV 的信号一般被视为噪声。

(2) EEG 是一种随机性很强的非平稳信号,具有高度时变敏感性,且极易被噪声干扰。各种人体内部的情绪波动、生理活动(如眼动、肌电、心跳、呼吸、汗腺、舌动等)和外部干扰源(如脑电采集设备的静电干扰和外部环境中的电磁干扰等)都会对其造成影响,从而形成各种伪迹(即干扰正常 EEG 信号的杂讯信号)。脑电信号的波形特点如图 2-1 所示。

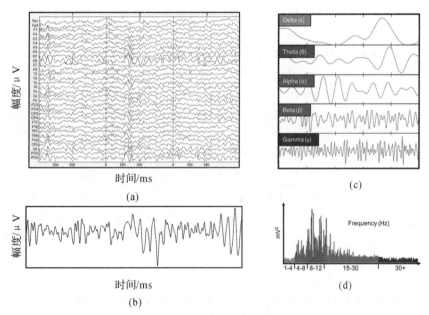

图 2-1 EEG 信号的波形、节律成分和功率谱图
(a) 32 导联 EEG 波形图; (b) 单个导联 EEG 波形图;
(c) 不同频段 EEG 节律; (d) 单个导联 EEG 功率谱

(3) EEG 具有较强的非线性。大脑结构功能复杂多样,生物内部组织的调节以及自适应能力必然引起生理电信号的改变,这使得 EEG 具有典型的非线性特点。传统的信号处理方法大都建立在线性系统理论分析基础之上,如果仅仅使用线性分析方法,则会导致分析后的信号信息不可避免地丢失。因此,非线性

动力学和混沌理论出现后,也迅速地被应用于 EEG 分析。

(4)EEG 是由多个频率成分节律组合而成的复合信号,因此具有明显的节律性。不同的信号节律都有其独特的波形特征,并能够反映大脑不同状态的生理意义。常见的节律包括 Delta 节律、Theta 节律、Alpha 节律、Beta 节律、Gamma 节律等,表 2-1 列出了常见的脑电信号的节律成分和对应的生理意义。

表 2-1　不同类型 EEG 信号节律的主要特征和生理意义

类　别	频段及幅值	主要特征和生理意义
Delta 节律	0.5~4 Hz, 20~200 μV	Delta 节律是深度睡眠时的主要节律,与记忆力巩固关系密切。在清醒时与学习障碍、认知障碍和脑损伤有关
Theta 节律	4~7 Hz, 10~50 μV	Theta 节律主要出现在成年人处于放松和困倦状态时和孩童时期。其生理意义主要取决于所产生的脑区,与直觉、创造性、幻想、瞌睡和记忆功能有关
Alpha 节律	8~13 Hz, 20~100 μV	Alpha 节律是成年人静止放松时的主要节律,它通常与放松、自我意识和专业信息处理能力有关,它的出现通常反映了对脑区活动的抑制,根据具体的出现位置和功能,Alpha 节律还可划分为 Alpha1(9~10 Hz)和 Alpha2(10~12 Hz)节律
Beta 节律	14~30 Hz, 5~20 μV	Beta 节律通常与认知活动、运动行为、积极地解决问题有关,多在紧张、警觉、兴奋时出现,在警觉、紧张状态下会大量出现。根据所反映生理特征的不同,Beta 节律还可划分为 Beta1(14~20 Hz)和 Beta2(20~30 Hz)节律
Gamma 节律	30~70 Hz, < 5 μV	Gamma 节律通常与认知活动有关,在大脑注意力高度集中和维持工作记忆时会出现,有时也出现在进行打坐、通灵、冥想等其他超自然能力行为时,可能与协助大脑处理距离较近脑区之间的信息交互有关

(5)EEG 具有明显的个体差异。虽然 EEG 存在一定的规律性,但不同个体间的 EEG 特征都有显著的差异。因此,只能通过大量的测量数据来评估人类大脑总体的特征和趋势,对单独个体不可以一概而论。例如,对于大多数人来说,Alpha 节律的频率范围是 8~12 Hz,但大量的数据表明,也有部分人员的 Alpha 节律超过了这个范围。因此,表 2-1 中列出的 EEG 信号节律频率范围也是通过众多分析结果得到的统计平均值,要判断一个信号是否是某种节律(如 Alpha 节律),不仅要通过信号的频率,还要结合信号出现的位置、波形以及生理状态等因素进行综合判断。

2.2 脑电信号采集和预处理

EEG 由头皮多个电极同时记录,每个电极记录的信号称为一个导联。从电流源传导至头皮的信号通常会因为容积传导的影响而造成失真和衰减,因此,EEG 的准确采集是获得高质量脑电信号的基础。EEG 采集系统的主要作用是能够尽可能采集到高信噪比的 EEG 信号并进行放大,通常由头皮电极、带滤波器的放大器、模数转换器和数据记录电脑组成。

如图 2-2 所示,头皮电极是将电极直接贴附于头皮上记录脑电活动的信号传感器,它可以放置在头皮上想要观察的任意位置,一般使用银或氯化银 (Ag/AgCl) 电极。头皮电极记录方式因具有无创性且方便实用的特点而被研究者广泛采用。头皮电极可分为湿电极、半干电极和干电极,湿电极在信号采集时需要在电极与皮肤之间涂一层导电膏/凝胶,半干电极利用生理盐水充当导电介质,而干电极则只需要传感器接触头皮即可。三种电极各有其优、缺点:湿电极的阻抗小,但准备时间较长,不便于穿戴,舒适性较低,且由于导电膏难以互相分离,所以在相距很近的电极间可能会引起交叉耦合,导致信号空间分辨率降低;干电极采集设备虽然穿戴方便,但接触性能不够良好,电极阻抗较大,降低了信号的信噪比;半干电极则介于两者之间,具有较高的信号信噪比和较为方便的安装步骤。目前,干电极和半干电极在脑电记录中已经表现出一些令人满意的性能,采集的信号质量也不断接近湿电极,是未来头皮电极发展的主要方向。

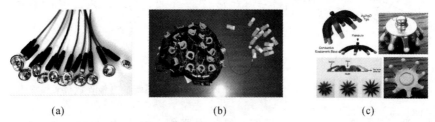

图 2-2 典型脑电采集设备图
(a) 湿电极(盘状电极); (b) 半干电极(盐水电极); (c) 干电极(爪状电极)

常用的电极安置方法分为单极导联和双极导联,单极导联是测量头皮上活动电极和参考电极之间的电位差,双极导联则是测量头皮上两个活动电极之间的电位差。其中,双极导联主要用于特殊脑区的监测和反馈训练。而在常规科研实验中,大多数研究者会采用单极导联的方式记录全脑 EEG 信号,常用的参考电极位置有乳突、耳垂、顶区中央(P_z)等位置,随着技术的发展,也出现了平均参考、"零"参考(无穷远参考)等新型的电极参考技术。

记录电极的数量取决于头皮记录中显示的空间分辨率。常用的脑电采集设备的电极数量一般为16导联、32导联、64导联。虽然目前已经出现了更多导联的信号采集系统,如512导联甚至上千导联的设备,但是在科研和临床的实际应用中,通常会根据实验目的和现实条件,选取导联数量合理的信号采集设备。

在电极放置位置的选择上,目前以国际10-20电极排布系统为标准。如图2-3所示,该电极安置方案根据大脑中的不同功能区域,将EEG传感器安放于一些相对固定的位置。按照这种方式安放电极,就可以根据电极的所在位置探测该脑区头皮上电位的活动情况。同时,值得注意的是,电极与头皮接触的阻抗过高会导致脑电信号的失真,因此采集信号时阻抗应保持在10 kΩ以下,并选择合适的参考电极。

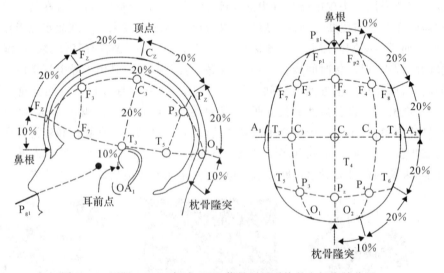

图2-3 国际10-20标准EEG信号记录系统的电极安放位置

通过头皮表面记录的电压信号经放大器放大至模数转换器,然后模数转换器再将信号由模拟格式转换成数字格式,最后通过记录脑电信号进行数据存储以及后续的进一步分析处理。

原始EEG数据由神经元活动、生理噪声和非生理噪声组合而成,这些非脑电信号统称为伪迹。预处理的目的是减少或消除信号中所掺杂伪迹的影响,得到信噪比更高的脑电信号。脑电信号预处理的步骤见表2-2,主要包括重参考、滤波、分段、基线矫正、剔除坏段、插值坏电极,以及使用独立成分分析

(Independent Component Analysis,ICA)去除眼动和心跳等相关伪迹。

表 2-2 EEG 信号预处理过程的步骤和目的

步骤	目的
重参考	选择特定电极作为参考
滤波	滤除某些频率范围内的脑电数据,提高感兴趣频带范围的信噪比,例如:高通滤波(滤除范围为 0.1～1 Hz);低通滤波(滤除范围为 30～100 Hz);带通滤波(截取范围为 1～30 Hz)
分段	截取固定长度的时段,如 2 s 为一个时段
基线矫正	减去设定的基线值均值,如事件前(−2～−1 s)
剔除坏段	剔除被伪迹严重污染的试次
插值坏电极	使用插值修复坏导的数据段,避免损失过多数据
ICA 去除脑电信号伪迹	ICA 对原始数据进行分解,分离出神经活动相关成分和伪迹相关成分,然后剔除被标记为伪迹的相关成分,对其他数据进行重新组合,最后得到无伪迹的信号

需要注意的是,预处理的步骤并不是固定不变的,研究设计、数据性质和分析技术都可能改变预处理的过程。在制定预处理的方案时,要考虑数据中存在的伪迹类型、想要去除的伪迹类型和研究感兴趣的内容等因素。

2.3 脑电信号的经典分析方法

EEG 分析旨在从不同角度探索记录的数据,建立大脑状态与 EEG 信号之间的联系,揭示出大脑在不同状态下的神经机制。经典的 EEG 分析方法主要采用单导联分析,对单个导联记录的信号特征进行研究。常用的方法包括时域分析、频域分析、时频分析和非线性动力学分析等。

时域分析是最早的 EEG 分析方法,该方法是直接从时域提取脑电信号的波幅、相位、过零点和峰值等特征。时域分析具有较强的直观性和明显的物理意义,至今仍在基于 EEG 信号的临床诊断中发挥着重要作用,经验丰富的临床医生往往直接观察 EEG 信号波形即可大致诊断出患者的疾病。

频域分析主要是功率谱分析,即采用快速傅里叶变换(Fast Frourier Transform,FFT)等时频域转换的方式,将原始的时域信号转换到频域进行分析。功率谱分析的前提是假设信号为平稳随机信号,但由于 EEG 是一种非平稳信号,所以功率谱分析时需要先将脑电信号进行分段处理,分段后的数据即可视为平稳。经典的功率谱分析方法主要是非参数类型的功率谱估计方法,如周期图算法和自相关算法。现代功率谱估计中最常用的是自回归(Auto Regression,AR)模型和 Burg 算法。

时频分析,即将一维的 EEG 信号分解为时间和频率的二元函数,使观察者可以在特定的时域和频域位置上同时对信号进行分析。在实际测量中,EEG 的频率会随着时间而改变,而对信号的时频分析可以弥补传统分析方法不能观察到信号瞬时特定频率成分能量变化的缺陷,使 EEG 表现出更加完整和全面的特征。时频分析的主要分析方法有短时傅里叶变换、小波变换、魏格纳-威尔分布等。对于 EEG 信号,时频分析方法最常用于事件相关同步化/去同步化(Event-Related Desynchronization/ Event-Related Synchronization,ERD/ERS)的检测与分析。值得注意的是,短时傅里叶变换和小波变换都是将信号转换为时频分布平面,从而进行时频分析。除此之外,还有一种基于信号分解的时频分析方法——希尔伯特-黄变换(Hilbert-Huang Transform,HHT),这种方法是首先对非平稳信号进行经验模态分解(Empirical Mode Decomposition,EMD),得到一系列分解后的固有模态函数(Intrinsic Mode Function,IMF)信号,然后再对每个分解后的信号进行希尔伯特变换,以得出信号的瞬时频率。HHT 作为一种特殊的时频分析方法,在 EEG 信号特征提取方面发挥了重要的作用。

非线性动力学分析是由非线性动力系统理论(又称混沌理论)发展而来的。神经系统具有非线性和混沌性的特点,非线性动力学理论将大脑视为多维动态系统,该分析方法通过分析和提取脑电信号中非线性动力学的相关参数来解释脑电的动力学特征和对应大脑的神经活动过程。目前,诸如 Lempel - Ziv 复杂度、近似熵、样本熵、最大李雅普诺夫(Lyapunov)指数等多种非线性动力学算法被应用于分析复杂大脑的神经活动,并已在睡眠质量评估、麻醉状态评估、癫痫检测、认知和思维任务过程分析中都取得了一系列重要的研究成果。

2.4 脑电信号的现代分析方法

经典 EEG 分析方法主要侧重于对单个导联上的信号进行分析,无论是时域、频域分析,还是时频、复杂度分析,其分析对象都是单个导联的信号。然而,

EEG 信号区别于其他信号的一个主要特征就是其具有丰富的空域特征,从大脑不同位置采集得到的 EEG 信号可能代表着完全不同的生理意义。因此,现代主流分析方法越来越重视不同信号之间的联系,出现了连通性分析、脑网络分析、微状态分析、溯源分析等能够充分利用 EEG 信号空域信息的分析方法。

2.4.1 连通性分析

研究者发现,大脑是一个具有完整的区域结构,各区域的功能相互独立的器官。具有特定功能的大脑区域之间的有效信息沟通是实现良好信息加工的必要条件。宏观尺度上,大脑状态的改变会伴随着功能连接的改变,EEG 可以用于评估空间距离较远的脑区之间的信息交互,即评估不同脑区间的连通性。目前,在有关神经生理信号分类的研究中,越来越多的学者开始探索不同脑区之间的连通性特征。计算连接系数的方法很多,根据检测脑区间联系的指标是否具有方向性,将连通性指标分为功能性连接和效应性连接,功能性连接指标主要包括相干性、相位锁定值、相位延迟指数和同步似然率等,效应性连接则包括相位斜率指数和基于格兰杰因果的指标。这些特征代表了大脑区域之间的相互作用或关系,有助于识别心理状态和检测脑疾病。

首先,由于在使用 EEG 技术记录的脑电信号中,脑电设备的一个电极测量的信号可能是源自所有大脑区域的突触后电位的混合,所以 EEG 的空间分辨率较差。这也就要求在连通性分析的实际过程中,要重点注意共同源问题。其次,参考电极的影响也是需要考虑的一部分。最后,上述的任何连通性指标都各有其优、缺点,要依据实验设计选择最合适的指标进行分析。

2.4.2 复杂脑网络分析

复杂脑网络分析可以看作连通性分析的推广和深入,连通性分析虽然关注了不同脑区之间的交互关系,但通常只是在有限几个脑区之间。而复杂脑网络则是将所有采集的导联、脑区都加入分析,通过更加复杂的分析方法,提取更深层次的 EEG 特征。复杂网络理论认为,大脑可被视为一个结构错综、功能复杂的神经网络,其拥有强大的信息分化和整合能力,每个脑区都有其特定的功能,并且相互间存在很多的功能协作和信息交换。复杂脑网络分析也称为基于图论的脑网络分析,图论通过定义网络节点和连边对脑网络拓扑结构进行量化,该方法可以用来评估和描绘大脑功能网络和结构网络。

如图2-4所示,基于EEG的脑网络分析通常包含三个部分,即采集数据、构建网络和分析网络。采集数据,即在得到原始的EEG信号之后,进行简单的信号预处理,如滤波、去伪迹等,最后得到干净无伪迹的EEG数据。构建网络包括定义节点、度量关系和建立连接。对于EEG信号,脑网络的节点通常就是电极的所在位置。度量关系是计算不同导联信号之间的连接系数。计算连接系数的方法很多,如时域相关、频域相干、相位锁定值、相位滞后系数等。不同的方法计算过程不同,侧重点也有差异,但大都是为了衡量两组信号的同步程度/关联程度。通常情况下,连接系数的取值范围为0~1,两组信号的连接值越高,说明两组信号的同步程度越高,进而说明两个脑区位置的功能协作越紧密,合作程度越高。建立连接,即将得到的不同导联之间的连接关系写成矩阵形式,然后设置一定的阈值,进而构建成脑网络连接矩阵。根据脑网络连接矩阵中的元素特征,可以分为三种不同的脑网络:二值网络,也称为无向无权网络,即将原始的脑网络连接矩阵转换为0/1值,1表示两个导联之间存在连接关系,0表示不存在连接关系;功能性网络,也称为无向加权网络,即将小于某个阈值的原始的脑网络连接置为0,保留高于阈值的所有原始连接值;因效性网络,也称为有向加权网络,该类网络通常采用特殊的计算连接系数的方法,如格兰杰因果、结构方程模型、部分有向相干等。计算得到的网络连接值不仅有数值,还有固定的方向。因此相比其他两种网络连接矩阵,因效性网络连接矩阵也是唯一的非对称矩阵。

构建好脑网络后,就可以进行脑网络分析。分析时不但可以直接分析各导联之间的连接关系,还可以采用图理论对整个网络进行拓扑特征分析和小世界特性分析。拓扑特征分为全局拓扑特征和局部拓扑特征:全局拓扑特征包括特征路径长度、平均聚合系数、全局效率以及平均局部效率等;局部拓扑特征包括节点度、中间中心度、局部效率、局部聚合系数等。通过分析这些特征指标,就可以测量不同脑网络的拓扑特性,从而对比分析不同状态下的脑网络差异。

脑网络分析方法在近20年取得了快速的发展,是近年来神经影像领域中最热门的研究方向。该方法不只应用于EEG信号、在fMRI信号、脑磁图(Magnetic Encephalography,MEG)信号、fNIRS信号等方面也有着广泛应用。如递归网络、可视图、复杂网络多元时间序列分析等时序复杂网络分析方法也被相继引入EEG信号的分析中并已开始用于解决实际问题。但该方法仍在起步阶段,大多数研究还停留在网络系统的结构分析和定性讨论上,对于大脑网络系统中许多指标对应的实际意义还缺乏清晰的认识,探寻更加适合人脑功能特点的有效分析是未来研究的方向。

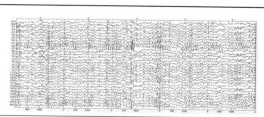
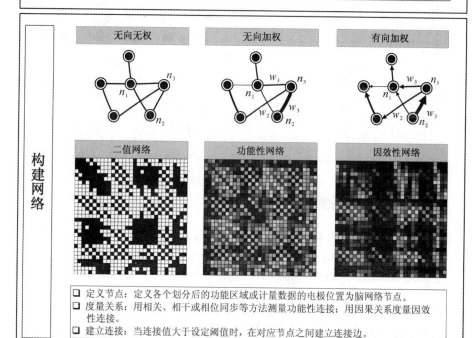
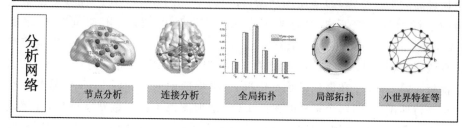

图 2-4 基于 EEG 信号的脑网络分析示意图

2.4.3 EEG 微状态分析

微状态分析(见图 2-5)是一种将多导联时域 EEG 信号映射为反映空间分布的瞬时脑地形图,然后进行聚类和特征提取的一种新型分析方法。研究发现,在众多的脑地形图成分中,存在一些特殊的脑地形图结构,EEG 信号会在短时间内(一般持续 80~120 ms)维持在这种特殊的脑地形图结构上,这些特殊的脑地形图结构就被称为 EEG 微状态成分。

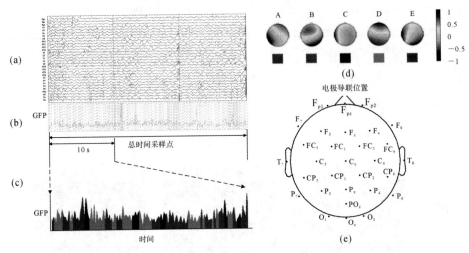

图 2-5　EEG 微状态分析流程图
(a) 预处理后的 EEG 信号；　(b) EEG 信号的 GFP 曲线；
(c) 模板匹配后的微状态类别序列；　(d) 微状态模板；　(e) 采集电极位置分布

EEG 微状态分析可以大致分为确定微状态模板、信号脑地形图匹配和特征提取三个步骤。第一阶段:微状态分析首先对多导联时域信号进行处理,得到信噪比较高的采样位置,即全局场功率(Global Field Power,GFP)曲线局部最大值的采样时刻。之后提取这些位置的 EEG 地形图,采用空间层次聚类(Atomize and Agglomerate Hierarchical Clustering,AAHC)算法或 K 均值聚类算法,将这些 EEG 地形图不断聚类,最终聚类为有限个(通常为 4~6 个)微状态模板。第二阶段:在得到微状态模板后,再将原始的多导联 EEG 信号和这些模板进行匹配,判断每个采样时刻的 EEG 地形图属于哪个微状态模板,并记录该采样时刻的模板类型。最终,将原始的所有采样时刻的 EEG 信号全部匹配完成,得到一个与原始信号采样点等长的微状态类别序列。第三阶段:对于这个微状态序列,即可以对其进行特征提取和统计分析。微状态分析常用的特征有:①持续时间,即每种微状态保持稳定的平均时间长度;②出现频率,即微状态每秒出现的平均次数;③微状态覆盖范围,即指定的微状态占总记录时间的百分比;④不同微观状态之间的转移概率,即从当前微观状态变为另一微观状态的概率等。

EEG微状态分析出现之后,首先被用于神经、精神障碍疾病的研究,如阿尔茨海默病、精神分裂、帕金森病等。通过微状态分析,可以分析疾病中的神经生理学损伤以及检测干预后的神经生理学变化,为其潜在的临床价值提供了可观的早期结果。

另外,大量研究还探讨了与疾病无关的大脑行为状态的变化与特定的微状态动力学之间的关联。比如,与放松清醒时间相比,微状态下的困倦和快速睡眠时间更短,困倦与更多独特的微状态脑地形图有关。疲劳状态下的微观状态在警觉性方面比微观状态表现出明显更大的幅度。随着人年龄的增长,微状态的持续时间变得更短、出现频率更频繁,并显示出每个微状态覆盖的总时间分布的变化。

除上述研究外,一些学者还利用微状态分析研究以任务为导向的大脑活动过程,如心理认知任务、运动想象任务、视觉空间判断任务等。研究发现,微状态的出现与特定的信息处理功能之间存在关联,微状态参数变化不但可以揭示不同任务之间的大脑活动区别,还可以揭示不同水平受试者执行任务之间的组间区别。

2.4.4　EEG溯源分析

EEG信号是由于大脑内部神经元活动产生,经过多层传导,扩散到头皮而形成的一种生理信号。由于大脑形状的不规则性、脑内各层传导介质的不均匀性以及信号传导过程中的扩散性,到达头皮上的电信号实际上已经成为一种包含很多杂讯、伪迹,以及其他脑区生理过程的综合复杂信号,也并不能完全反映或只反映该脑区的生理特性,所以人们希望能够找到一种让头皮EEG信号和脑内各脑区活动一一对应关系的方法,即EEG信号的溯源问题。

EEG溯源分析就是一种从头皮EEG信号逆推产生这种头皮分布的大脑激活状态的分析方法。最经典的方法就是标准低分辨率脑电磁断层扫描(standardized Low-Resolution brain Electromagnetic Tomography,sLORETA)技术。该方法可以利用有限反演算法估计标准脑图谱空间内脑电信号的概率源,通过计算基于脑力离散分布模型的加权最小范数逆解,将头皮EEG数据定位到与之对应的具有最大电流密度的大脑皮层电位置,即完成 EEG 溯源问题的求解。

sLORETA 算法将脑内体积划分为 6 239 个体素,最高可以给出 5 mm 空间分辨率的结果,具有良好的一阶定位。溯源后的图像代表大脑空间中每个体素的标准电活动,作为估计电流密度的确切大小。与 EEG 脑网络和微状态分析一样,sLORETA 既可以对长时间的静息态 EEG 数据进行分析,也可以对短时间的任务态数据(如 ERP 数据和运动想象数据)进行使用。同时,值得注意的是,sLORETA 还具有可以与其他分析方法相配合使用的优点,例如将 sLORETA 分析后的体素当作节点再进行脑网络分析,或将微状态分析得到的微状态模板进行 sLORETA 溯源。多种算法联合分析,能够使同样的 EEG 数据得到更加全面、多层次、多角度的分析结果(见图 2-6)。

鉴于 sLORETA 溯源分析具有成本低、易计算、分析准确率高、使用灵活等优势,目前已得到了研究者的广泛使用和认可,被应用于精神疾病、睡眠、运动、认知等各个领域的大脑分析研究。

2.4.5 基于机器学习的分析方法

在当前信息化时代的大背景下,人工智能技术已应用到了人们生活、工作的方方面面。人脸识别、自动驾驶、知识图谱,都是人工智能发挥重要作用的主战场。然而,无论人工智能技术的应用多么精彩丰富、复杂多变,作为人工智能技术的核心——机器学习,其核心思想却从未改变,还是解决最基本的"分类"和"回归"两大问题。

机器学习是人工智能技术的核心,最早可以追溯到 20 世纪初。到 80 年代,机器学习成为一个独立的研究方向,主要作为模式识别技术的核心算法进行研究。按照机器学习算法出现的顺序和类别,大致可以分为早期的经典机器学习算法和当前快速发展的深度学习算法两类。

早期的经典机器学习主要有逻辑回归、支持向量机、最邻近阶段算法(K-Nearest Neighbor,KNN)等,这些算法功能相对单一,通常只进行分类/拟合步骤,因此这些方法通常不是单独使用,而是需要和样本的特征提取部分结合使用。在对原始样本进行一系列复杂、有效的特征提取之后,对获取的特征值(通常是低维)才能应用这些算法进行分类/回归。

在 EEG 分析领域,经典机器学习算法主要作为脑机接口(Brain Computer Interface,BCI)的分类器进行使用,例如通过 BCI 识别运动想象信号,对左、右手运动想象信号进行分类识别。随着人工智能技术的快速发展,也有越来越多的学者将机器学习算法应用于其他任务的分类,如疲劳状态、疼痛状态、认知状态、精神疾病等。

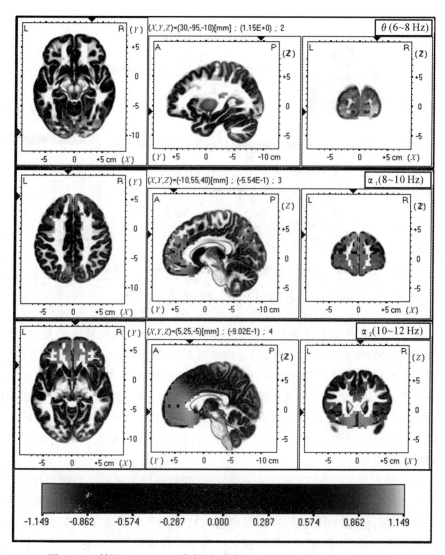

图 2-6 利用 sLORETA 分析对不同频段的 EEG 信号进行溯源定位

如图 2-7 所示,基于机器学习的 EEG 分析研究步骤基本相似,都是通过提取不同状态下的 EEG 信号作为原始样本,之后经过特征提取,最后将特征样本送入分类器进行分类。利用经典机器学习算法的优势是逻辑明确,有坚实的理论基础支撑,但分类的效果通常取决于特征提取算法的好坏。因此相比于分类器的选择,在这些研究中,提取差异性更大、鲁棒性更强的 EEG 特征显得更为重要。

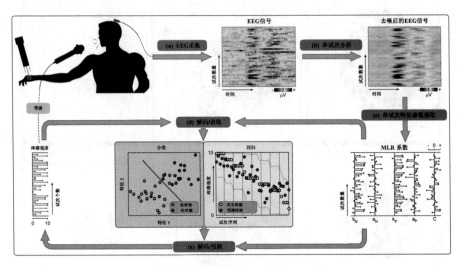

图 2-7 机器学习在疼痛 EEG 信号分类中的应用

深度学习是机器学习的一个新型方向,是传统神经网络算法的复兴。"深度"是指神经网络的层数,传统的神经网络通常只有 2~3 层,而深度神经网络可以达到上百层。随着深度学习模型中网络层数的增加,模型的学习能力得到了显著增强,特征提取和分类识别的精度也越来越高。和经典机器学习算法不同的是,深度学习算法不需要完整有效的特征提取步骤,仅通过对样本的自学习,就可以完成分类任务。典型的算法有卷积神经网络、深度信念网络、生成对抗网络和胶囊网络等。

基于深度学习的 EEG 分析是把原始 EEG 信号的各种特征值作为神经网络的输入,经不同的方式堆叠,以构建各种深度学习框架,再使用训练数据来建立输入样本与标签之间的关系,进而预测输入样本的类别。鉴于深度学习在其他领域的出色表现,已经有不少学者探索了深度学习模型在运动想象分类、情绪识别、疲劳评估、疾病预测等 EEG 信号解码领域中的应用。虽然深度学习算法具有巨大的学习能力,但该模型同时也需要海量的数据样本来支撑这个学习过程,这导致了这种分析方法对 EEG 数据集要求较高,实现难度较大。同时,相比经典机器学习算法,人们对深度学习模型的理解还不够明确,因此只能盲目地调整模型参数,无法预测参数设置是否会有效改善模型性能。

2.5 本章小结

本章从 EEG 信号的起源出发,概述了 EEG 的基本概念和时频特征,介绍了 EEG 信号的采集手段和典型预处理方法。在 EEG 信号分析方法部分,将各主流方法区分为经典方法和现代方法两部分,重点描述了连通性分析、复杂脑网络分析、微状态分析、溯源分析、机器学习分析等新型 EEG 分析方法的概念、流程、特点和典型应用。需要注意的是,不同的 EEG 分析方法之间并不存在绝对的优劣差异。实践已经证明,所有分析方法均为 EEG 分析的发展做出了贡献,但任何一种方法都无法完美适用于一切研究。在对 EEG 进行分析处理时,更重要的是能根据研究目的和 EEG 的自身特点,选择和开发出最合适的分析方法。总之,本章内容既是 EEG 技术的基础理论知识,也可以作为后续探索 EEG 技术在射击运动分析中的依据和参考。

参 考 文 献

[1] LI Z, ZHANG L, ZHANG F, et al. Demystifying signal processing techniques to extract resting-state EEG features for psychologists[J]. Brain Science Advances, 2020, 6(3): 189-209.

[2] CATON R. Electrical currents of the brain[J]. The Journal of Nervous and Mental Disease, 1875, 2(4): 610.

[3] BERGER H. Über das elektrenkephalogramm des menschen[J]. DMW-Deutsche Medizinische Wochenschrift, 1934, 60(51): 1947-1949.

[4] LUCK S J. An introduction to the event-related potential technique[M]. Cambridge: MIT Press, 2014.

[5] COHEN M X. Analyzing neural time series data: theory and practice [M]. Cambridge: MIT Press, 2014.

[6] HU L, ZHANG Z. EEG signal processing and feature extraction[M]. Berlin: Springer Press, 2019.

[7] GRUZELIER J H. EEG-neurofeedback for optimising performance. I: a review of cognitive and affective outcome in healthy participants[J]. Neuroscience & Biobehavioral Reviews, 2014(44): 124-141.

[8] CHERON G, PETIT G, CHERON J, et al. Brain oscillations in sport: toward EEG biomarkers of performance [J]. Front Psychological, 2016 (7): 246.

[9] BARLOW D H, LEHRER P M, WOOLFOLK R L, et al. Principles and practice of stress management [M]. London: Guilford Press, 2007.

[10] HAMMOND D C. What is neurofeedback: an update [J]. Journal of Neurotherapy, 2011, 15(4): 305-336.

[11] HORSCHIG J M, ZUMER J M, BAHRAMISHARIF A. Hypothesis-driven methods to augment human cognition by optimizing cortical oscillations [J]. Frontiers in Systems Neuroscience, 2014(8):119.

[12] KLIMESCH W. EEG alpha and theta oscillations reflect cognitive and memory performance: a review and analysis [J]. Brain Research Review, 1999, 29(2/3): 169-195.

[13] WANG J R, HSIEH S. Neurofeedback training improves attention and working memory performance [J]. Clinical Neurophysiology, 2013, 124(12): 2406-2420.

[14] TEPLAN M. Fundamentals of EEG measurement[J]. Measurement Science Review, 2002, 2(2): 1-11.

[15] 曹洋, 唐宏伟, 马艳妮, 等. 脑电采集系统的发展及其现代化应用[J]. 新技术新工艺, 2015 (11): 83-89.

[16] BECKMANN L, NEUHAUS C, MEDRANO G, et al. Characterization of textile electrodes and conductors using standardized Measurement setups [J]. Physiological Measurement, 2010, 31(2): 233.

[17] SRINIVASAN R, TUCKER D M, MURIAS M. Estimating the spatial Nyquist of the human EEG [J]. Behavior Research Methods, Instruments, & Computers, 1998, 30(1): 8-19.

[18] 谭郁玲. 临床脑电图与脑电地形图学[M]. 北京: 人民卫生出版社, 1999.

[19] ZHANG L, LI Z, ZHANG F, et al. Demystifying signal processing techniques to extract task-related EEG responses for psychologists[J]. Brain Science Advances, 2020, 6(3): 171-188.

[20] AVANZINI G, BINELLI S, CANAFOGLIA L, et al. Computerized wave-form analysis of the ictal EEG patterns in epilepsy with myoclonic

absences and in childhood absence epilepsy [J]. Electroencephalography & Clinical Neurophysiology, 1997, 103(1): 118-131.

[21] 张贤达. 现代信号处理[M]. 2版. 北京: 清华大学出版社, 2002.

[22] 葛哲学. MATLAB时频分析技术及其应用[M]. 北京: 人民邮电出版社, 2006.

[23] HUANG D J, ZHAO J P, SU J L. Practical implementation of Hilbert-Huang Transform algorithm [J]. Acta Oceanologica Sinica (English Edition), 2003, 22(1): 1-14.

[24] PIGORINI A, CASALI A G, CASAROTTO S, et al. Time-frequency spectral analysis of TMS-evoked EEG oscillations by means of Hilbert-Huang Transform[J]. Journal of Neuroscience Methods, 2011, 198(2): 236-245.

[25] 刘秉正. 非线性动力学[M]. 北京: 高等教育出版社, 2004.

[26] 陈东伟. 非线性动力学、因果脑网络与聚类稳定性在EEG信号分析中的应用研究[D]. 太原: 太原理工大学, 2015.

[27] ABRAMS D A, LYNCH C J, CHENG K M, et al. Underconnectivity between voice-selective cortex and reward circuitry in children with autism[J]. Proceedings of the National Academy of Sciences, 2013, 110(29): 12060-12065.

[28] CHIKARA R K, KO L W. Phase modulation-based response-inhibition outcome prediction in translational scenario of stop-signal task[C]// 2016 38th Annual International Conference of the IEEE Engineering in Medicine and Biology Society (EMBC). IEEE, 2016.

[29] LU C F, TENG S, HUNG C I, et al. Reorganization of functional connectivity during the motor task using EEG time-frequency cross mutual information analysis [J]. Clinical Neurophysiology, 2011, 122(8): 1-15.

[30] SCHELTER B, WINTERHALDER M, EICHLER M, et al. Testing for directed influences among neural signals using partial directed coherence [J]. Journal of Neuroscience Methods, 2006, 152(1): 210-219.

[31] SUN Y, LI Y, ZHU Y, et al. Electroencephalographic differences between depressed and control subjects: an aspect of interdependence analysis [J]. Brain Research Bulletin, 2008, 76(6): 559-564.

[32] BULLMORE E, SPORNS O. The economy of brain network organization [J]. Nature Reviews Neuroscience, 2012, 13(5): 335-349.

[33] RUBINOV M, SPORNS O. Complex network measures of brain connectivity: uses and interpretations [J]. Neuroimage, 2010, 52(3): 1059-1069.

[34] LI W, WANG Z, ZHANG L, et al. Remodeling pearson's correlation for functional brain network estimation and autism spectrum disorder identification [J]. Frontiers in Neuroinformatics, 2017(11): 55.

[35] CALHOUN V D, KIEHL K A, PEARLSON G D. Modulation of temporally coherent brain networks estimated using ICA at rest and during cognitive tasks [J]. Human Brain Mapping, 2010, 29(7): 828-838.

[36] SCHMIDT B T, GHUMAN A S, HUPPERT T J. Whole brain functional connectivity using phase locking measures of resting state magnetoencephalography [J]. Frontiers in Neuroscience, 2014(8): 141.

[37] PERAZA L R, ASGHAR A U R, GREEN G, et al. Volume conduction effects in brain network inference from electroencephalographic recordings using phase lag index [J]. Journal of Neuroscience Methods, 2012, 207(2): 189-199.

[38] BOLLOBAS B. Random graphs [M]. London: Cambridge University Press, 2001.

[39] 孙俊峰, 洪祥飞, 童善保. 复杂脑网络研究进展: 结构、功能、计算与应用 [J]. 复杂系统与复杂性科学, 2010, 7(4): 74-90.

[40] TELESFORD Q K, MORGAN A R, HAYASAKA S, et al. Reproducibility of graph metrics in FMRI networks [J]. Frontiers in Neuroinformatics, 2010(4): 117.

[41] DE PASQUALE F, DELLA P S, SNYDER A Z, et al. Temporal dynamics of spontaneous MEG activity in brain networks [J]. Proceedings of the National Academy of Sciences of the United States of America, 2010, 107(13): 6040-6045.

[42] BAJAJ S, DRAKE D, BUTLER A J, et al. Oscillatory motor network activity during rest and movement: an fNIRS study [J]. Frontiers in Systems Neuroscience, 2014(8): 13.

[43] GAO Z K, SMALL M, KURTHS J. Complex network analysis of time series[J]. EPL (Europhysics Letters), 2017, 116(5): 50001.

[44] KHANNA A, PASCUAL-LEONE A, MICHEL C M, et al. Microstates in resting-state EEG: current statusand future directions [J]. Neuroscience & Biobehavioral Reviews, 2015(49): 105-113.

[45] LEHMANN D, SKRANDIES W. Reference-free identification of components of checkerboard-evoked multichannel potential fields[J]. Electroencephalography and Clinical Neurophysiology, 1980, 48(6): 609-621.

[46] LEHMANN D, STRIK W K, HENGGELER B, et al. Brain electric microstates and momentary conscious mind states as building blocks of spontaneous thinking: I. Visual imagery and abstract thoughts[J]. International Journal of Psychophysiology, 1998, 29(1): 1-11.

[47] MICHEL C M, KOENIG T. EEG microstates as a tool for studying the temporal dynamics of whole-brain neuronal networks: a review[J]. Neuroimage, 2018(180): 577-593.

[48] MURRAY M M, BRUNET D, MICHEL C M. Topographic ERP analyses: a step-by-step tutorial review[J]. Brain Topography, 2008, 20(4): 249-264.

[49] TENNEY J R, KADIS D S, AGLER W, et al. Ictal connectivity in childhood absence epilepsy: associations with outcome[J]. Epilepsia, 2018(59): 971-981.

[50] SYSOEVA M V, VINOGRADOVA L V, KUZNETSOVA G D, et al. Changes in corticocortical and corticohippocampal network during absence seizures in WAG/Rij rats revealed with time varying Granger causality[J]. Epilepsy Behav, 2016(64): 44-50.

[51] TOMESCU M I, RIHS T A, ROINISHVILI M, et al. Schizophrenia patients and 22q11.2 deletion syndrome adolescents at risk express the same deviant patterns of resting state EEG microstates: a candidate endophenotype of schizophrenia [J]. Schizophrenia Research: Cognition, 2015, 2(3): 159-165.

[52] KIKUCHI M, KOENIG T, WADA Y, et al. Native EEG and treatment effects in neuroleptic-naive schizophrenic patients: time and frequency domain approaches[J]. Schizophrenia Research, 2007, 97(1/

2/3): 163-172.

[53] CANTERO J, ATIENZA M, SALAS R, et al. Brain spatial microstates of human spontaneous alpha activity in relaxed wakefulness, drowsiness period, and REM sleep[J]. Brain Topogr, 1999(11):257-263.

[54] BRODBECK V, KUHN A, VON WEGNER F, et al. EEG microstates of wakefulness and NREM sleep [J]. Neuro Image, 2012 (62): 2129-2139.

[55] THURAISINGHAM R A, TRAN Y, CRAIG A, et al. Using microstate intensity for the analysis of spontaneous EEG: tracking changes from alert to the fatigue state[C]//Proceedings of the Annual International Conference of the IEEE Engineering in Medicine and Biology Society, 2009:4982-4985.

[56] MÜLLER-PUTZ G R, DALY I, KAISER V. Motor imagery-induced EEG patterns in individuals with spinal cord injury and their impact on brain-computer interface accuracy[J]. Journal of Neural Engineering, 2014, 11(3): 035011.

[57] LI Y, CHEN M, SUN S, et al. Exploring differences for motor imagery using Teager energy operator-based EEG microstate analyses [J]. Journal of Integrative Neuroscience, 2021, 20(2): 411-417.

[58] SEITZMAN B A, ABELL M, BARTLEY S C, et al. Cognitive manipulation of brain electric microstates[J]. Neuroimage, 2017, 146: 533-543.

[59] HU N, LONG Q, LI Q, et al. The modulation of salience and central executive networks by acute stress in healthy males: an EEG microstates study[J]. International Journal of Psychophysiology, 2021(169): 63-70.

[60] CEVADA T, MOREIRA A, VILETE L M P, et al. Resilience, psychological characteristics, and resting-state brain cortical activity in athletes and non-athletes[J]. The Open Sports Sciences Journal, 2020, 13(1):31-35.

[61] XIE Y, XU Y, BIAN C, et al. Semantic congruent audiovisual integration during the encoding stage of working memory: an ERP and sLORETA study[J]. Scientific Reports, 2017, 7(1):5112-5117.

[62] PASCUAL-MARQUI R D. Standardized Low-Resolution brain Electromagnetic Tomography (sLORETA): technical details [J]. Methods Find Exp Clin Pharmacol, 2002, 24(Suppl D): 5-12.

[63] GIANNOPOULOS A E, ZIOGA I, PAPAGEORGIOU P C, et al. Early auditory-evoked potentials in body dysmorphic disorder: an ERP/sLORETA study[J]. Psychiatry Research, 2021, 299(4):113865.

[64] SHIM Y, SHIN H E. Analysis of neuropsychiatric symptoms in patients with Alzheimer's disease using quantitative EEG and sLORETA[J]. Neurodegenerative Diseases, 2020, 20(1):1-8.

[65] 吕墨竹,郭峰. 基于sLORETA脑成像技术探究太极拳运动对中老年人安静状态下脑波影响的研究[J]. 沈阳体育学院学报, 2019, 38(2):130-139.

[66] 周志华. 机器学习[M]. 北京:清华大学出版社, 2016.

[67] MICHIE D, SPIEGELHALTER D J, TAYLOR C. Machine learning [J]. Neural and Statistical Classification, 1994(13):1-3.

[68] BISHOP C M. Pattern recognition and machine learning [M]. Berlin: Springer Press, 2006.

[69] SABETI M. Entropy and complexity measures for EEG signal classification of schizophrenic and control participants [J]. Artificial Intelligence in Medicine, 2009, 47(3):263-274.

[70] MUMTAZ W, SAAD M N B M, KAMEL N, et al. An EEG-based functional connectivity measure for automatic detection of alcohol use disorder [J]. Artificial Intelligence in Medicine, 2017, 84 (S0933365717302476):1-3.

[71] PARVINNIA M S E, JAHROMI M Z, BOOSTANI R. Classification of EEG signals using adaptive weighted distance nearest neighbor algorithm [J]. Journal of King Saud University-Computer and Information Sciences, 2014, 26(1):1-6.

[72] HUANG G, XIAO P, HUNG Y S, et al. A novel approach to predict subjective pain perception from single-trial laser-evoked potentials[J]. Neuroimage, 2013(81):283-293.

[73] ZHAO Y, HE L. Deep learning in the EEG diagnosis of Alzheimer's disease[C]//Proceedings of the Asian Conference on Computer Vision, F, 2014.

[74] SUPRATAK A, DONG H, WU C, et al. Deep sleep net: a model for automatic sleep stage scoring based on raw single-channel EEG[J]. IEEETransactions on Neural Systems and Rehabilitation Engineering, 2017, 25(11): 1998-2008.

第 3 章 脑电技术在运动科研领域中的应用

除医学领域外,脑电技术在运动科研领域中也发挥了非常重要的作用。研究者不但可以利用脑电技术监测运动员的生理状态,分析优秀运动员的心理特质,还可以利用脑电技术开发神经反馈训练系统,用以指导运动员进行心理训练,提升运动表现。由于脑电技术的抗干扰、抗噪声能力较弱,容易受到运动伪迹影响,所以主要应用于射击、射箭、高尔夫球等精细型运动。按照研究目的的不同,脑电技术在运动科研领域中的研究大致可分为精细型运动运动过程的大脑神经机制分析研究、运动专家大脑神经机制特质研究以及脑电-神经反馈技术提升运动表现的应用研究。

3.1 精细型运动行为的脑电神经机制

精细型运动,是指动作较为简单,执行过程身体通常保持恒定,运动者只要精神集中,完成特定技巧就可以实现的一类运动。典型的精细型运动主要有射击、射箭、高尔夫球、飞镖投掷、桌球等。这些运动都具有类似的特点,动作简单,容易学会,能够快速上手,但要获得高水平的成绩,又存在相当大的难度,可以概括为"易学难精"。

运动行为中的大脑神经机制,是运动科学领域中的一个重要研究方向,EEG作为一种简单便携的神经探测手段,很早以前就被应用于该领域的研究。其研究示意图如图 3-1 所示,研究者(注:实验的主持者,本章统一称为主试)为运动员(注:实验的参与者,通常称为受试者,本章统一称为受试者)安装好 EEG 采集设备,然后受试者在主试的监督下执行自己熟悉的专业运动,实验同步采集受试者执行运动过程中的行为指标(如运动成绩、过程表现等)和 EEG 信号,之后通过特定的信号特征提取算法,分析运动过程中的 EEG 信号特征变化情况,从而探索该运动行为过程中大脑的神经机制变化。

然而,由于 EEG 信号是一种非常微弱的电信号,采集时身体的晃动、眨眼、打哈欠、行走,都可能使信号产生较大幅度的噪声,所以 EEG 技术很难在足球、篮球等开放性运动中开展研究,能够采用 EEG 技术进行研究的运动类型也比较有限,通常只局限于射击、射箭等静态精细型运动的研究。鉴于前人的研究大多数针对的是这些精细型运动,因此本节也主要综述 EEG 技术在这些运动科目中的应用研究。

 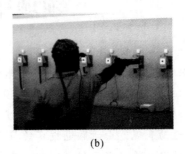

(a) (b)

图 3-1 EEG 技术在精细型运动行为监测中的应用示意图
(a)EEG 技术应用于研究高尔夫球击球过程; (b)EEG 技术应用于研究手枪射击过程

3.1.1 早期经典研究

射击作为以静力性为主体的项目,与射手的生理、心理状态密切相关,是 EEG 研究的理想对象。EEG 技术在射击领域中的应用最早可以追溯到 1984 年,美国马里兰大学的 Hatfield 教授最早开展了利用 EEG 技术分析运动行为的研究,他采集了 17 名专业步枪射击运动员瞄准期间的 EEG 信号,通过频带功率分析,发现随着射击击发时刻的到来,瞄准期间左颞区(T_3)和左枕区(O_1)的 Alpha 频段功率持续显著增加,而右颞区(T_4)和右枕区(O_2)的 Alpha 频段功率则保持稳定(研究结果见图 3-2)。Hatfield 教授的该项研究是开创性的,是 EEG 技术在运动科研领域中的首次尝试和成功应用。至此之后,类似的研究逐渐增加,越来越多的研究者开始采用 EEG 技术分析简单运动过程中的 EEG 特征变化,从而揭示运动过程的大脑神经机制。

之后发表的大多数研究都借鉴了 Hatfield 教授的研究思想,从研究设计上来看,主要是对该项研究的扩展和完善,例如进一步分析大脑神经活动和射击成绩的相关性,或者研究其他类似运动的相关大脑活动变化等。

1987 年,Bird 记录了一名高水平步枪运动员扣扳机前后 8 s 左颞区(T_3)脑电信号功率的变化,发现射手在射击表现更好时,其大脑 EEG 功率更加稳定,反之,在出现失误或未得到好成绩时,大脑 EEG 功率则会出现较大变化。

1990 年,美国堪萨斯州立大学的 Salazar 等人采集并分析了 28 名射箭运动员在击发前 3 s 左、右颞区脑电信号,发现在瞄准期间大脑 Alpha 波的增幅存在一定的偏侧性现象,左颞区 Alpha 波的增幅明显,而右颞区脑电信号几乎没有变化,且运动员射箭瞄准期间左颞区 Alpha 和 Beta1 频段功率越高,射箭表现反而越差。

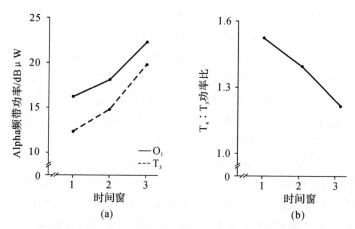

图 3-2 Hatfield 教授首次采用 EEG 技术分析射击准备阶段大脑神经机制研究结果图
(a)射击准备阶段 T_3 和 O_1 位置的 Alpha 频带功率动态变化过程;
(b)射击准备阶段 T_3 和 T_4 位置的 EEG 功率比值
注:以射击击发时刻为 0 s,时间窗 1、2、3 分别为 $-7.5 \sim -0.5$ s,$-0.5 \sim -0.25$ s,$-0.25 \sim 0$ s。

2000—2001 年,美国马里兰大学的 Haufler 等人(Hatfiled 教授研究团队)招募了 15 名步枪运动员和 21 名新手分别进行射击任务、语义加工任务和空间加工任务,通过组间对比发现,运动员大脑只在射击任务中表现出更小的脑活性(Alpha 波功率:专家＞新手)。这表明射击训练促进了与射击训练相关任务的脑适应性变化,但对其他任务完成的大脑活动未产生影响。Haufler 的这项研究属于早期的专家-新手对比研究,为后期出现的神经效率假说提供了重要的实验支持。

2001 年,Kerick 等人(Hatfiled 教授研究团队)跟踪记录了 11 名没有手枪射击经验的海军学院学生经 12~14 周的气手枪训练前、中、后三个时期击发前 5 s 的 EEG 的变化情况,发现随着训练的深入,受试者在举空枪状态下左颞区(T_3)处的 Alpha2 频段的事件相关电位(Event Related Potential,ERP)持续上升,在安静状态下,该处的 ERP 则保持稳定,且这两种下状态下右颞区均未表现出明显的变化。对左颞区的研究还发现,Alpha 功率变化情况与优秀的射击表现之间存在联系。

2001 年,英国爱丁堡大学的 Loze 等人的研究对比了最佳和最差射击成绩对应的枕区 Alpha 波功率变化,结果显示,最佳射击表现时 Alpha 波功率上升,最差射击表现则呈下降趋势,且认为受试者在击发前增加视觉注意不利于取得良好的射击表现。

2008 年,德国帕德伯恩大学的 Baumeister 等人以高尔夫球挥杆动作为研究对象,分析了运动员挥杆前准备期间的 EEG 信号特征,发现顶区(P_z)的 Alpha2 频段功率和额区(F_z)的 Theta 频段功率与击球的准确率呈显著正相关。

早期的研究采用的方法主要是 EEG 功率谱分析,这种方法虽然能够分析射击准备阶段不同频带的生理特性,但是也只局限单个电极,且因为个体性差异的存在,所以 EEG 的绝对功率有时也并不能完全准确地反映任务过程中的大脑神经机制。因此,随着 EEG 信号处理技术的发展,一些学者开始使用更加先进的 EEG 信号处理方法分析精细型运动过程中的大脑神经动态变化机制。

2003 年和 2009 年,美国马里兰大学的 Deeny 等人(与 Hatfiled 同研究团队)研究了射击运动员瞄准时几个特定脑区之间的 EEG 功能性连接特征。如图 3-3(a)所示,发现专业运动员脑区之间的相干性显著低于新手运动员,这种现象在右脑表现更加明显,同时文章还指出这种皮层之间的连接具有方向性,瞄准期间信息主要由其他脑区向额区传输。

2009 年,意大利法特贝内夫拉泰利医学研究院的 Del Percio 等人分析了瞄准期间的 EEG 信号多个频段上的事件相关同步/去同步(Event-Related Synchronization/Desynchronization,ERS/D)特征。如图 3-3(b)所示,研究结果发现,相比于新手射手,射击运动员在全脑 Alpha1 和 Alpha2 频段上的 ERD 幅度更低,同时专业射手的射击成绩也与瞄准期的 Alpha2 频段上的 ERS 幅度呈显著正相关。

2011 年,Del Percio 等人又采用了事件相关相干性(Event-Related Coherence,ERCoh)的方法,发现相比新手,专业射击运动员瞄准期间在多个频段上,半脑之内、半脑之间各区域(顶-颞、顶-枕区域)间的 ERCoh 幅度都表现出更加稳定的现象。

同年,意大利福贾大学 Babiloni(与 Del Percio 同研究团队)也采用了相干性分析的方法研究高尔夫球挥杆动作,研究结果发现,相对失败挥杆试次,成功挥杆试次在额-中央区中线(F_z-C_z)和右中央区(C_z)位置的 Alpha2 频段 ERD 幅度更高,即 ERD 幅度与失误的发生率呈显著负相关。

Deeny、Del Pericio、Babiloni 可以称为这一阶段的标志性研究学者。他们的主要贡献在于采用了更加新型的实验范式——专家对比分析,报告了精细型运动专家和新手在运动过程中的大脑神经活动差异情况,揭示出专家在运动过程中表现出的独特大脑神经活动。同时,他们还采用了更加新型的 EEG 信号处理方法:Deeny 首先提出采用功能性连接分析的方式探索射击准备阶段的大脑神经变化情况,并指出不同脑区之间存在密切的信息传输,且这些传输还具有明显的方向性;Del Percio 则是提出了 ERD/S 和 ERCoh 的分析方法,这两个方法是将 EEG 特征的变化程度当作分析指标,能够更加直接地与运动过程中的大脑动态活动规律进行关联,进而得出运动专家在射击过程中大脑活动程度更低、能量消耗更少的结论,进一步佐证了专家在运动过程中存在的"神经效率"现象假说。

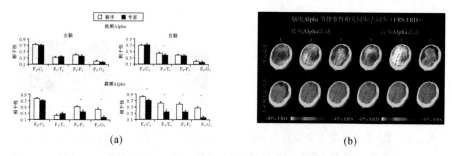

图 3-3 Deeny 和 Del Pericio 的主要研究成果
(a) Denny 对比了新手和专家射击瞄准阶段的 EEG 相干性(Coherence)结果;
(b) Del Pericio 对比了新手和专家射击准备阶段的 EEG-ERD/S 结果

3.1.2 近年现代研究

在关于精细型运动过程神经机制研究的课题中,传统经典研究采用专家-新手对比的实验范式,其研究方法主要侧重于 EEG 分析方法的改进,取得了一系列重要的研究成果。但除此之外,近年来还出现了一些关注不同实验范式对 EEG 特征影响的研究,即研究不同条件是否会对运动表现、运动准备阶段的大脑神经机制产生影响。影响条件包括自身条件和外部条件:自身条件如自我控制程度、心率负荷、紧张程度、甚至服用药物等;外部条件则包括外界环境、光线、噪声等。探索不同条件对运动过程中大脑神经机制的影响,是近年来的主流研究方向。

2016 年,奥地利萨尔茨堡大学的 Gallicchio 等人研究了较高心率负荷状态对射击瞄准的影响,分析了运动员增加心率负荷(快速骑 3 min 脚踏车)前后射击瞄准期间的 EEG 信号特征。如图 3-4 所示,研究结果发现,高心率负荷会降低瞄准期间额中线 Theta 频段功率,提高颞区和枕区的 Alpha 频段功率。

同年,挪威科学技术大学的 Luchsinger 等人对比了冬季两项运动员(越野滑雪射击运动员)与越野滑雪运动员在高强度越野滑雪前后的射击表现及对应的脑电特征,重点分析了射击时剧烈运动对额叶 Theta 波活动的影响,发现冬季两项运动员的额叶 Theta 波活动显著高于越野滑雪运动员,剧烈运动未对射击表现和 Theta 波活动产生明显的影响。

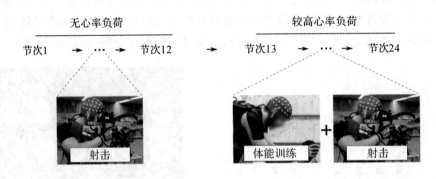

图 3-4 Gallicchio 等人研究高强度体能训练后射击准备阶段的大脑神经机制(前 12 个节次的射击为无心率负荷状态,之后 12 个节次的射击是在快速骑 3 min 脚踏车后立即进行的射击)

2016—2017 年,意大利基耶蒂-佩斯卡拉"G. 邓南遮"大学的 Bertollo、Fronso 和 Comani 等人的研究将多类行动计划(Multi-Action Plan,MAP)模型引入射击行为的神经机制研究中,他们分别对 4 种不同控制模式(高控制-高表现、高控制-低表现、低控制-高表现、低控制-低表现)下的 ERD/ERS 情况进行分析,即由射手对自己本次射击击发的过程进行评估,是比较流畅(低控制程度),还是不太流畅(高控制程度),然后结合本次射击的成绩(高表现/低表现),形成四类数据样本。然后对比分析不同样本的 EEG 特征差异,结果发现不同的运动控制水平并不影响射击表现,但会对 EEG 信号特征造成影响。该研究结果表明一个高水平的运动员,即使面临较为不利的射击环境,也能够通过自主调节射击心理,达到较好的射击表现。

2020 年,Lange 等人在利用生态有效任务来检验神经元的表现监测的相关性的实验中,通过测量在仿真枪射击时受试者的额中叶 Theta 波的 ERP 特征,发现没有击中目标时大脑额中叶会产生更强烈的 Theta 波活动。

2021 年,Fernandes 等人采用双盲交叉研究的方法,对 30 名受试者在溴西泮(6 mg,一种抗焦虑、镇静药物)和安慰剂两种条件下执行射击任务过程中的 EEG 特征进行分析,结果显示:与安慰剂组相比,溴西泮组的受试者在任务中表现较低;在射箭准备阶段,半脑内各区域之间的相干性降低;在不同时段内,半脑内的额区、颞区和运动皮层区域的 Theta 频段的相干性显著增加。

3.1.3 神经效率假说

在精细型运动行为大脑神经机制研究的发展历程中，有研究者提出了一个非常重要的理论——神经效率假说。该假说的出现较为成功地解释了这些研究中出现的各种现象，一经提出便受到了众多学者的关注。该假说的基本描述为：专业运动员在执行自己非常熟悉的运动行为或执行自己具有优势的其他行为时，会表现出比新手更加高效、经济的大脑神经活动模式。

也就是说，神经效率假说将大脑类比为一台高性能的计算机，将受试者执行运动的行为看作让计算机执行程序任务，将大脑在此过程中发生的神经活动视为计算机所需要消耗的资源，而将受试者执行后的运动结果视为计算机的程序输出。以系统输入和输出的角度评估整个过程中的出现的各个现象。

一方面，运动行为占用的计算资源会随着行为的熟练程度而发生变化：如果是计算机第一次执行某个程序（例如训练机器学习模型），即新手执行运动行为，大脑需要调用大量的计算和存储资源来满足运动行为的完成，因为大脑并不熟悉这个过程，所以需要不断地调整和试错，这一过程则会涉及回忆、分析、判断、决策等一系列过程；但随着执行过程越来越熟悉，如果是计算机执行某个已经执行很多次的程序（例如直接调用模型），即运动专家来执行运动行为，大脑就不需要消耗过多的资源，仅需要付出最低程度的计算存储资源即可完成，因为整个过程已有规定的动作路线，仅需要按照以往熟悉的行为完成即可。

另一方面，运动行为的输出效果也会随着行为的熟练程度而不断提升：新手在第一次执行某种运动时，运动效果通常不好，能正确完成动作就已不容易，取得好成绩的概率非常低；但对于运动专家来说，其运动动作已经过千锤百炼，如果没有意外，则非常容易获得很好的运动成绩。

因此，对于新手来说，他们付出的资源多，输出效果差，是一种"低效率"的现象；而对于专家来说，他们付出的资源少，输出效果好，则是一种"高效率"的现象。这就是神经效率假说的主要发现。

神经效率假说解释了早期经典研究的很多现象，最典型的就是 Del Percio 在 2010 年和 2011 年的两项研究。在这两项研究中，Del Percio 等人对比分析了射击专家和新手在射击准备阶段的事件相关去同步/同步（ERD/S）特征和事件相关相干性（ERCoh）特征，这两个指标分别反映了射击准备阶段大脑 EEG 频段功率和 EEG 频段相干性对比非射击准备阶段的变化情况，可以理解为能够反映大脑在某种任务状态下的大脑神经资源消耗程度的指标。

两项研究的结果都表明：射击专家在射击准备阶段的 ERD/S 和 ERCoh 都

要显著低于新手,因此说明射击专家确实比新手的大脑资源消耗更少。同时,进一步结合射击成绩来看,就可以得出专家在执行自己的优势任务时,表现出的神经效率现象。

3.1.4 多类行动计划模型

神经效率假说虽然解释了运动专家和新手在一般运动过程中的普遍差异,但如果将视角聚焦于专家或新手单次的运动行为中,则出现了很多难以解释的现象。例如,射击运动员每次的射击状态有好有坏,每次的射击环境也不尽相同,仅通过测量大脑神经资源的消耗程度(ERD/S 或 ERCoh),无法精确预测本次射击成绩的好坏,有些射击过程中消耗的神经资源多,但成绩依然较好,有些射击过程中消耗的神经资源很少,但成绩却未尽人意。

这些现象说明神经效率假说对于专家-新手对比这种大尺度下的分析是有效的,但对于专家每次执行运动动作时的分析则并不完善。因此,2016—2017年,意大利基耶蒂-佩斯卡拉"G. 邓南遮"大学的 Bertollo、Fronso 和 Comani 等人将多类行动计划(Multi-Action Plan,MAP)模型引入射击行为的神经机制研究中,重点分析每个射击过程中,分别从射击表现和自我控制程度这两个维度下,共同分析这个过程中的大脑神经机制(见图 3-5)。

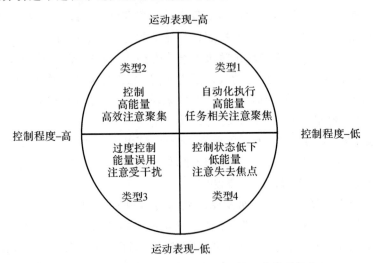

图 3-5 多类行动计划模型(MAP)的四种类型特点

多类行动计划模型指出:在运动过程中,运动员的自我控制程度与运动表现和大脑神经活动产生密切影响。在某次运动过程中,如果运动员属于"自动加工"(即控制程度较小),并获得了较好的运动表现,就属于神经效率较高的状态;但如果运动员属于"控制加工"(即控制程度较高),则又要进一步细分这种"控制加工"的程度如何,如果对大脑的"控制加工"和资源配置较为合理,则可以获得较好的运动表现;反之,如果这种"控制加工"和资源配置超出了限度,则反而会导致运动表现降低。

然而,多类行动计划模型属于近年来新提出的研究方向,虽然已得到了部分实验结果的初步支持,但还有一些深入的问题尚未解决,例如,专家和新手在运动过程中通常采取不同的运动策略,那么专家和新手在多类行动计划模型得到的大脑神经活动结果也必然不同;另外,除了个体压力外,情绪对自我控制和大脑活动也同样存在影响,引入更多的变量也必然导致模型更加复杂。因此,该模型还需要更多的其他跟进研究来补充完善。

3.1.5 国内研究发展历程

国内方面,一些体育科学领域的学者也采用 EEG 技术研究运动过程中的神经机制,取得了大量非常有价值的研究成果。

早在 1988 年,航天医学工程研究所的闫校霞等研究者就以 8 名射击运动员为研究对象,分析了射击瞄准过程中的 EEG、心电、心率、阻抗呼吸波等多个生理指标,并采用系统辨识建模的方式拟合了射击成绩和生理指标之间的关系,找到每名射击运动员的最佳射击生理参数,以期为运动员提供训练指导。

2009 年,国家体育总局的周未艾等专家对备战北京奥运会的射击集训队的 73 名队员赛前训练时的大脑神经机能状态进行了分析,发现运动员的性别与大脑唤醒水平没有直接关联,而优秀运动员会在比赛前承受更高的大脑负荷。

2014 年,中国台湾的洪聪敏等人对比了真实射击瞄准状态和模拟动作控制状态之间的 EEG 差异,发现真实射击瞄准期间右脑额区(F_4)、中央区(C_4)、顶区(P_4)和枕区(O_2)具有更高的 Beta1 频段功率。

2015 年,上海体育学院的郑樊慧等人采集了 11 名青少年女子气手枪运动员在击发前大脑左颞区(T_7)、右颞区(T_8)、枕叶中线(O_z)、运动区(C_z)的 Alpha 波功率和额叶中线(F_z)处 Theta 波功率的变化,结果表明:Alpha 波功率在左、右颞区存在明显的偏侧性现象,且左颞区的 Alpha 波功率值更高;在击发前 3 s 内,运动员枕叶中线处的 Alpha 波功率值呈上升趋势;运动员在命中 10 环时大脑的额叶中线处的 Theta 波功率值显著高于命中 8 环时的功率。

2016 年,上海体育科学研究所的安燕等人又分析了射击瞄准期间的 EEG 相干性特征,并对比了击发和手枪两种状态下的 EEG 相干性差异。结果发现,与收枪状态相比,运动员在击发时所需的大脑信息交流更少,同时左脑相干性显著低于右脑,且大脑的信息交流也与射击表现存在密切联系。

2017年,武警工程大学的陈思等人通过分析全国司法警察大比武陕西代表队的法警在射击训练中的功率谱特征和时频特征中发现,实弹射击瞄准期间,左、右脑Alpha波频段功率偏差值与Alpha波集中于左颞区的趋势呈正相关,左、右脑的Alpha波频段功率偏差值与射击成绩呈正相关。

可以看出,针对精细型运动准备阶段大脑神经机制,国内学者也进行了很多工作,得出了很多具有价值的成果。但同时也可以发现,国内体育科学领域的学者往往对数字信号处理技术并不擅长,因此在分析EEG信号时主要采用设备自带的分析软件,提取与临床相关的生理指标(如功率谱和脑相图等),而没有针对性地从信号处理角度探索适用于分析运动行为的特殊的EEG特征。因此相对其他国家的学者,创新性稍弱,难以提出具有重要影响力的观点或学说。

以上研究表明,精细型运动准备阶段的EEG信号特征不但能够反映当下运动员的生理状态,还与之后的运动表现结果存在密切联系。研究运动准备阶段的大脑活动,对监测运动员执行任务过程中的大脑活动,提高任务执行表现具有重要意义。同时,需要注意的是,将先进的EEG信号处理方法应用于探索运动过程中的神经机制是一个非常重要的努力方向。EEG信号中还存在很多尚未被揭示的奥秘,通过更加先进的分析手段,有望能够寻找到更加准确、鲁棒性更好的运动状态监测生理指标,也有望发现更新、更有价值的理论成果。

3.2 非精细型运动的脑电神经机制

除了采用EEG直接研究执行专业运动时的神经机制之外,间接地通过其他替代任务来研究运动行为也是运动科学领域中的一个重要研究方向。这类研究通常不需要运动员执行自身专业运动,而是侧重于分析专业运动员和非运动员在某些非专业运动行为下的EEG差异。

可用于研究专业运动员和非运动员脑电差异的实验范式很多,例如采集受试者执行认知任务,观看运动视频,进行运动表象/想象,闭眼静坐等状态下的EEG信号特征。

这些研究可以通过两组受试者之间的显著性EEG特征差异,发现专业运动训练对运动员行为甚至大脑产生的可塑性变化,从而评估运动员训练水平和训练效果。很多学者也将此类方法当作一种直接研究专业运动行为的代替,用来研究不适宜应用EEG监测的运动行为的神经机制,如击剑、体操、游泳、足球、篮球等开放性运动项目。

3.2.1 事件相关电位研究

在早期研究中,事件相关电位(Event Related Potential,ERP)是非专业运动行为下,用于研究运动员和非运动员大脑功能差异的一种常用手段。ERP是心理学研究中的重要手段,它是指当某种心理活动出现时,在脑区产生的电位变化,或者是由某种刺激所诱发的大脑产生的电位。

一些学者认为 ERP 属于 EEG,因为两者的采集方式是一致的,都是通过 EEG 采集设备获取大脑头皮上的连续电信号。但也有一些学者认为 ERP 具有明显的事件相关性,与刺激事件的发生密切相关,因此在描述时将 ERP 定义为由刺激事件诱发的大脑头皮电信号,而将 EEG 定义为相对自然条件下自发产生的大脑头皮电信号,如静息态、睡眠状态、运动想象状态等。

在认知神经科学领中,大量学者曾利用 ERP 建立认知任务完成程度和 ERP 特征之间的联系,揭示心理、社会、机械等多个科学方面的研究成果。在心理学领域,ERP 被认为是揭示复杂心理活动的钥匙,发现了与冲突、后悔、安慰、激励等多种心理感觉相关的 ERP 波形成分;在社会科学领域,ERP 也被应用于测谎、歧视、同情等课题的研究,揭示了多项社会行为背后的生理机制;在工程机械系统方面,ERP 也是脑机接口系统中 P300 范式的基础。

在运动领域,一些学者将 ERP 技术用于研究高水平运动员的大脑神经特征,实验范式主要是测量高水平运动员和普通运动员、运动新手与运动相关的认知任务中的 ERP 差异,发现高水平运动员的 ERP 特质,从而揭示长期运动对大脑造成的神经可塑性。

2004 年,Hung 等人发现相比于控制组,专业乒乓球运动员在完成波斯纳式(Posner-style)注意任务(即一种测量受试者在错误提示下的反应能力的认知任务)时,对任务的反应速度更快,所需要的反应时更少,且在执行任务时,其运动皮层(C_3 和 C_4)上产生的侧向准备电位(Lateralized Readiness Potentials,LRP)幅度更高。研究结果说明专业乒乓球运动员的反应能力优于普通人群,在执行此类快速反应和判断任务时会采用补偿策略,并对可能发生的低概率事件投入更多的视觉注意力。

2005 年,Di Russo 等人以专业射击运动员为研究对象,让实验组和控制组分别执行自主指动任务,结果发现相比非运动员,专业运动员大脑左侧运动皮层的运动准备电位潜伏期更长,幅度更低。结果可能表明长期的射击运动导致专业射击运动员具备更短的右手动作准备时间,且具备侧化效应(即仅在大脑左侧出现)(见图3-6)。

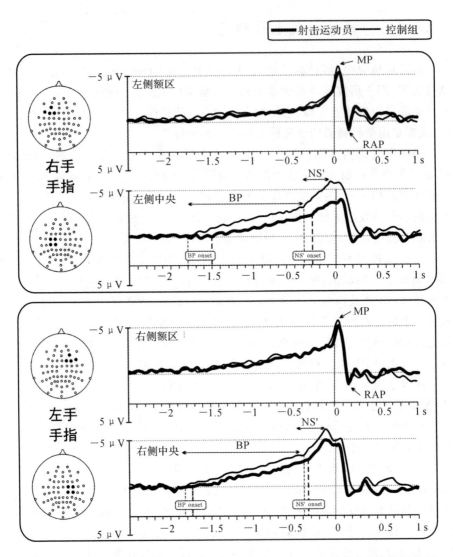

图3-6 射击运动员和控制组执行右侧(上图)和左侧(下图)食指弯曲任务的总体平均运动相关皮质电位(Movement-Related Cortical Potentials, MRCP)(MRCP波形分别采集于额叶和中央顶叶的对侧电极,图左侧为电极位置)

2006年,Di Russo等人又发现在Go/No-Go任务(一种测量反应速度的认知任务)中,专业击剑运动员比普通人表现出更大的额区N200效应和更大的额区、顶-枕区P300效应。这些结果表明击剑运动员在早期视觉处理方面有着更强大的注意调节能力,而且说明长期的专业化训练对专业击剑运动的大脑结构产生了神经可塑性作用。

2008年,Del Percio等人研究了运动员(击剑运动员和空手道运动员)和非运动员在观看"职业攻击"图片刺激时的大脑ERP特征,发现击剑运动员和空手道运动员感觉运动皮层的电位活动与非运动员表现出了非常显著的差异,而且这种差异和运动中的常用侧面(身体左侧或身体右侧)、大脑半球以及运动种类都密切相关。

从以上研究中可以看出,运动科研领域的研究者主要以专业运动员为研究对象,分别设置实验组和控制对照组,让两组受试者分别执行相同的认知任务,之后通过对比完成认知任务时的行为指标和ERP特征,从而发现专业运动员独特的行为特点和大脑神经机制。研究者将专业运动员表现出的独特大脑神经机制解释为长期运动带来的效益,例如大脑在ERP特征上能够表现出更加独特的波幅和潜伏期,这种大脑特征上的区别又可以带来更加优越的行为表现,如更快的反应速度或更准确的任务表现。

3.2.2 静息态脑电特征研究

在关于运动员ERP的研究中,通常需要设计较为复杂的实验范式来诱发ERP波形,因此,一些研究者转而探索静息态或简单任务下运动员的EEG特质。相比ERP研究,静息态或简单任务状态下的EEG特征更容易获取,但需要使用较为复杂的信号处理方法才能提取得到,如静息态平均功率、静息态脑功能网络、溯源等技术。而近年来,随着EEG信号处理方法的发展,出现了很多便于使用的EEG分析工具,因此静息态或简单动作状态下的EEG也重新受到学者们的关注,成为了一个研究行为与大脑之间联系的重要神经指标。

相比运动过程EEG分析和ERP分析,静息态EEG实验范式简单,通常需要采集3~5 min的EEG数据,且对实验环境的要求相对较低。常用的静息态EEG分析方法有低分辨率电磁断层扫描分析(Low-Resolution brain Electromagnetic Tomography Analysis,LORETA)、EEG微状态分析以及静息态EEG脑网络分析等。

实际上,静息态EEG通常被用于分析特殊人群的大脑状态,并取得了丰富的研究成果,如儿童、老年人、精神疾病/神经系统疾病患者等特殊群体。利用静息态EEG可以揭示人体大脑发展规律,或作为预测疾病的一种独特生理指标,例如探索儿童EEG和成人EEG之间的区别,静息态EEG特征和性格发育之间的联系,或者利用静息态 EEG 特征预测早期阿尔茨海默病。

在运动科学领域,研究者以专业运动员为研究对象,探索两者静息态/简单任务下两组受试者的 EEG 特征差异,从而揭示长期运动可能对大脑产生的神经可塑性作用。

2009 年,Del Percio 等人测量了专业空手道运动员、专业击剑运动员、非运动员站立时的静息态和单脚站立状态下的 EEG,并以任务相关功率下降值(Task-Related Power Decrease,TRPD)作为 EEG 评估指标。发现相比非运动员,专业空手道运动员左中、右中、中顶叶和右顶叶区域的低频 Alpha(8～10 Hz)和高频 Alpha(10～12 Hz) TRPD 更低,揭示了专业运动员相比非运动员独特的大脑神经特质。

2009 年,Babiloni 等人以专业艺术体操运动员为研究对象,测量了运动员和非运动员在观看体操运动视频,对动作进行打分的过程中的 EEG 数据。结果发现:相比非运动员受试者,专业体操运动员表现出更低的 Alpha 频段 ERD 变化,且运动员在观察自身熟悉的专业运动过程时,会表现出独特的、与自身专业技术匹配的大脑反应特质。

2010 年,Babiloni 等人直接对专业空手道运动员、业余空手道运动员、非运动员的静息态 EEG 进行分析。通过 LORETA 溯源技术发现,在闭眼静坐状态下,如图 3-7(a)所示,相比普通人,专业空手道运动员在顶区和枕区的 Alpha1 频段功率源要显著高于业余运动员和非运动员。结果揭示了即使是静息状态,由于长期训练导致的运动员大脑状态也会表现出与非运动员不同的神经特质。

2011 年,Del Percio 等人又测量了专业空手道运动员和非运动员睁眼状态下和闭眼状态下的 EEG,利用任务相关功率下降值/上升值(Task-Related Power Decrease/Increase,TRPD/TRPI,任务状态为睁眼,基线状态为闭眼)作为 EEG 评估指标。如图 3-7(b)所示,研究结果发现专业空手道运动员在额区、中央区和右枕区的 Alpha1 频段 TRPD 值更低,结果表明专业运动员的大脑皮层对睁眼的反应性更低,符合神经效率假说的内容。

从以上研究中可以看出,静息态/简单任务下的 EEG 分析也是运动科学领域研究中的一个重要课题。相比于 ERP 研究,自发 EEG 研究的实验范式更加简单,只需要让受试者进行简单的动作即可完成,因此数据采集方法较为容易。但相对地,虽然实验范式简单,但后续的 EEG 数据处理和统计分析部分就需要更加复杂的方法。相比 ERP 研究中的波幅分析,自发 EEG 的频域分析、溯源分析等技术对研究者的信号处理技术要求更高。

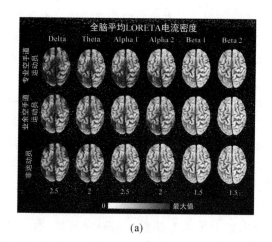 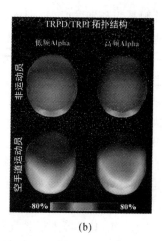

图 3-7 利用静息态/简单任务揭示专业运动员的大脑特质研究结果图
(a)专业空手道运动员、业余空手道运动员、非运动员不同频段上的 LORETA 电流密度差异；
(b)专业空手道运动员和非运动员在 TRPD/TRPI 上的差异

3.2.3 神经可塑性理论

长期以来，人们认为大脑结构在发育完成之后就不会发生改变，且大脑的结构和功能特点主要由先天决定。而在 1891 年，William James 在其论著《心理学原理》中首次提出神经可塑性理论，认为人类的大脑能够产生持续的功能变化。这一观点改变了过去大脑结构不变的理论，即大脑结构回路在发育完成之后并不是一成不变的，而是具有高度可塑性的，能够根据环境的变化、对神经系统的损害以及主动学习等行为改变自身的形式和功能。

在此之后，越来越多的学者开始从事相关的研究，发现了很多支持"神经可塑性"的实验证据。1948 年，波兰神经科学家 Jerzy Konorski 又首次定义了"神经可塑性"这一词汇。1949 年，加拿大心理学家赫伯提出了"赫伯学习法则"：同步的突触前与突触后神经元电活动可造成突触的加强和稳固，揭示了神经可塑性理论背后的生理机制。1973 年，研究者 G. Stent 又发现，不同步的突触前与突触后神经元电活动可造成突触削弱或消失。这些研究表明：同步、高频的刺激能够使大脑产生神经可塑性，是强化这一过程的基础。

神经可塑性能够导致大脑发生改变，按照改变的类型，又可以分为结构性神经可塑性和功能性神经可塑性。结构性神经可塑性主要是指大脑发育过程中神经元的产生和迁移，即大脑不断分化专业，形成不同的功能脑区；功能性神经可塑性则是指长期的学习、训练或某些特殊行为对大脑结构和功能产生改变作用。这些行为不仅包括知识和技能的学习训练,如冥想、下棋、运动等正面行为,还包括一些如酗酒、赌博、吸毒、沉溺电子游戏等负面行为。这些行为都可能对大脑产生神经可塑性影响。

2009 年,Ruiter 等人采集了 19 名病理性赌徒、19 名吸烟者和 19 名健康人在执行规划策略任务(可以赢钱也可以赔钱)时的功能性磁共振成像数据。研究结果发现,病理性赌徒在面对金钱得失时,大脑腹外侧前额叶皮层的激活会低于其他受试者,且表现出对金钱得失敏感程度降低的现象。这些结果表明,病理性赌徒长期的赌博行为可能导致了大脑结构上的改变,支持了行为对大脑产生神经可塑性改变的理论。

2010 年,Lee 等人以长期进行围棋训练的专业棋手为研究对象,通过基于体素分析的弥散张量成像分析(Diffusion-Tensor Imaging,DTI)发现,与未经过围棋训练的普通受试者相比,长期进行围棋训练的受试者在额叶区域会开发出更大白质区域,围棋专家具有显著的右侧优势(见图 3-8)。这些结果表明长期的围棋训练可能会导致大脑中关于认知、推理等高级认知功能的结构产生加强和改变。

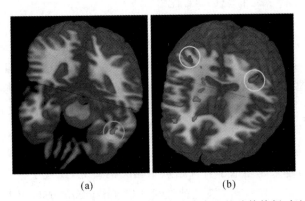

图 3-8 围棋专家通过长期训练在大脑中产生的独特特征对比图
(a)围棋专家的左侧颞下回的各向异性分数增加;
(b)双侧运动前白质区域各向异性分数降低

2014 年,Fox 等人全面总结了 21 项、近 300 名冥想练习者通过长期冥想训练后的大脑结构和功能特点(Meta 分析)。结果发现长期冥想者相比非训练者,在意识(额叶皮层)、躯体意识感受(感觉皮质)、记忆功能(海马体)、情绪调节(前、中扣带)以及半脑之内的通信连接(胼胝体)等 8 个功能大脑区域都会发生显著改变,且这种改变具有"中等"程度的效应量。

神经可塑性理论不仅是一个生理现象,而且对后续的大脑干预具有重要意义。首先,神经可塑性理论可以作为神经康复的基础理论。根据医学领域神经可塑性的相关证据,神经康复领域的研究者发现可以利用神经调控技术,使神经受到损伤/存在缺陷的患者恢复正常功能,如脑卒中、帕金森症以及注意缺陷多动障碍(Attention Deficit Hyperactivity Disorder,ADHD)等。针对不同的神经缺陷/疾病,目前也出现了很多神经干预的手段。基于外部的神经调控技术有经颅磁刺激、直流电刺激、深度脑刺激等;基于内部自发的神经调控技术则有神经反馈训练技术等。无论是基于外部刺激还是内部训练的神经调控技术,其基本原理都是对受损缺陷部分的反复刺激(训练),促进该部位神经元的活性增强,从而康复该位置对应的正常功能。

其次,在运动科学/教育科学领域,神经可塑性理论也可以作为指导训练的基础理论,即通过某种方式改变运动员(受训者)的大脑,让运动员大脑中关于运动能力的大脑脑区功能得到加强,从而提升运动表现。例如:有研究者对还有研究者对运动员进行正念/冥想训练,以提升运动员在训练和竞赛时的专注力;或者在平时训练时运用表象训练(即对真实比赛时的回想),提升对运动动作的感知能力。总之,这些研究的基础都遵循着神经可塑性理论,即通过探索顶级运动员的大脑功能,揭示顶级运动动员的大脑神经特质,然后利用某些技术对其他运动员进行训练,以期望让普通运动员加强大脑功能,从而获得运动表现方面的提升和加强。

3.2.4 国内研究发展历程

除了国外研究之外,国内学者在分析运动员非专业运动行为下的EEG特征方面也进行了大量工作,出现了相当丰富的研究成果。

1993年,国家体委体育科学研究所的张振民等人以14名高水平射击运动员和7名青少年运动员为研究对象,测量了两组受试者的静息态和运动表象状态下的EEG和心电图数据。结果发现,射击运动员和青少年在安静状态下EEG特征和心电特征无明显差异,而在进行射击运动想象期间,高水平射击运动员的大脑活动增强,唤醒程度增加,心率显著高于青少年组。

2008年,广东省黄村体育训练基地的王晓军等人以19名国家射击队运动员为研究对象,分别采集了备战第28届奥运会期间4个阶段(集训初期、选拔中期、选拔后期、赛前训练)的静息态EEG数据,并提出可以将静息态EEG Alpha主频当作生理特征,对运动员的竞技特点进行了分类,将运动员分为认知型、优化型、情绪型和平均型4种类型。

2010年，华东师范大学的安燕测量了田径、羽毛球、射箭和射击4类27名运动员静息状态、运动表象状态以及心算任务状态下的EEG。结果发现，专家与新手在安静状态下大脑神经活跃程度相似，不同类型运动员在进行运动表象过程中的EEG功率特征在多个脑区和频段上存在显著差异，且对于运动员，心算任务中处理信息调动的资源大于运动表象过程。

2015年，山西大学的王霆对国内高水平气手枪运动员和射箭运动员进行了全面的跟踪式研究，测量了运动员在静息、倒立等状态下的EEG，并引入EEG非线性分析方法提取特征，用来验证倒立训练对运动员神经状态的改变情况和不同训练阶段下的中枢神经机能。结果发现EEG非线性特征是一个能够用于评估阶段性训练成果的有效方法，不同训练阶段的运动员在EEG非线性特征上出现显著差异。

2016年，上海体育学院的李稚采集了包括游泳、举重、射击等在内的26个体育项目540名运动员的闭眼静息态EEG数据，并利用EEG信息熵作为主要评价指标。研究结果认为运动员的静息状态EEG比普通人具有更协调、更稳定、更有序的特点，级别越高的运动员稳定性越高、有序性越高，且EEG信息熵特征还会随着训练阶段的变化发生规律性变化。结果表明，EEG可以作为评估、监测、选拔优秀运动员的一种重要辅助技术。

综上所述，非专业运动行为下的EEG信号分析是一种重要的辅助分析运动行为手段，这种方式不但能够探索运动训练对运动员产生的神经可塑性改变，评估训练效果，而且也有望提供一些变化稳定的神经标记物来区别、筛选不同运动水平不同的运动员。同时，获取标记物的方式越简单，与运动表现的相关性越强，其应用的价值也就越高。这种神经标记物在对运动员的选材评估以及后续采用神经调控干预方法提升运动表现都有着重要的价值。

3.3　用于提升运动表现的EEG神经反馈训练

生物反馈，是指采用电子仪器测定神经、肌肉和自主神经系统的活动状态，并把这些信息有选择性地转换成易于感知的信号（如视觉信号）反馈给受试者，受试者通过学习和控制仪器所提供的反馈信号，学会自我调节内部心理生理变化，从而达到康复治疗特定疾病或改善生理状态的目的。而神经反馈，则是专指将神经信号当作反馈信息的生物反馈技术。可用于反馈的神经信号很多，如EEG、功能性磁共振（functional Magnetic Resonance Imaging，fMRI）、近红外光学成像技术(functional Near Infrared Spectroscopy,fNIS/fNIRS)以及经颅多普勒超声等,其中,基于EEG信号的神经反馈是最经典、最常用、研究最多的一种神经反馈方式。

神经反馈技术最初主要应用于临床疾病的康复治疗,对多动症、自闭症、抑郁症等有显著疗效。但相比于临床方面的显著作用,该技术在正常健康人群中的使用还较少。对于需要治疗疾病的受试者,神经反馈的作用机理是通过主动调节,将受试者的不良神经状态转化为正常状态;而对于健康正常受试者,人们则是想利用神经反馈训练提升自身外在表现,例如通过训练提高认知能力,变得更聪明,反应更快,注意力更加容易集中等。按照训练目的,神经反馈对正常受试者的表现提升大致可分为四个方面——认知表现提升、情感表现提升、艺术表现提升与运动表现提升,本节中主要侧重研究神经反馈在运动表现提升方面的应用。图3-9中举例说明了神经反馈应用于正常受试者表现提升的相关研究。

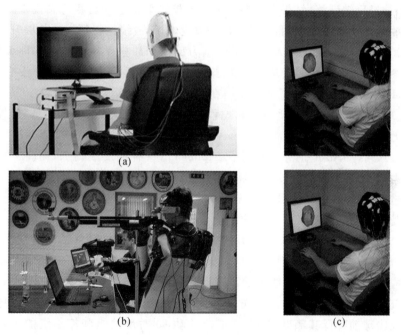

图3-9 神经反馈训练在表现提升中的应用
(a)通过神经反馈训练提升认知能力; (b)通过神经反馈训练指导射击学习;
(c)通过神经反馈训练提高运动想象能力

早在1991年,Landers等人就最早将神经反馈技术应用于运动表现提升。实验对24名准专业射箭运动员进行了神经反馈训练,结果发现增强大脑右颞区活动的运动员射箭成绩出现了显著的提高,而增强左颞区活动的运动员反而出现了成绩下降。结果说明,如果利用正确的神经反馈训练,运动员的运动表现可以得到提高,而如果采用错误的神经反馈训练,运动表现还很可能出现下降。

2005年,Raymond等人将24名拉丁舞舞者分别分为Alpha-Theta反馈组、心率反馈组和不进行反馈干预的对照组,评估反馈训练前后的舞蹈表现情况(包括技术、音乐性、动作失误情况、整体流畅程度等)。结果发现参与Alpha-Theta反馈和心率反馈的受试者在训练后跳舞表现得到提升,但对照组则未出现显著改善。

2008年,Arns等人在高尔夫球击球瞄准期间应用了神经反馈,指导受试者识别最佳瞄准状态,结果发现得到神经反馈指导的受试者,其击球成绩平均提升25%,说明将神经反馈应用于运动实施过程也是一种提高运动表现的有效方法。

2011年,Paul等人通过为期4周的感觉运动节律(Sensorimotor Rhythm,SMR)神经反馈训练,结果发现参与训练的校级射箭运动员赛前愉悦水平、赛前唤醒水平、赛后唤醒水平都发生了显著改变,射箭成绩也得到了显著提升。

2012年,Rostami等人采取了注意力反馈和放松反馈相结合的训练模式,发现参与训练的步枪射击运动员射击成绩显著提高,但其他方面则没有改善。同年,Faridnia等人研究了神经反馈在降低女性游泳运动员焦虑程度方面的效果,发现参与反馈训练的受试者焦虑程度在训练后出现了显著的降低,但控制组则并无改变。

2014年,Gruzelier等人采用了Alpha/Theta神经反馈训练,提高了舞者的创造力水平。同年,Cheng等人将额中线Theta节律神经反馈应用于高尔夫球击球过程中的状态提示,通过音乐提示运动员把握最佳击发状态,从而显著地提高了受试者的击球准确率和击球成绩。

2015年,Mikicin等人研究了神经反馈对运动员认知功能的改变情况,结果发现,参与实验的35名不同项目(游泳、击剑、柔道等)的大学生运动员在视觉注意反应、Kraepelin工作曲线上的不同指标都取得了显著的改善。同年,Ring等人研究了神经反馈对业余高尔夫球手表现的影响,结果发现参与反馈的球手学会了在击球前降低其额叶Alpha2节律活动,同时反馈组和控制组的击球表现都得到了提高。

从以上总结可以看出,受试者的Theta、Alpha、Beta等多个频段都可以作为反馈训练的特征,执行训练的任务涵盖了小游戏、冥想、回忆模仿等多种类型,既有使受试者努力集中式的反馈指导任务,也有使受试者放松式的反馈指导任务。训练的场地不但局限于室内进行的静息状态下的持续性学习和状态改善训练,还可以将神经反馈训练应用于执行运动过程中的最佳表现状态提示训练。总之,神经反馈训练在提升运动员运动表现方面已经表现出了巨大的应用潜力,将其应用于运动员的日常训练,能够优化技能学习过程,节省训练时间,带来"快速学习"和"经验传承"等方面的巨大收益。

3.4 本章小结

本章聚焦脑电技术在运动科研领域中的应用,重点介绍了脑电技术在精细型运动行为和非精细型运动中探索大脑神经机制的相关研究。在精细型运动中,主要介绍了脑电技术在探索射击射箭等运动准备阶段大脑神经机制分析中的应用,以及由此类研究引出的"神经效率假说"模型和"多类行动计划"模型;在非精细型运动中,主要介绍了专业运动员的事件相关电位研究和静息态脑电研究,以及与此相关的神经可塑性理论。最后介绍了用于提升运动表现的脑电神经反馈方面的内容。总结这些结果,可以看出 EEG 技术在多个运动科研领域中均有重要的应用,它不但可以作为探索运动行为相关大脑神经机制的钥匙,还可以作为提升运动表现、改善训练方法的一项有效工具。

参 考 文 献

[1] PARK J L, FAIRWEATHER M M, DONALDSON D I. Making the case for mobile cognition: EEG and sports performance [J]. Neuroscience Biobehavior Review, 2015(52): 117-130.

[2] DEL PERCIO C, IACOBONI M, LIZIO R, et al. Functional coupling of parietal alpha rhythms is enhanced in athletes before visuomotor performance: a coherence electroencephalographic study [J]. Neuroscience, 2011, 175(4): 198-211.

[3] HATFIELD B D, LANDERS D M, RAY W J. Cognitive processes during self-paced motor performance: an electroencephalographic profile of skilled marksmen [J]. Journal of Sport Psychology, 1984, 6(1): 42-59.

[4] BIRD E L. Psychophysiological processes during rifle shooting [J]. International Journal of Sport Psychology, 1987(18): 9-18.

[5] SALAZAR W, LANDERS D M, PERTRUZZELLO S J, et al.

Hemispheric asymmetry, cardiac response and performance in elite archers[J]. Research Quarterly for Exercise Sport, 1990(61):351-359.

[6] KERICK S E, ISO-AHOLA S E, HATFIELD B D. Psychological momentum in target shooting: cortical, cognitive affective, and behavioral responses[J]. Journal of Sport & Exercisepsychology, 2000 (22):1-20.

[7] HAUFLER A J, SPALDING T W, SANTA MARIA D L, et al. Neuro-cognitive activity during a self-paced visuospatial task: comparative EEG profiles in marksmen and novice shooters[J]. Biological Psychology, 2000, 53(2/3): 131-160.

[8] JANELLE C M, HATFIELD B D. Visual attention and brain processes that underlie expert performance: implications for sport and military psychology[J]. Military Psychology, 2008, 20(sup1): S39-S69.

[9] LOZE G M, COLLINS D, HOLEMS P S. Pre-shot EEG alpha-power reactivity during exper air-pistol shooting: a comparison of best and worst shots[J]. Journal of Sport Science, 200(19):727-733.

[10] BAUMEISTER J, REINECKE K, LIESEN H, et al. Cortical activity of skilled performance in a complex sports related motor task [J]. European Journal of Applied Physiology, 2008, 104(4): 625-631.

[11] DEENY S P, HILLMAN C H, JANELLE C M, et al. Cortico-cortical communication and superior performance in skilled marksmen: an EEG coherence analysis [J]. Journal of Sport and Exercise Psychology, 2003, 25(2): 188-204.

[12] DEENY S P, HAUFLER A J, SAFFER M, et al. Electroencephalographic coherence during visuomotor performance: a comparison of cortico-cortical communication in experts and novices [J]. Journal of Motor Behavior, 2009, 41(2): 106-116.

[13] DEL PERCIO C, BABILONI C M. Visuo-attentional and sensorimotor alpha rhythms are related to visuo-motor performance in athletes [J]. Human Brain Mapping, 2010, 30(11): 3527-3540.

[14] BABILONI C, INFARINATO F, MARZANO N, et al. Intra-hemispheric functional coupling of alpha rhythms is related to golfer's performance: a coherence EEG study [J]. International Journal of

Psychophysiology Official Journal of the International Organization of Psychophysiology, 2011, 82(3): 260-268.

[15] GALLICCHIO G, FINKENZELLER T, SATTLECKER G, et al. Shooting under cardiovascular load: electroencephalographic activity in preparation for biathlon shooting [J]. International Journal of Psychophysiology, 2016(109): 92-99.

[16] LUCHSINGER H, ØYVIND S, SCHUBERT M, et al. A comparison of frontal theta activity during shooting among biathletes and cross-country skiers before and after vigorous exercise[J]. Plos One, 2016, 11(3):e0150461.

[17] BERTOLLO M, FRONSO S D, FILHO E, et al. Proficient brain for optimal performance: the MAP model perspective [J]. PeerJ, 2016, 4(3): e2082.

[18] FRONSO S D, ROBAZZA C, FILHO E, et al. Neural markers of performance states in an Olympic athlete: an EEG case study in air-pistol shooting[J]. Journal of Sports Science & Medicine, 2016, 15(15):214-222.

[19] COMANI S, BORTOLI L, FRONSO S D, et al. ERD/ERS patterns of shooting performance within the multi-action plan model[J]. Ifmbe Proceedings, 2014(10):1-3.

[20] LANGE L, OSINSKY R. Aiming at ecological validity: midfrontal theta oscillations in a toy gun shooting task[J]. European Journal of Neuroscience, 2020,5:10-13.

[21] FERNANDES T, ROCHA K, GUPTA D, et al. Bromazepam changes performance during target shooting but does not affect the interhemispheric coupling in the theta rhythm of the electroencephalography[J]. Research Society and Development, 2021, 10(9):e33110918174.

[22] 彭艳芳. 压力影响精准类项目运动表现的神经机制研究[D]. 上海:上海体育学院,2021.

[23] 闫晓霞,余和琚,徐立华,等. 射击过程中主要生理特征的研究[J]. 中国应用生理学杂志,1988,4(4):287-300.

[24] 周未艾,何文革,王义夫,等. 我国优秀射击运动员大脑机能状态研究

[J]. 中国运动医学杂志, 2009, 28(6): 689 - 692.

[25] 洪巧菱, 陈衣帆, 黄崇儒, 等. 射击准备期的大脑活动: 射击与动作需求之比较[J]. 体育学报(中国台湾), 2014, 47(2): 195 - 204.

[26] 郑樊慧, 安燕, 谢前乔, 等. 青少年女子气手枪运动员击发前 EEG 变化特征的研究[J]. 中国体育科技, 2015, 51(2): 100 - 104.

[27] 安燕, 郑樊慧. 上海女子气手枪运动员击发和收枪时 EEG 相干性分析[J]. 体育科研, 2016, 387(6): 83 - 87.

[28] 陈思, 肖辉, 刘建平, 等. 实弹射击瞄准期间大脑 alpha 波频段功率特性[J]. 科学技术与工程, 2017(29): 302 - 307.

[29] HUNG T M, SPALDING T W, SANTA MARIA D L, et al. Assessment of reactive motor performance with event-related brain potentials: attention processes in elite table tennis players [J]. Journal of Sport & Exercise Psychology, 2010, 26(2): 317 - 337.

[30] DI RUSSO F, PITZALIS S, APRILE T, et al. Effect ofpractice on brain activity: an investigation in top - level rifle shooters [J]. Medicine & Science in Sports & Exercise, 2005, 37(9): 1586 - 1593.

[31] DI RUSSO F, TADDEI F, APNILE T, et al. Neural correlates of fast stimulus discrimination and response selection in top - level fencers [J]. Neuroscience Letters, 2006, 408(2): 113 - 118.

[32] DEL PERCIO C, PAOLO M R, NICOLA M, et al. Is there a "neural efficiency" in athletes? a high-resolution EEG study [J]. Neuroimage, 2008, 42(4): 1544 - 1553.

[33] BOERSMA M, SMIT D J A, DE BIE H M A, et al. Network analysis of resting state EEG in the developing young brain: structure comes with maturation[J]. Human Brain Mapping, 2011, 32(3): 413 - 425.

[34] KUPER N, KÁCKENMESTER W, WACKER J. Resting frontal EEG asymmetry and personality traits: a meta-analysis [J]. European Journal of Personality, 2019, 33(2): 154 - 175.

[35] PAOLO M R, MASSIMO B, MASSIMILIANO C, et al. Is it possible to automatically distinguish resting EEG data of normal elderly vs. mild cognitive impairment subjects with high degree of accuracy? [J]. Clinical Neurophysiology, 2008(10): 1 - 5.

[36] DEL PERCIO C, BABILONI C, MARZANO N, et al. "Neural

efficiency" of athletes' brain for upright standing: a high-resolution EEG study [J]. Brain Research Bulletin, 2009, 79(3): 193-200.

[37] BABILONI C, DEL PERCIO C, ROSSINI P M, et al. Judgment of actions in experts: a high-resolution EEG study in elite athletes [J]. Neuroimage, 2009, 45(2): 512-521.

[38] BABILONI C, MARZANO N, IACOBONI M, et al. Resting state cortical rhythms in athletes: a high-resolution EEG study [J]. Brain Research Bulletin, 2010, 81(1): 149-156.

[39] DEL PERCIO C, INFARINATO F, MARZANO N, et al. Reactivity of alpha rhythms to eyes opening is lower in athletes than non-athletes: a high-resolution EEG study [J]. International Journal of Psychophysiology, 2011, 82(3): 240-247.

[40] JAMES W. The principles of psychology[J]. The American Journal of Psychology, 1891, 3(4): 578.

[41] 董丽娟. 脑机接口游戏神经可塑性研究[D]. 成都:电子科技大学,2020.

[42] BROMILEY R B, JERZY K, POLISH M S. Conditioned reflexes and neuron organization[J]. The Quarterly Review of Biology, 1949, 24(3): 265-266.

[43] POLDRACK R A. Imaging brain plasticity: conceptual and methodological issues: a theoretical review[J]. Neuroimage, 2000, 12(1):1-13.

[44] RUITER M D, VELTMAN D J, GOUDRIAAN A E, et al. Response perseveration and ventral prefrontal sensitivity to reward and punishment in male problem gamblers and smokers[J]. Neuropsychopharmacology, 2009, 34(4):1027-1038.

[45] LEE B, PARK J Y, JUNG W H, et al. White matter neuroplastic changes in long-term trained players of the game of "Baduk" (GO): a voxel-based diffusion-tensor imaging study[J]. Neuroimage, 2010, 52(1):9-19.

[46] FOX K C R, NIJEBOER S, DIXON M L, et al. Is meditation associated with altered brain structure? a systematic review and meta-analysis of morphometric neuroimaging in meditation practitioners[J]. Neuroscience & Biobehavioral Reviews, 2014(43): 48-73.

[47] 张振民,郭丹华. 高水平射击运动员想象射击期间大脑唤醒水平和心率的研究[J]. 体育科学,1993,13(3):86-89.

[48] 王晓军,赵洪峰,李浩坚. 优秀射击运动员脑电α波类型分析[J]. 中国运动医学杂志,2008,27(2):212-213.

[49] 王晓军,李捷. 不同水平射击运动员EEG α波测试结果的比较[J]. 体育科研,2009,30(1):89-91.

[50] 安燕. 不同项目优秀运动员运动表象过程中的EEG变化特点研究[D]. 上海:华东师范大学,2010.

[51] 王霆. 脑电非线性分析在高水平射击射箭运动员中枢机能研究的应用[D]. 太原:山西大学,2015.

[52] 李稚. 我国优秀运动员脑功能特征及其训练监控应用的研究[D]. 上海:上海体育学院,2016.

[53] 郑延平. 生物反馈的临床实践[M]. 北京:高等教育出版社,2003.

[54] YOO S S, FAIRNENY T, CHEN N K, et al. Brain-computer interface using fMRI: spatial navigation by thoughts [J]. Neuroreport, 2004, 15(10): 1591-1595.

[55] HAMILTON J P, GLOVER G H, HSU J J, et al. Modulation of subgenual anterior cingulate cortex activity with real-time neurofeedback [J]. Human Brain Mapping, 2011, 32(1): 22-31.

[56] DUSCHEK S, SCHUEPBACH D, DOLL A, et al. Self-regulation of cerebral blood flow by means of transcranial doppler sonography biofeedback [J]. Annals of Behavioral Medicine, 2011, 41(2): 235-242.

[57] MIHARA M, MIYAI I, HATTORI N, et al. Neurofeedback using real-time near-infrared spectroscopy enhances motor imagery related cortical activation [J]. Plos One, 2012, 7(3): e32234.

[58] KOBER S E, WOOD G, KURZMANN J, et al. Near-infrared spectroscopy based neurofeedback training increases specific motor imagery related cortical activation compared to sham feedback [J]. Biological Psychology, 2014, 95(1): 21-30.

[59] 蒲贤洁. 基于EEG的神经反馈技术及应用研究[D]. 成都:电子科技大学,2011.

[60] STEFANIE E G, HUSTER RENÉ J, HERRMANN C S. EEG-

neurofeedback as atool to modulate cognition and behavior: a review tutorial [J]. Frontiers in Human Neuroscience, 2017(11): 51.

[61] HWANG H J, KWON K, IM C H. Neurofeedback-based motor imagery training for Brain-Computer Interface (BCI) [J]. Journal of Neuroscience Methods, 2009, 179(1): 150 – 156.

[62] LANDERS D M, PETRUZZELLO S J, SALAZAR W, et al. The influence of electrocortical biofeedback on performance in pre-elite archers [J]. Medicine & Science in Sports & Exercise, 1991, 23(1): 123 – 129.

[63] RAYMOND J, SAJID I, PARKINSON L A, et al. Biofeedback and dance performance: a preliminary investigation [J]. Applied Psychophysiology and Biofeedback, 2005, 30(1): 65 – 73.

[64] ARNS M W, KLEINNIJENHUIS M, FALLAHPOUR K, et al. Golf performance enhancement by means of "real-life neurofeedback" training based on personalized event-locked EEG profiles [J]. Journal of Neurotherapy, 2008, 11(4): 11 – 18.

[65] PAUL M, GANESAN S, SANDHU J S. Effect of sensory motor rhythm neurofeedback on psycho-physiological, electro-encephalographic measures and performance of archery players [J]. Ibnosina Journal of Medicine and Biomedical Sciences, 2011, 4(2): 32 – 39.

[66] ROSTAMI R, SADEGHI H, KOBRA A, et al. The effects of neurofeedback on the improvement of rifle shooters' performance [J]. Journal of Neurotherapy, 2012, 16(4): 264 – 269.

[67] FARIDNIA M, SHOJAEI M, RAHIMI A. The effect of neurofeedback training on the anxiety of elite female swimmers [J]. Annals of Biological Research, 2012, 3(2): 1020 – 1028.

[68] GRUZELIER J H, THOMPSON T, REDDING E, et al. Application of alpha/theta neurofeedback and heart rate variability training to young contemporary dancers: state anxiety and creativity [J]. International Journal of Psychophysiology, 2014, 93(1): 105 – 111.

[69] CHENG M Y, HUANG C J, CHANG Y K, et al. Sensorimotor rhythm neurofeedback enhances golf putting performance [J]. Journal

of Sport and Exercise Psychology, 2015, 37(6): 626-636.

[70] MIKICIN M, ORZECHOWSKI G, JUREWICZ K, et al. Brain-training for physical performance: a study of EEG-neurofeedback and alpha relaxation training in athletes [J]. Acta Neurobiologiae Experimentalis, 2015, 75(4): 434-445.

[71] RING C, COOKE A, KAVUSSANU M, et al. Investigating the efficacy of neurofeedback training for expediting expertise and excellence in sport [J]. Psychology of Sport and Exercise, 2015(16): 118-127.

第 4 章　射击瞄准阶段脑网络机制分析

EEG 脑网络分析是一种新型的 EEG 信号特征提取方法，它既能够揭示不同脑区之间的信息交互，又能够以图论分析的方式分析网络的结构拓扑特性。本章提出利用 EEG 脑网络方法研究射击瞄准期间的动态神经机制，并建立射击表现与 EEG 特征之间的联系。实验采集了 40 名业余射手射击全程 EEG 信号和相关射击表现数据，构建射击瞄准期间的 EEG 网络连接矩阵，分别从不同网络连接、脑网络全局特征、脑网络局部特征三个方面分析射击瞄准阶段的大脑神经变化机制，以及相关特征和射击表现之间的内在联系。研究结果为理解射击瞄准期间的神经机制提供了 EEG 脑网络方面的依据，为"神经效率"假说提供了新的证据，也为射击瞄准期间的生理心理状态监测提供了新的潜在手段。

4.1　引　　言

在运动科学领域，"神经效率"假说是一个重要的研究热点，该假说最初应用于认知科学，后逐渐扩展到运动科学领域。Hatfield 和 Kerick 首先提出了神经效率假说在射击、射箭等精细型运动中的表现，他们将该理论归纳为：与运动控制相关的过程复杂度降低或相关神经网络动作的自由度降低会导致运动表现的一致性增强。之后，Calla 也指出，随着运动员技能的不断熟练，技能动作由"强化""泛化"阶段向"自动化阶段"转变，技能学习期大范围的大脑皮层活动也会逐步减少。通俗地说，这个假说就是指相比新手，专家运动员在完成自己熟悉的运动时，能够以更少的神经消耗获得更高的运动成绩，存在一种低投入-高产出的"高效"现象。而这种现象可以通过 EEG 技术探测发现，得到一些与运动表现关系密切的特殊神经标记物。

通过研究这些与运动表现密切相关的神经标记物，教练员可以以此评价运动员的运动水平，指导训练，从而提高运动成绩。在射击领域，Hatfield 等人发现，随着击发时刻来临，专家射手左颞区的 Alpha 频段功率会不断增加，而且相比新手，Alpha 频段上的功率和 ERS 幅度会更高。Del Percio 等人通过 ERD 和 ERS 分析，发现专家射手瞄准期间 Alpha 频段和 Beta 频段的 ERD 幅度要显著低于新手射手；Hung 等人发现相对于姿势控制，熟练射手在实际瞄准过程中 Alpha1、Alpha2 和 Beta1 频段上都出现了功率增加的现象。

除了频段功率和 ERD/ERS 分析外，一些学者还从大脑功能性连接的角度研究了射击瞄准期间的 EEG 变化。Deeny 等人分析了瞄准期间专家射手组和新手射手组在不同频段上相干性特征和相位特征之间的差异，发现专家组右脑额区和其他脑区之间的相干性比新手更低。Del Percio 等人也从 EEG 相干性分析的角度研究了不同水平射手射击瞄准期间的神经机制。区别于前人的研究方法，Del Percio 等人提出了 ERCoh 的概念，即将击发前的 4～5 s 看作"基线"，然后计算瞄准时间窗口（−2～−1 s，−1～0 s）相对于"基线"窗口相干性的变化情况。该研究发现，相比新手组，射击专家在 Alpha1、Beta2、Gamma 频段上都出现了半脑内顶-颞、顶-枕连接随时间变化幅度更小、更加稳定的现象。

前文指出，大脑是一个高效、稀疏、具有小世界特性的复杂网络。在执行不同的任务时，大脑区域之间相互协调，共同完成一系列简单或复杂的任务。脑网络分析不但能够分析大脑不同功能区的协同工作，还能揭示参与者在执行任务时拓扑特征的动态变化，成为了广泛认可的用于验证各种行为神经机制的可靠方法。例如，Filho 等人发现在杂耍任务中，随着杂耍范式难度的增加，熟练杂耍者的 EEG 功能网络变得更加隔离，而在较简单的任务中，EEG Theta 网络组织表现出更强的小世界特征，这个结果在一定程度上也佐证了神经效率假说。

综上所述，虽然前人学者已对射击瞄准过程中的 EEG 进行了研究，但绝大多数还是运动专家和新手之间的对比研究。虽然通过对比可以得到显著的差异性结果，但这些实验受试者样本都非常特殊，研究结果缺乏普遍性，不能将结果进行推广应用，也不能说明这些结果是否对非专家受试者有效。在基层部队士兵中，能达到高水平的射击专家数量极少，大多数都为射击水平一般的熟练射手，因此研究熟练射手瞄准期间的大脑特性更具有现实意义，也更加有助于支持部队训练。从研究方法上来说，前人文献的研究主要采取传统的 EEG 分析方法，目前也还没有关于射击瞄准过程的 EEG 脑网络分析。脑网络在瞄准期的拓扑特性，瞄准期内的脑网络功能与射击表现之间的关系都尚未清楚。

因此，为增加研究结果的普遍性，也为了探索瞄准期间的脑网络拓扑变化情况，本章做出以下假设并进行实验研究。假设专业射击运动员运动执行期间的"神经效率"现象在普通业余射手中间也存在表现，而且将直接反映在射击瞄准期间的 EEG 脑网络特征与射击表现之间的关系上，同时瞄准期间不同阶段、不同频段的 EEG 网络特征与射击表现之间的联系都存在不同差异。为了验证假设，展开实弹射击实验，招募了 40 名熟练射手（业余水平），采集了射击瞄准期间的 EEG 信号，并对 EEG 功能连接、脑网络拓扑特征和射击表现之间进行相关分析。

4.2 射击实验的材料和方法

4.2.1 射击实验的受试者和实验范式

根据相关性分析样本数量要求，实验招募 40 名业余熟练射手（年龄 20±2 岁），身体健康，无疾病。实验前 24 h 内未摄入酒精及其他刺激性食品饮料，并满足以下实验条件：

(1) 头部未受重大损伤，未进行过开颅手术；

(2) 参加过基本相同时长的专业射击学习，并进行过大致相同次数的射击训练；

(3) 所有受试者均为右利手，且采用右眼瞄准。

实验场地为某室外靶场，射击实验在专业人员指导下有序进行。所有受试者均练习射击 2 年，每周至少参加两次射击训练，每次训练时间为 2 h。根据学习时间和训练强度，由相关专家评判可以视作熟练射手（skilled）的程度。每名受试者自愿参与研究，了解实验过程和目的，并填写自愿实验协议书。

如图 4-1 所示，实验首先采集受试者静息态 EEG，受试者坐于柔软、舒适的座椅上，保持放松状态，分别保持 3 min 闭眼静息状态和 3 min 睁眼静息状态。之后采集全程射击期间的 EEG 信号，射击使用 95 式自动步枪，5.8 mm 步枪子弹，瞄准 100 m 外的标准胸环靶，靶纸大小为 52 cm×52 cm，10 环直径为 10 cm，10 环边沿每向外延伸 5 cm 依次为 9 环、8 环、7 环、6 环。

每名射手采取卧姿，点射方式（即射击一练习，每次击发一枚子弹），击发后由报靶员反馈射击成绩，射手根据本次成绩自行调整瞄准点，然后进行下一次瞄准击发。受试者按照自己的节奏自由配速射击，执行 60 次（5 发热身，用来调整瞄准目标）实弹射击。每次枪响时间由声音传感器进行记录，传送至 EEG 设备作为击发时刻标签（记录阈值为 90 dB）。射击成绩按照靶纸记录为 6~10 环（脱靶记为 0 环）。

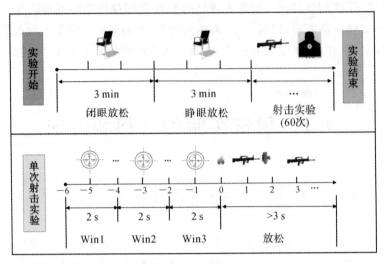

图 4-1　射击实验过程和数据窗口划分示意图

4.2.2　射击实验的 EEG 采集和数据处理

EEG 采集设备为北京新拓便携式 Holter 16-D EEG 放大器,采样率为 1 000 Hz,按照国际 10-20 标准将电极安放于整个头皮,位置分别为 Fp_1、Fp_2、F_3、C_3、C_4、P_3、P_4、O_1、O_2、F_7、F_8、T_3、F_4、T_4、T_5、T_6(见图 4-2,前额接地,左、右乳突参考)。实验前调整电极阻抗低于 5 kΩ,之后采集静息态 EEG 和全程射击 EEG。

采集完成之后,将采集的 EEG 信号传输至计算机进行离线处理。预处理阶段首先利用 EEGLAB 工具箱对所有信号进行 0.1~50 Hz 的带通滤波,之后根据击发时刻位置,截取击发前 6 s 到击发后 2 s 内的 EEG 数据,记为一个试次(trail),按照记录的标签截取每名受试者所有试次 EEG。去掉实验中受肌电或身体动作影响较大的试次(去除率约 17%),最终得到 38 名受试者(2 名受试者数据出现错误被去掉),共 1 904 个可用试次(平均每名受试者 50 个试次)。

为尽量排除个体性差异,采用个体 Alpha 主频(Individual Alpha Frequency,IAF)的方式确定不同受试者的频段划分方式。首先通过快速傅里叶变换(Fast Fourier Transform,FFT)计算闭眼静息态时枕区电极(O_1 和 O_2)在 6~14 Hz 之间最高频段功率位置的平均值(频率分辨率为 0.5 Hz),作为受试者的 IAF。然后根据 IAF,确定每名受试者的子带频率:Theta 频段定义为 IAF-6~IAF-3(Hz),Alpha1 频段为 IAF-2~IAF(Hz),Alpha2 频段为

IAF～IAF+2(Hz)，Beta1 频段为 IAF+2～20(Hz)，Beta2 频段为 20～30(Hz)。

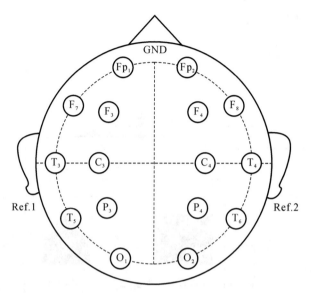

图 4-2 北京新拓 Holter 16-D EEG 放大器电极安装位置图

由于射击是一种精细运动，在瞄准前神经活动变化迅速，所以将触发时间标签定义为 0 时刻，并将触发时间标记前的 EEG 划分为 3 个时间窗口，如图 4-1 所示，分别定义为 Win1(-6～-4 s)、Win2(-4～-2 s)和 Win3(-2～0 s)。

实验分析流程如图 4-3 所示。首先，对比平均 PLV 连接强度和射击表现的相关系数来确定最适合分析的频段和时间窗。然后在选定的频段和时间窗内提取 EEG 特征，包括连接强度、全局脑网络拓扑和局部脑网络拓扑。最后，对 EEG 特征与射击表现进行相关分析，得到统计检验结果。

4.2.3 基于 PLV 方法的功能性连接

本章采用相位锁定值(PLV)的方法计算 EEG 信号之间的功能性连接。PLV 方法是通过计算信号之间相位同步关系从而衡量连接程度的一种算法。相比其他功能性连接算法(如相干性算法和基于非线性连接的算法)，PLV 方法具有计算过程简洁、能够充分考虑到信号相位关系等优点。同时，由于计算复杂度低，所以 PLV 方法也是一种非常适合应用于实时监测、实时计算的功能性连接算法。PLV 算法的计算过程如下。

(1)根据每个受试者的 IAF 和频段划分,分别构造不同频段的 5 阶巴特沃斯带通滤波器,然后分别对每个受试者的 EEG 信号进行带通滤波,得到特定频段上滤波后的 EEG 信号。

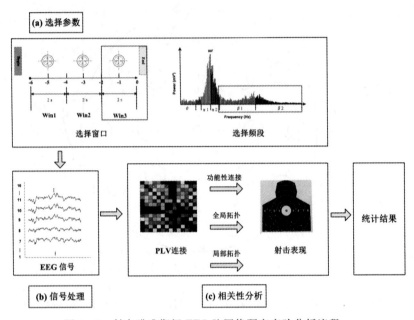

图 4-3 射击瞄准期间 EEG 脑网络研究实验分析流程

(2)对滤波后的 EEG 信号进行 Hilbert 变换:

$$\tilde{s}_x(t) = \frac{1}{\pi} \int_{-\infty}^{+\infty} \frac{s_x(t)}{t-\tau} d\tau \qquad (4-1)$$

式中:$s_x(t)$ 为原始 EEG 信号;$\tilde{s}_x(t)$ 为 Hilbert 变换后的信号形式。

(3)根据原信号和变换后的共轭信号,计算该信号的相位值:

$$\varphi_x(t) = \arctan \frac{\tilde{s}_x(t)}{s_x(t)} \qquad (4-2)$$

式中:$\varphi_x(t)$ 为信号 $s_x(t)$ 的相位值。

(4)根据两组 EEG 信号的相位值,计算两组信号每点相位差的平均值,即得到该时间窗内,两组不同导联信号之间的 PLV 值:

$$\mathrm{PLV} = \frac{1}{N} \left| \sum_{n=1}^{N} e^{i\varphi_x(t)} \right| \qquad (4-3)$$

式中:PLV 就表示该时间窗内两个导联之间的相位锁定值;N 表示该时间窗内的信号长度。

第4章 射击瞄准阶段脑网络机制分析

以上计算过程在 MATLAB 2014 平台中实现。

预处理后的 EEG 数据格式为 38×50×16×6 000，分别代表 38 名受试者、50 个试次、16 导联和 6 000 个数据采样点。参数选择后，实验最后主要分析 Win3 窗口中 Beta1 频段和 Beta2 频段（见实验结果部分）。最终得到的 PLV 连接矩阵数据格式为 16×16×2×38，代表 38 名受试者、2 个分析频段以及 16×16 的 PLV 连接矩阵。

4.2.4 瞄准期间功能性脑网络特征

对于得到的 PLV 连接矩阵，分别计算以下分析特征。

连接强度，即原始的 PLV 连接值，由每个受试者的所有可用试次的连接矩阵平均得到。由于本实验所采集的 EEG 信号导联较少，所以在得到每名受试者连接矩阵的基础上，不设阈值，保留所有节点之间的连接值，构成功能性权重脑网络，后续的脑网络拓扑分析也是在该脑网络条件下进行的。

在脑网络全局特征分析中，选择网络的聚类系数、特征路径长度、全局效率和局部效率 4 个特征。计算过程由 Brain Connectivity Toolbox 工具箱实现，4 个特征的计算公式如下。

聚类系数为

$$C_p = \frac{1}{N}\sum_{i=1}^{N} C_i = \frac{1}{N}\sum_{i=1}^{N} \frac{2t_i}{k_i(k_i-1)} \tag{4-4}$$

式中：C_p 表示网络的聚类系数，它是所有节点聚类系数的均值；C_i 为各节点的局部聚类系数；N 表示节点总数；t_i 表示与节点 i 相邻的节点中实际存在边的权重之和与邻居节点中可能存在的最多权重之比；k_i 表示该节点的节点度。每一个节点的聚类系数表示与本节点相连的邻居节点之间相互连接的概率，衡量本地聚合程度。

平均局部效率为

$$E_1 = \frac{1}{2}\sum_{i=1}^{N} E_i = \frac{\sum_{j,h\in N, j\neq i}\{a_{ij}a_{jh}[d_{jh}^w(N_i)]^{-1}\}^{\frac{1}{3}}}{k_i(k_i-1)} \tag{4-5}$$

式中：E_1 表示网络平均局部效率；E_i 为节点 i 的局部效率；$d_{jh}(N_i)$ 表示一条从节点 j 出发到节点 h 结束且只包含节点 i 的最短路径长度。局部效率表示网络中所有节点子图效率的平均值，子图定义为与该节点直接相连的所有节点组成的图。

特征路径长度为

$$L_p = \frac{1}{N}\sum_{i=1}^{N}\frac{\sum_{j=1,j\neq i}^{N}d_{ij}}{N-1} \quad (4-6)$$

式中:L_p 表示网络的特征路径长度,是所有节点对之间特征路径长度的平均值。在权重矩阵中,边连接长度为连接强度的倒数,每对节点的特征路径为从节点 i 出发到节点 j 所有路径中总长度路径最短的那条,特征路径长度衡量网络整体路由效率的程度。

全局效率为

$$E_g = \frac{1}{N}\sum_{i=1}^{N}\frac{\sum_{j=1,j\neq i}^{N}(d_{ij})^{-1}}{N-1} \quad (4-7)$$

式中:E_g 表示网络全局效率,是所有节点对的最短路径的逆的平均值。可以理解为:节点对之间的最短路径越小,全局效率越高;节点对之间的最短路径越长,全局效率越低。

局部特征中,选择平均连接强度、特征向量中心度、局部聚类系数和局部效率 4 个局部特征。平均连接强度 S_i 和特征向量中心度 D_i 的计算过程同第 2 章。脑网络局部聚类系数反映与本节点相连的邻居节点之间相互连接的概率。其计算公式为式(4-4)中的 C_i。脑网络局部效率反映网络中该节点子图信息传输效率。其计算公式为式(4-5)中的 E_i。

4.2.5 统计分析和离群点移除策略

本实验假设受试者的功能性连接和脑网络特征与射击表现存在相关性。为验证该假设,使用统计分析的方法来检验相关系数的显著程度。计算相关系数之前,首先测量样本的分布情况。规定每名受试者的射击表现为 55 次正式射击成绩的平均值,通过 K-S 检验,发现所有受试者的射击成绩(8.8 ± 0.41)服从于高斯分布($p>0.05$),而 EEG 特征则并非完全服从高斯分布。因此,本实验采用 Spearman 秩相关检验来计算 EEG 特征和射击表现之间的相关系数,并得到两对样本之间相关性的显著程度 p 值。

通过数据结果检验发现,存在个别样本点距整体样本分布较远,目视筛查确定为离群点。为减少离群点的影响,采用离群点移除策略如下:先对所有样本计算一次 EEG 特征和射击成绩的线性回归方程(按照上述规则),然后分别计算每个样本点与回归方程之间的马氏距离,去除离回归方程距离最大的 10% 的样本点(即 3 个样本点),最后再计算一次去除离群点后样本的相关系数(即 35 个样本),得到最终 EEG 特征和射击表现之间的相关系数。

4.3 实验结果

4.3.1 与射击表现相关性最大的频段和时间窗

为了确定最适合分析的频段和时间窗,实验分析了 5 个频段(从 Theta 到 Beta2)、3 个窗口(Win1 到 Win3)上的平均 PLV 连接值和射击表现的相关系数(见表 4-1)。频段方面,Beta1 频段内的特征和射击表现的相关性最强,其次是 Beta2 频段。窗口方面,Win3 窗口内的特征和射击表现的相关性最强。因此,在之后的分析中,本实验着重分析 Beta1 和 Beta2 频段、Win3 窗口内的 EEG 特征。

表 4-1 平均连接值的均值、方差以及和射击表现的相关系数

	Theta	Alpha1	Alpha2	Beta1	Beta2
Win1	0.63±0.06	0.65±0.10	0.65±0.11	0.59±0.10	0.58±0.10
	−0.02	−0.06	−0.31	−0.41*	−0.28
Win2	0.61±0.06	0.64±0.09	0.65±0.11	0.59±0.10	0.58±0.10
	−0.06	−0.04	−0.30	−0.42*	−0.26
Win3	0.60±0.16	0.64±0.10	0.66±0.12	0.60±0.11	0.58±0.11
	−0.05	−0.08	−0.33	−0.45**	−0.38*

注:* $p<0.05$,** $p<0.01$。

4.3.2 射击表现与功能性连接强度的关系

图 4-4 为 Win3 窗口中 Beta1 和 Beta2 频段功能性连接强度和射击表现之间的相关性计算结果。图中的有色连接表示与射击表现具有显著相关性的功能性连接($p<0.05$),红色表示正相关,蓝色表示负相关(结果表明几乎所有连接均和射击表现为负相关),颜色越深、线条越粗表示相关系数越大、显著程度越高,图 4-4(a)为 Beta1 频段,图 4-4(b)为 Beta2 频段。

从图中可以看出,瞄准期间的功能性连接和射击成绩存在显著的负相关性。Beta1 和 Beta2 频段的功能性连接越弱,射击表现越好。同时,相关系数最强的

连接也主要分布在右脑脑区(右侧前额区、右侧额区和右颞区),呈现出显著的偏侧性现象,即右脑的功能性连接越弱,射手的射击表现越好。

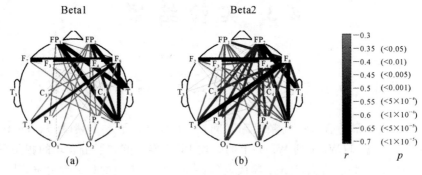

图 4-4 与射击表现存在显著相关性的 PLV 连接

4.3.3 射击表现与脑网络拓扑特征的关系

表 4-2 为 Win3 窗口中 Beta1 频段和 Beta2 频段上脑网络全局拓扑特征和射击表现的相关系数。Beta1 频段的聚类系数和特征路径长度与射击表现存在最显著的相关性。Beta2 频段中,聚类系数、特征路径长度、平均局部效率 3 个特征都与射击表现存在显著的相关性。

表 4-2 全局拓扑特征的均值、方差以及和射击表现的相关系数

频 段	指 标	C_p	E_l	L_p	E_g
Beta1	$M \pm D$	0.53±0.15	0.49±0.13	0.32±0.19	3.91±2.31
	(r)	−0.45(**)	−0.45(**)	−0.43(*)	0.29
Beta2	$M \pm D$	0.50±0.14	0.46±0.13	0.26±0.18	4.95±2.77
	(r)	−0.49(**)	−0.49(**)	−0.55(**)	0.47(**)

注:* $p<0.05$,** $p<0.01$。

图 4-5 为 Win3 窗口中 Beta1 和 Beta2 频段上脑网络局部特征和射击表现的相关性脑地形图,关于脑网络局部拓扑特征,本章主要分析了平均连接强度、局部效率、特征向量中心度和局部聚类系数等 4 个特征。图中有颜色的节点表示该节点与射击表现存在显著相关性($p<0.05$),颜色越深,表示相关系数越大、显著程度越高。从图中可以看出,多个脑网络局部特征均与射击表现存在显著相关性。

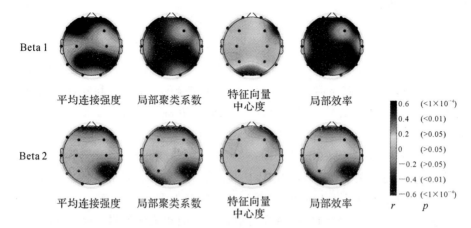

图 4-5 脑网络局部特征与射击表现的相关性脑地形图

在 Beta1 频段上，平均连接强度、局部效率和局部聚类系数这 3 项脑网络局部特征在全脑多个脑区都和射击成绩存在显著的负相关性。而在特征向量中心度上，O_1 和 O_2 节点与射击成绩出现显著的正相关，而右脑的 F_8 节点则与射击表现出现显著负相关。

在 Beta2 频段上，所有的 4 项脑网络局部拓扑特征都与射击表现存在显著负相关。对于平均连接强度、局部效率和局部聚类系数，只有 Fp_1、Fp_2、F_8、P_4、T_6、O_1 和 T_5 节点与射击表现存在显著负相关。对于特征向量中心度，只有右脑的 Fp_2 和 F_8 节点与射击成绩存在显著负相关性。

4.4 实验结果讨论

本章采集并分析了 40 名熟练射手瞄准期间的 EEG 信号特征和射击表现之间的关联问题，发现两者之间存在显著的相关关系。通过平均 PLV 连接强度和射击表现的相关性分析，发现 Beta1 频段和 Beta2 频段的特征与射击成绩的相关性最强。同时，功能性连接强度、脑网络全局特征和脑网络局部特征都与射击表现存在显著相关性。这反映了射击成绩较好的受试者瞄准期间具有的特殊 EEG 特征，也反映了射击瞄准期间的神经活动会极大影响射击表现。

4.4.1 与射击表现关系最密切的频段和时间窗

在讨论 EEG 特征和射击表现的相关性之前，本章实验确定了最适合分析的

EEG 频段和时间窗。

首先,在对比所有频段平均 PLV 连接值和射击表现的相关性中,发现 Beta1 和 Beta2 频段的特征与射击表现的相关性最大,而其他频段的特征则与射击表现的相关性并不显著。根据前人文献报道:Theta 频段的信号主要出现在疲倦、瞌睡以及消极情绪时;Alpha 频段信号则与全脑唤醒程度和专业信息处理能力有关;Beta 频段信号则与运动行为、积极情绪和兴奋程度有关。以往的研究主要集中在 Alpha 频段的 EEG 特征,对 Beta 频段的特征研究相对较少。而本实验则对比了所有可能分析的 EEG 频段特征,发现 Beta 频段与射击表现的相关性最大,这可能说明 Beta 频段要比其他频段更适合分析射击瞄准行为。

其次,通过对比 Win1 到 Win3 等三个时间窗上 EEG 特征和射击表现之间的相关性,发现 Win3 窗口中的特征与射击表现的相关性最强。前人文献曾经报道过,随着击发时刻的来临,EEG 特征将会变得越来越显著。例如,Kerick 等人发现在 Win3 时间段中,左颞区的 Alpha2 频段功率增加现象最为明显。Del Percio 等人发现 Win3 时间段中的 EEG ERD/ERS 现象最明显。因此,本实验中关于时间窗的研究结果与前人的研究结果相吻合。同时,本实验的结果还指出,在最临近射击击发时刻,不仅 EEG 特征的变化最为显著,而且其与射击表现的关系也越密切。这个结果也说明,射手越接近击发时刻,大脑活动对射击表现的影响也越大,也越需要保持良好的生理心理状态。

4.4.2 射击瞄准期间的偏侧性现象和功能性连接特性

通过分析 EEG 功能性连接和射击表现之间的相关性,发现 Fp_1 - T_6、Fp_2 - T_4、F_7 - F_8 和 F_8 - T_6 之间的功能性连接与射击表现的相关性最强。这些电极主要分布于前额区、额区和右颞区。前人研究发现,大脑中前额叶和额叶皮层主要负责高级任务规划和注意行为,顶叶皮层主要负责感觉运动信息处理,右颞叶主要负责视觉空间任务。因此,实验结果中这些脑区与射击表现之间相关性显著表明,这些脑区以及脑区之间的信息交互在完成射击瞄准任务中起着非常关键作用。Deeny 和 Del Percio 等人的研究结果表明,射击专家在瞄准过程中的大脑活动水平明显低于新手,反映了专家射手瞄准期间特有的能量消耗低、效率高的特点。而在本研究中,研究结果中也观察到了射击表现与 EEG 特征的显著负相关。特别是功能性连接越低,射击表现越好。通常来说,连接系数更大代表着更高的能量消耗。因此,本研究结果与高水平射击运动员在瞄准过程中的低消耗、高效率现象是一致的。

与以往研究中的功能连接分析相比,本研究的一个独特贡献是没有预设 ROI 研究。例如,Deeny 等人只研究了额叶区域和其他大脑区域之间的联系,Del Percio 等人则只研究了顶叶区与其他脑区的联系。而本研究则同时分析了所有电极之间连接对与射击表现之间的相关性,通过建立与射击表现的相关性这一统一的标准,来分析射击瞄准期间与射击关系最密切的脑区。因此,与以往的研究相比,本研究是一种数据驱动的研究方法,能够更全面地揭示功能性连接与射击表现之间的关系。实验结果不仅证实了先前关于功能性连接的相关结论,而且通过所有连接之间的横向对比,证明了前额区、额区、右颞区之间的连接是瞄准期间最影响射击表现的关键脑区。

4.4.3 射击瞄准期间的脑网络拓扑特性

本章实验的另一个研究重点在于功能性脑网络的拓扑特征分析。实验中分析了全局网络拓扑和局部网络拓扑与射击表现之间的相关性,结果发现射击表现更好的射手射击瞄准期间拥有更低的聚类系数、更低的平均局部效率、更短的特征路径长度,以及更高的全局网络效率。

根据图理论中网络拓扑特征的物理含义,聚类系数和平均局部效率反映了局部信息转换效率,而特征路径长度和全局效率则反映了全局信息转换效率。本研究的结果说明,在瞄准过程中,局部信息整合效率的提高伴随着射击表现的下降。相反,全局信息整合效率的提高则伴随着射击表现的提高。

在关于射击过程的神经机制研究中,目前还没有构筑瞄准期间脑网络连接和脑网络拓扑分析的研究,因此本章只能和一些认知任务的脑网络研究进行对比分析。在认知任务的脑网络研究发现,智商较高、反应较快的健康受试者,也拥有较高的全局信息整合效率和较低的局部信息整合效率、较短的特征路径长度和较低的网络聚类系数。虽然这些研究针对的是认知任务而不是体育运动,但根据本研究实验结果,反映认知任务优秀表现的脑网络特征与反映射击优秀表现的脑网络特征高度相似。这种现象可能表明射击任务作为一种特殊的精细型运动,其与认知任务具有很大的相似性,在执行任务过程中,两者可能存在类似的神经生理过程。

通过脑网络局部特征分析,可以分析出射击瞄准过程中参与活动的重要脑区。与全局网络拓扑类似,大多数得到显著结果节点的平均连接强度、局部聚类系数、局部效率都与射击表现存在负相关。这可能表明在射击瞄准期间,射击表现好的受试者其大脑的各区域局部活动程度都较弱。在特征向量中心度特征的结果中,右侧额区(F_4)、右侧顶区(P_4)、右侧额区(F_8)、左侧额区(F_3)以及枕区(O_1和O_2)都表现出与射击成绩的显著负相关。因此可以推断这些节点也是射击瞄准期间的关键节点。这些节点代表着与高级信息处理有关的额叶、与感觉运动知觉有关的顶叶,以及与视觉感知和视觉空间运动有关的枕叶。这些节点也被证明参与默认网络、背侧注意力网络和视觉处理网络的相关活动。

综上所述,本实验结果表明,瞄准射击是多个类型大脑网络参与的协作行为,它们共同协作从而影响射击表现。但需要强调的是,本实验结果只说明这些节点的特征向量中心性与射击表现之间存在显著的相关性,并未说明瞄准期间这些节点的特征向量中心性高于其他节点,这些节点也未必是瞄准期间最为活跃的节点。

4.5 本章小结

本章主要研究了射击瞄准期间的 EEG 脑网络特性以及 EEG 特征和射击表现之间的联系。实验采集了 40 名业余水平熟练射手的射击表现和全程射击 EEG 信号数据。通过 EEG 脑网络特征和射击成绩的相关性分析,得到的主要研究结论如下:

(1)通过比较不同时间窗、不同频段的 EEG 特征和射击表现之间的相关性,发现 Win3 时间窗中,Beta1 和 Beta2 频段的特征与射击表现的相关性最强。这表明离击发时间最近的时间窗口对射击表现的影响最大。

(2)通过 EEG 功能性连接分析,发现瞄准过程中的功能性连接活动具有显著的偏侧性。与射击表现最显著相关的连接主要出现在大脑右侧半球,右侧前额叶、额叶和右侧颞叶之间的功能性连接与射击表现相关性最强。这表明瞄准期间负责高级规划的前额叶皮层和负责视觉空间功能的右颞叶对射击表现的影响最为显著。

(3)通过 EEG 脑网络拓扑特征分析,发现脑功能网络的全局和局部拓扑特征都与射击表现之间存在显著的相关性。这说明射击成绩较好的射手在瞄准期间具有较高的全局脑整合效率和较低的局部信息整合效率。

根据这些结论,射击教练员可以尝试在训练中监测射击过程中的 EEG 功能性连接和网络拓扑的变化,引导射手利用神经反馈的方式自动调节这些 EEG 特征,学会保持良好的射击状态,从而提高射手的射击表现。同时,这些结论揭示了 EEG 脑网络特征和射击表现之间的紧密联系,为后续研究静息态 EEG 脑网络特征和射击表现之间的联系提供了思路。

参 考 文 献

[1] HAIER R J, SIEGEL B V, NUECHTERLEIN K H, et al. Cortical glucose metabolic rate correlates of abstract reasoning and attention studied with positron emission tomography [J]. Intelligence, 1988, 12(2): 199-217.

[2] NEUBAUER A C, FINK A. Intelligence and neural efficiency [J]. Neuroscience & Biobehavioral Reviews, 2009, 33(7): 1004-1023.

[3] HATFIELD B D, KERICK S E. The psychology of superior sport performance: a cognitive and affective neuroscience perspective [M]// Handbook of Sport Psychology. 3rd. Hoboken, 2007: 84-109.

[4] CALLAN D E, NAITO E. Neural processes distinguishing elite from expert and novice athletes [J]. Cognitive and Behavioral Neurology Official Journal of the Society for Behavioral and Cognitive Neurology, 2014, 27(4): 183-188.

[5] CHANG Y M. Reorganization and plastic changes of the human brain associated with skill learning and expertise [J]. Frontiers in Human Neuroscience, 2014(8): 35.

[6] CHERON G, PETIT G, CHERON J, et al. Brain oscillations in sport: toward EEG biomarkers of performance [J]. Front Psychological, 2016(7): 246.

[7] VECCHIO F, DEL PERCIO C, BABILONI C. Is there a neural efficiency in the athlete's brain? [J]. International Journal of Psychophysiology, 2012, 85(3): 296-297.

[8] HATFIELD B D, LANDERS D M, RAY W J. Cognitive processes during self-paced motor performance: an electroencephalographic profile of skilled marksmen [J]. Journal of Sport Psychology, 1984, 6(1): 42-59.

[9] KERICK S E, DOUGLASS L W, HATFIELD B D. Cerebral cortical adaptations associated with visuo-motor practice [J]. Medicine & Science in Sports & Exercise, 2004, 36(1): 118-29.

[10] DEL PERCIO C, BABILONI C M. Visuo-attentional and sensorimotor

alpha rhythms are related to visuo-motor performance in athletes [J]. Human Brain Mapping, 2010, 30(11): 3527 - 3540.

[11] HUNG L Q, CHEN I F, HUANG C J, et al. Brain dynamics during the shooting preparatory period: a comparison of shooting and motor demands [J]. Physical Education Journal, 2014, 47(2): 195 - 204.

[12] DEENY S P, HILLMAN C H, JANELLE C M, et al. Cortico-cortical communication and superior performance in skilled marksmen: an EEG coherence analysis [J]. Journal of Sport and Exercise Psychology, 2003, 25(2): 188 - 204.

[13] DEENY S P, HAUFLER A J, SAFFER M, et al. Electroencephalographic coherence during visuomotor performance: a comparison of cortico-cortical communication in experts and novices [J]. Journal of Motor Behavior, 2009, 41(2): 106 - 116.

[14] BOLT T, NOMI J S, RUBINOV M, et al. Correspondence between evoked and intrinsic functional brain network configurations [J]. Human Brain Mapping, 2017, 38(4): 1992 - 2007.

[15] BULLMORE E, SPORNS O. Complex brain networks: graph theoretical analysis of structural and functional systems [J]. Nature Reviews Neuroscience, 2009(10):186 - 198.

[16] BULLMORE E, SPORNS O. The economy of brain network organization [J]. Nature Reviews Neuroscience, 2012, 13(5): 335 -349.

[17] GONG A M, LIU J P, CHEN S, et al. Time-frequency cross mutual information analysis of the brain functional networks underlying multiclass motor imagery [J]. Journal of Motor Behavior, 2018, 50 (3): 254 - 267.

[18] ZHAO C, ZHAO M, YANG Y, et al. Thereorganization of human brain networks modulated by driving mental fatigue [J]. IEEE Journal of Biomedical & Health Informatics, 2017, 21(3): 1831 - 1840.

[19] FILHO E, BERTOLLO M, TAMBURRO G, et al. Hyperbrain features of team mental models within a juggling paradigm: a proof of concept [J]. PeerJ, 2016(4): e2457.

[20] ERICSSON K A, CHARNESS N, FELTOVICH P J, et al. The Cambridge handbook of expertise and expert performance [M].

Cambridge: Cambridge University Press, 2006.

[21] DELORME A, MAKEIG S. EEGLAB: an open source toolbox for analysis of single-trial EEG dynamics including independent component analysis [J]. Journal of Neuroscience Methods, 2004, 134(1): 9-21.

[22] KLIMESCH W. EEG alpha and theta oscillations reflect cognitive and memory performance: a review and analysis [J]. Brain Research Review, 1999, 29(2-3): 169-195.

[23] GENTILI R J, BRADBERRY T J, HATFIELD B D, et al. Signal processing for non-invasive brain biomarkers of sensorimotor performance and brain monitoring [P]. Signal Processing InTech, 2010.

[24] LACHAUX J P, RODRIGUEZ E, MARTINERIE J, et al. Measuring phasesynchrony in brain signal [J]. Human Brain Mapping, 1999, 8(4): 194-208.

[25] HURTADO J M. Statistical method for detection of phase-locking episodes in neural oscillations [J]. Journal of Neurophysiology, 2004, 91(4): 1883-1898.

[26] BRUNNER C, SCHERER R, GRAIMANN B, et al. Online control of a brain-computer interface using phase synchronization [J]. IEEE Transactions on Biomedical Engineering, 2006, 53(12): 2501-2506.

[27] BETZEL R F, FUKUSHIMA M, HE Y, et al. Dynamic fluctuations coincide with periods of high and low modularity in resting-state functional brain networks [J]. Neuroimage, 2016(127): 287-297.

[28] RUBINOV M, KÖTTER R, HAGMANN P, et al. Brain connectivity toolbox: a collection of complex network measurements and brain connectivity datasets [J]. Neuroimage, 2009, 47 (Supplement1): S39-S41.

[29] ONNELA J P, SARAM K J, KERTÉSZ J, et al. Intensity and coherence of motifs in weighted complex networks [J]. Physical Review E, 2005, 71(6): 065103.

[30] LATORA V, MARCHIORI M. Efficientbehavior of small-world networks [J]. Physical Review Letters, 2001, 87(19): 198701.

[31] WATTS D J, STROGATZ S H. Collective dynamics of "small-world" networks [J]. Nature, 1999, 393(6684): 440-442.

[32] FISCH B J. Spehlmann's EEG primer [M]. Amsterdam: Elsevier Science BV, 1991.

[33] GROSSE-WENTRUP M, SCHÖLKOPF B. High γ-power predicts performance in sensorimotor-rhythm brain-computer interfaces [J]. Journal of Neural Engineering, 2012, 9(4): 046001.

[34] DEL PERCIO C, BABILONI C, MARZANO N, et al. "Neural efficiency" of athletes' brain for upright standing: a high-resolution EEG study [J]. Brain Research Bulletin, 2009, 79(3): 193-200.

[35] WOO M, KIM Y. Inter- and Intra-hemispheric EEG coherence and visuomotor performance during shooting competition and practice [J]. Perceptual & Motor Skills, 2017, 124(4): 830-845.

[36] KERICK S E, MCDOWELL K, HUNG T M, et al. The role of the left temporal region under the cognitive motor demands of shooting in skilled marksmen [J]. Biological Psychology, 2001, 58(3): 1-277.

[37] BUSCHMAN T J, MILLER E K. Top-down versus bottom-up control of attention in the prefrontal and posterior parietal cortices [J]. Science, 2007(315):1860-1862.

[38] DOPPELMAYR M, FINKENZELLER T, SAUSENG P. Frontal midline theta in the pre-shot phase of rifle shooting: differences between experts and novices [J]. Neuropsychologia, 2008, 46(5): 1463-1467.

[39] BABILONIC, MARZANO N, INFARINATO F, et al. "Neural efficiency" of experts' brain during judgment of actions: a high-resolution EEG study in elite and amateur karate athletes [J]. Behavioural Brain Research, 2010, 207(2): 466-475.

[40] DOUW L, SCHOONHEIM M M, LANDI D, et al. Cognition is related to resting-state small-world network topology: an magnetoencephalographic study [J]. Neuroscience, 2011 (175): 169-177.

[41] ZHOU G, LIU P, HE J, et al. Interindividual reaction time variability is related to resting-state network topology: an electroencephalogram study [J]. Neuroscience, 2012, 202(2): 276-282.

[42] CAVANAGH J F, FRANK M J. Frontal theta as a mechanism for cognitive control [J]. Trends in Cognitive Sciences, 2014, 18(8): 414-

421.

[43] ZANTO T P, RUBENS M T, BOLLINGER J, et al. Top-down modulation of visual feature processing: the role of the inferior [J]. Neuroimage, 2010, 53(2): 736-745.

第 5 章　视听干扰环境下射击准备阶段脑电功率特征分析

基于 EEG 的信号特征分析在射击/射箭等精细型运动神经机制研究中已得到广泛应用,但目前还少有在特殊任务环境中关于射击准备阶段大脑神经机制的研究。本章从模拟特殊复杂环境出发,探索噪声和弱光这两种干扰因素对射击准备阶段神经活动的影响。研究选择 30 名技能熟练射手,通过自主设计实验,探索射手在噪声和弱光这两种感官功能被干扰条件下的射击准备阶段 EEG 神经机制。本章研究主要从三个方面展开讨论。第一,分析视听功能被干扰环境下的 EEG 功率与正常光亮无明显噪声的对照环境之间的差异,探讨不同射击环境对 EEG 功率的影响。第二,分析视听功能被干扰环境下的 ERS/D 与对照环境的差异性,探讨不同环境对大脑神经活动变化的影响。第三,通过分析三种环境下 EEG 功率特征与射击表现的相关性,探讨视听功能被干扰环境对射击表现的影响。

5.1　引　　言

第 4 章研究表明,射击是一项心理因素为主导的精细运动,需要良好的认知控制,其运动表现和射击准备阶段的大脑活动密切相关。分析射击准备阶段的大脑活动有助于监测射手生理、心理状态,并通过神经反馈训练来进一步指导射手提高技能水平。EEG 是一种用于探测大脑功能的经典方法,可以洞察大脑皮层电激活指数,并凭借无创性、低成本、易于采集和时间分辨率高等优势,很早就被应用于射击领域的研究。研究者通过测量运动过程中的 EEG 信号,分析其中各种类型的 EEG 特征(波幅、功率、功能性连接等),来探索运动中大脑的神经活动。

长期以来,对射击行为神经机制的研究主要集中于运动科学领域,许多研究发现射击表现与大脑的神经机制密切相关。然而警用射击在射击环境、射击目标、射击要求等方面均与体育射击存在很大区别。与体育射击相比,警用射击环境更加复杂。早先对美国的一项犯罪调查的统计数字表明,大约 90% 涉及执法人员的枪击事件发生在光线昏暗的条件下。该环境下,执法者对射击目标的观察不够清楚,难以进行有效的视觉瞄准。这表明,射手在弱光环境下的与体育运动射击环境下的射击的心理状态必然具有很大的差异。也正是由于夜间射击环境复杂,对射手射击能力和心理素质要求更高,所以夜间射击也是部队官兵军事训练的重难点课目。此外,在现实任务环境不同于空旷的靶场,可能充斥着大量的环境噪声。噪声对认知能力会造成显著影响,并可能严重影响行为和认知任务。因此,噪声干扰也会对射手在射击过程中的心理状态造成影响。

良好的射击取决于对目标瞄准的注意力和精细的运动控制,这是大脑运动控制和多感官功能共同协作的结果。EEG 技术同样是分析感官认知加工过程的可靠手段,之前的研究发现,视觉和听觉功能受限(如噪声效应和视觉剥夺)会对认知能力产生影响。目前还很少有文献报道过在感官功能受到干扰环境下射手射击时的认知加工过程。对于视听功能在干扰环境(即弱光和噪声环境)下分别会对射击表现产生怎样的影响,射手在视听功能受干扰环境下射击准备阶段的 EEG 特征与对照环境相比存在哪些差异,以及不同射击环境下的这些特征是否与对应的射击表现密切相关的认识还很欠缺。

本研究从模拟真实特殊复杂环境中的警用射击出发,探索噪声和弱光这两种干扰因素对射手神经活动的影响。研究选择 30 名技能熟练的手枪射手,通过自主设计实验,探索射手在噪声和弱光这两种感官被干扰的射击环境下的 EEG 神经机制。研究主要从三个方面展开讨论:第一,分析感官功能被干扰环境下的 EEG 功率与正常光亮无明显噪声的对照环境之间的差异性,探讨不同射击环境对 EEG 功率的影响;第二,分析感官功能被干扰环境下的 ERS/D 与对照环境的差异性,探讨不同射击环境对大脑神经活动变化的影响;第三,通过分析三种射击环境下 EEG 功率特征与射击表现的相关性,探讨感官功能被干扰环境对射击表现的影响。

5.2 实验的材料和方法

5.2.1 实验对象

实验受试者为 30 名在校大三学员(均为男性,年龄:21.2±1.1 岁,经检验 $p>0.05$,受试者年龄不存在显著差异),受试者均经过大学的射击课程教学并通过考核,已熟练掌握手枪射击技能。所有受试者均练习射击三个月,每周至少参加两次射击训练,每次训练时间为 2 h。根据学习时间和训练强度,由大学专家评判可以视作熟练射手的程度。所有受试者均为右利手,未接受过视力矫正,听力正常,无神经性或精神疾病,头部未受过重大外伤,未做过开颅手术。实验前 24 h 未服用酒、咖啡、茶叶等刺激性饮品,未服用任何可能干预实验研究的神经性药物。所有参与者均为自愿参加实验,且实验前了解实验目的及流程,并填写同意实验方案知情书,实验中若出现任何不适均可及时报告并申请退出。

5.2.2 实验环境设置

实验场地为室内射击训练场。实验分别设置了实验组和对照组,其中实验组为噪声和弱光两种干扰环境,并分别命名为噪声组和弱光组。将明亮光照和无明显噪声条件下的环境作为对照组。

在噪声组的环境设置中,实验选择无规律的枪弹发射声作为噪声干扰条件,以模拟靶场和复杂任务环境。受试者通过佩戴蓝牙耳机,在上述音乐播放环境下进行射击。在音量的选择上,实验通过将音量从小到大来进行调节以测试噪声对受试者的干扰程度。之前的研究表明,65 dB 的噪声会使人感到稍有烦躁。70 dB 的噪声环境是正常谈话的最高界限,已超过电话允许 65 dB 环境噪声的标准。同时,根据受试者描述,在音乐音量为 70 dB 时,会产生比较烦躁、难以集中注意力的不适情绪。因此实验将 70 dB 设置为噪声干扰环境的音量。

夜间射击被定义为在夜晚或者光线暗淡条件下的射击。在弱光组的环境设置中,实验通过室内射击训练场亮度可调节的白炽灯来模拟夜间弱光环境。本章引入光照强度作为调节亮度过程中的计量单位。光照强度简称照度,是指单位面积上所接受可见光的能量,单位为勒克斯(lx)。光照强度较低的环境称为弱光环境。实验中使用 GM1020 光照度计对照度进行测量,以受试者难以通过准星缺口的平正关系和目标(靶纸)的清晰程度进行有效视觉瞄准作为夜间弱光环境设置的标准。根据观察受试者在实验的表现及受试者的主观反映,本章发现在照度为 25 lx 时,较难找到准星,准星缺口的平正关系的确定较为困难,且目标不够清晰。1988 年杨家驹在《暗适应与夜间视力》中将低于 30 lx 设置为低照度。而中国人民公安大学姚南征也发现光照强度为 20 lx 时会影响射手对准星缺口的平正关系的把握。同时,路灯管理的信息也表明该光照强度也是路灯自动开启的亮度标准。因此,该光照强度基本符合夜间的光照强度,实验选择 25 lx 作为弱光环境的照度。

5.2.3 信号采集

EEG 采集设备为博睿康科技股份有限公司(中国)生产的 NSW332 型 32 电极无线脑电放大器,该设备可便携,符合本实验移动性的需要。采样频率为 1 000 Hz。电极安放位置按照国际脑电图学会标准安装法(10-20 电极安置法),位置分别为 Fp_1、Fp_2、F_7、F_3、F_z、F_4、F_8、FC_5、FC_1、FC_2、FC_6、T_7、A_1、C_3、C_z、C_4、T_8、A_2、CP_5、CP_1、CP_2、CP_6、P_7、P_3、P_z、P_4、P_8、PO_3、PO_4、O_1、O_z、O_2(见图 5-1,前额接地,A_1、A_2 为参考电极,放置在左、右乳突处,取两乳突处的平均值作为参考)。实验前调整所有电极阻抗保持在 5 kΩ 以下,之后采集静息态 EEG 和射击全程 EEG。

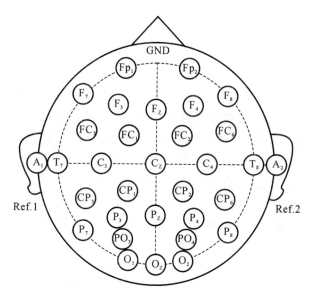

图 5-1 NSW332 型 32 电极 EEG 放大器电极安装位置图

在静息态 EEG 的采集过程中,受试者坐于座椅上,保持放松状态,静息态采集时要求受试者不刻意回忆任何事情,分别保持 2.5 min 闭眼静息状态和 2.5 min 睁眼静息状态。

射击全程的 EEG 信号采集过程中受试者使用 92 式自动手枪采用立姿的方式分别在噪声干扰、夜间弱光及明亮光照和无明显噪声三种环境下进行非实弹射击。实验采用北京中科捷诚科技有限公司生产的 MSH-1 型轻武器射击训练系统。该系统利用光反射原理,实现手枪射击的瞄准功能,并在计算机反馈界面显示出瞄准点的运动轨迹,可以记录及存储射手每一发射击的射击表现数据。选择的受试者均有使用该设备进行射击训练的经验。射击靶纸采用标准胸环靶靶纸图,靶纸大小为 52 cm×52 cm,10 环直径为 10 cm,10 环边沿每向外延伸 5 cm 依次为 9、8、7、6、5 环[见图 5-2(a)]。

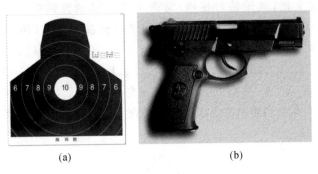

图 5-2 射击实验信息图
(a)射击实验靶纸; (b)92 式手枪

实验中所有受试者使用同一支 92 式自动手枪,如图 5-2(b)所示。在实验开始前,先对实验用枪进行校枪,确保受试者不受场地、器材等其他非射击行为因素的干扰。之后要求受试者进行适当热身,保证实验中其身体机能处于良好状态。在射击过程中,受试者每次执行一次射击,击发后由脑电记录人员反馈射击成绩,射手根据本次成绩自行调整瞄准点,然后进行下一次瞄准击发。受试者按照自己的节奏自由配速射击,在三种实验环境下分别进行 2 组射击,每组 30 次,每名受试者共执行 180 次射击,每组射击之间的间隔时间为 10 min。在弱光组中,在射击开始前 8 min 会让受试者提前适应弱光环境。射击击发时刻由配套设备 Trigger Box 记录,它通过识别射击训练系统中每次射击时发出的响声所出现的时刻作为 EEG 信号标记发射时间点。射击成绩按照靶纸记录为5~10 环(脱靶记为 0 环)。所有受试者的射击过程均为独立进行,彼此不知道对方的成绩,并在测试前告知受试者不必过于在意成绩,而重点注意自身的射击技巧。所有受试者均完成相同任务的 EEG 信号采集,实验流程如图 5-3 所示。

5.2.4 信号预处理

将采集得到的 EEG 信号传输至计算机进行离线处理。首先利用阶数为 1 000 的有限长冲激响应滤波器(Finite Impulse Response,FIR)滤波器对所有信号进行 0.1~50 Hz 的带通滤波。而后对每名受试者进行 ICA 以去除瞄准期间由于眼动所造成的伪迹。ICA 是通过对 EEG 信号进行独立成分分解,以从多电极 EEG 信号中分离出滤波过程中无法完全滤掉的眼电（Electro Oculogram,EOG）、肌电（Electromyographic signal,EMG）等干扰源造成的伪迹成分。距离双目最近的大脑前额叶皮层受 EOG 伪迹影响最大。因此,实验将电极 Fp_1 和 Fp_2 记录的 EEG 数据,设定为 EOG 信号的匹配模板,并将其作为独立成分,采用 ICA 分解后,找到真正的 EOG 并剔除。图 5-4 为使用 ICA 处理前后的 EEG 信号对比图。

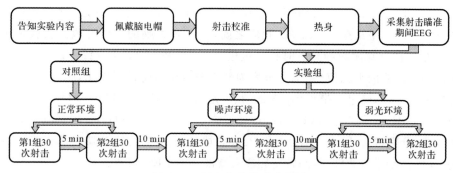

图 5-3 射击实验范式流程图

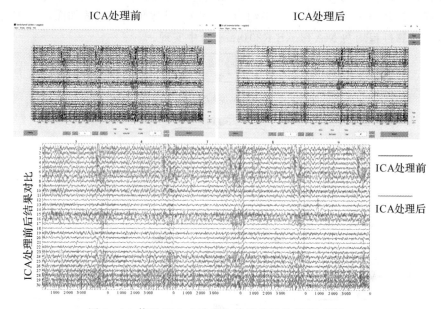

图 5-4 使用 ICA 去除眼电伪迹前后的 EEG 信号

之后对数据进行分段处理：在时段的划分上，根据受试者通常平均每 5 s 就能够完成一次射击的实际，于是本章截取射击击发前 3 s 到击发时刻的 EEG 信号作为射击准备阶段 EEG 数据，记为一个试次。由于射手在准备阶段神经活动变化迅速，所以实验对精细化程度要求较高，按照 1 s 长为一个数据段，将连续的 EEG 信号划分成 $-3 \sim -2$ s、$-2 \sim -1$ s、$-1 \sim 0$ s 三个时间窗口，分别定义为 Win1、Win2 和 Win3。

在频段划分的过程中，为减少实验受试者的个体性差异，实验采用个体 Alpha 主频（Individual Alpha Frequency, IAF）的方式确定不同受试者的频段划分方式。IAF 是指在 $8 \sim 12$ Hz 频段之间，受试者大脑的主频峰值。实验采用 FFT 的方法计算闭眼静息态时枕区电极（O_1、O_2 和 O_z）在 $8 \sim 12$ Hz 之间最高频段功率位置的平均值（频率分辨率为 0.5 Hz）作为受试者的 IAF。根据每名受试者的 IAF，确定子带频率：Theta 频段定义为 $IAF-6 \sim IAF-3$（Hz），Alpha 频段为 $IAF-2 \sim IAF+2$（Hz），Beta 频段为 $IAF+3 \sim 230$（Hz）。根据以上划分的频段，分别构造 Theta、Alpha 和 Beta 频段的 FIR 带通滤波器对所有受试者的 EEG 信号进行滤波，得到特定频段上滤波后的 EEG 信号。

最后利用 EEGLAB 工具箱目视检查去除 EEG 受伪迹影响较大的试次，最终得到 30 名受试者在三种环境下的射击准备阶段共 5 195 个可用试次，平均每名受试者剩余 57 个试次（去除率约为 3.8%）。具体预处理过程如图 5-5 所示，以上计算过程均在 MATLAB R2014a 平台中实现。

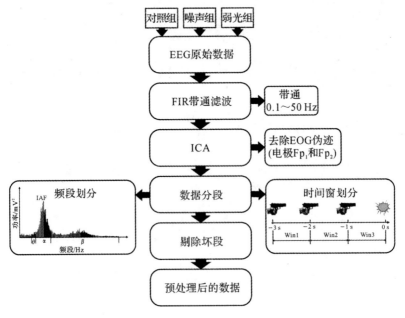

图 5-5 EEG 信号预处理流程图

5.2.5 射击准备阶段功率特征分析

在对准备阶段 EEG 数据的功率谱分析中,实验分别提取受试者在 3 种射击环境下的频带功率特征和 ERS/D 特征。在功率特征的分析方面,根据每名受试者 IAF 所划分的子带频段,实验采用 FFT 的方法对功率谱在频域上积分得到 EEG 信号在不同节律下的功率,并除以各频段的频率范围。经过计算,得到了每名受试者的功率谱密度的数据格式为 30×1 000×3×3×57,分别代表 30 电极(参考电极 A_1、A_2 已去除)、1 000 个采样点、3 个时间窗、3 个分析频段和 57 个试次。

ERS/D 可以从时域和频域两个维度共同对 EEG 进行研究,是运动学 EEG 分析的有效手段之一。之前的研究者认为该参数可以反映认知任务下大脑神经活动的变化程度,因此 ERS/D 也经常被应用在运动学领域的 EEG 的相关研究中。ERS/D 的计算公式为

$$\mathrm{ERS/D}(f,t) = \frac{P(f,t) - P_{\mathrm{bl}}(f)}{P_{\mathrm{bl}}(f)} \times 100\% \quad (5-1)$$

式中:$P(f,t)$ 为 3 个时间窗下的频段功率;$P_{\mathrm{bl}}(f)$ 为基线时段处对应频段的功率。本实验将受试者在射击击发前 $-4 \sim -3$ s 内的功率作为基线,分别计算了 3 个时间窗内的频段功率相对于基线时段内频段功率的变化率。当计算结果为正值时,说明射击准备阶段的频段功率高于基线状态,为 ERS 现象;反之,则为 ERD 现象。

5.2.6 统计分析

本章假设射手在噪声干扰环境和夜间弱光环境这两种感官受限环境下的功率特征对于正常射击环境存在显著差异。为检验该假设,研究者首先采用 Kolmogorov-Smirnov 检验的方法对所有的射击表现、频带功率和 ERS/D 的特征进行检验,以确定这些是否服从正态分布,对于服从正态分布的特征采用参数检验的方法,不服从正态分布的特征采用非参数检验的方法。检验结果表明,3 组的射击表现不服从正态分布,故研究采用 Wilcoxon 秩和检验来评估射击表现的差异性。而其他特征均服从正态分布,因此,实验采用配对样本 T 检验和多因素重复测量方差分析(repeated measures Analysis of Variance,ANOVA)来评估频段功率和 ERS/D 之间的差异。

配对样本 T 检验是判断两个样本所代表的总体均值之间的差异是否显著

性的方法。多因素重复测量方差分析可用于研究多种因素对实验样本的影响。本研究中的样本即为不同射击环境下的测量的 EEG 功率特征。实验将 0.05 设为显著水平。实验使用错误发现率(False Discovery Rate, FDR)的方法对上述检验的结果进行多次检验校正,从而得到矫正后的 p 值。

本章也试图探索受试者在不同感官受限环境下的功率谱密度和 ERS/D 与射手 60 次手枪射击的平均表现之间存在的密切的联系。为了验证这一假设,本实验选择非参数 Spearman 秩相关检验进行相关分析,并计算相关系数(r)。同样地,研究使用 FDR 对 p 值进行多次检验校正。统计分析部分在 MATLAB R2014a 平台中的统计检验工具箱中进行。

5.3 实验结果

5.3.1 射击表现差异

图 5-6 从左到右依次为噪声组、对照组和弱光组的平均成绩的均值、标准差。如图所示,从射击表现指标来看,对照组的平均环值为 8.02(±0.76),噪声组的平均环值为 8.00(±0.81),弱光组的平均环值为 5.38(±1.56)。采用 Wilcoxon 秩和检验的结果表明,噪声组与对照组之间并不存在显著的差异性($p>0.05$),而弱光组的射击表现则显著低于对照组和噪声组($p<0.05$)。

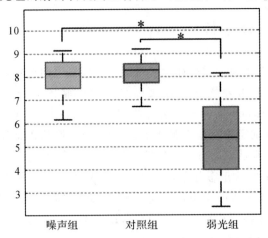

图 5-6　3 组的射击表现差异,* 表示存在显著的差异($p<0.05$)

5.3.2 射击准备阶段功率差异

表 5-1 是 3 种射击环境下射手在射击准备阶段 Theta、Alpha、Beta 频带上的大脑皮层 EEG 功率经多因素方差分析得到的统计显著差异结果($p<0.05$)。从表中可以看出，射手大脑皮层功率在组别因素表现出了更多具有显著差异性的电极，且均为弱光组的功率更高。而在时间因素中，仅在 Theta 频段的前额区（Fp_1 和 Fp_2 电极）处出现了显著差异，且均为 Win1 窗口的功率更高。相比 Theta 和 Alpha 频段，3 组功率在 Beta 频段存在显著差异的电极数量更多。另外，3 个频段内的功率均在右额区 F_4 电极处表现出了显著的差异。

表 5-1 3 组的各频段功率多因素方差分析显著性统计表

变量	频段	电极	df	F	p	事后检验
组别	Theta	F_4	3,30	7.93	0.000 5	弱光>噪声,对照
组别	Alpha	Fp_2	3,30	3.97	0.020 0	弱光>噪声
组别	Alpha	F_4	3,30	9.34	0.000 1	弱光>噪声,对照
组别	Beta	Fp_1	3,30	7.39	0.000 8	弱光>噪声
组别	Beta	Fp_2	3,30	14.98	0.000 1	弱光>噪声,对照
组别	Beta	F_3	3,30	4.08	0.018 0	弱光>对照
组别	Beta	F_4	3,30	18.12	0.000 1	弱光>噪声,对照
组别	Beta	F_7	3,30	4.93	0.007 9	弱光>噪声
组别	Beta	F_8	3,30	9.67	0.000 1	弱光>噪声,对照
组别	Beta	FC_2	3,30	5.49	0.004 6	弱光>对照
组别	Beta	P_7	3,30	3.82	0.023 1	弱光>噪声,对照
时间	Theta	Fp_1	3,30	3.63	0.027 9	Win1>Win3
时间	Theta	Fp_2	3,30	3.69	0.026 3	Win1>Win2

图 5-7 描述了受试者在 3 种射击环境下 Theta、Alpha、Beta 频段上 3 个时间窗口的频带功率。由于实验未在噪声组与对照组的频带功率的检验中发现显著差异，所以图中只列出了弱光组在不同时段和频段的 EEG 功率对照组的频带功率经 T 检验后得到的具有显著性差异脑地形图($p<0.05$)。图中红色为感官受限制条件下（即噪声组和弱光组）的射击准备阶段 EEG 功率显著高于对照组，

蓝色反之。黑色节点表示电极位置,图中颜色越深,差异程度越显著。图中未出现蓝色的脑区,表明这些存在显著的差异均为对照组功率更低,这与多因素方差分析的结果一致。

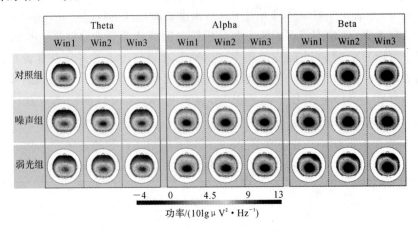

图 5-7　3 组在 3 个时间窗内各频段的 EEG 功率

根据图 5-8 中展示的显著性结果,弱光组与对照组在 3 个频段上均存在显著差异。且随着射击瞄准时间的增长,两组的 EEG 功率在更多脑区出现了显著差异。Theta 和 Alpha 频段的差异主要出现在右额区,其中 Theta 频段中差异显著的在电极 F_4 处,Alpha 频段中差异显著的在电极 F_4 和 FC_2 处。两组在 Beta 频段的 EEG 功率表现出了更多的显著性差异,Win1 窗口在右额区电极 Fp_2、F_4 和 F_8 处,以及左顶区 P_7 处的差异显著,并随着射击击发时刻的临近,弱光组在其他的额区(电极 Fp_1、F_z、F_3、F_7)、中央区(电极 FC_2、FC_5、FC_6、C_3)、左颞区(电极 T_7)和右顶区(电极 P_8)的功率出现了显著高于对照组的结果。

5.3.3　射击准备阶段 ERS/D 差异

射击准备阶段对照组、噪声组、弱光组在各频段的 ERS/D 经多因素方差分析的检验结果见表 5-2。与功率差异的检验结果类似,ERS/D 的检验结果同样表明 3 组在组别因素存在更多的差异。且在组别因素的结果中,除了 Beta 频段的电极 FC_2 和 P_3 外,其余出现显著差异的电极均为弱光组的 ERS/D 更高。此外,3 组在时间因素也出现了显著的差异,Theta 频段的电极 Fp_1 处的 ERS/D 在 Win2 时段显著高于 Win3,Beta 频段右额区电极 Fp_2 和 F_8 均在 Win1 时段具有更高的 ERS/D。

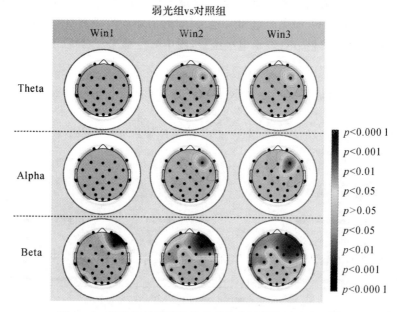

图 5-8 弱光组与对照组的功率存在显著差异脑地形图

表 5-2 3 组的各频段 ERS/D 多因素方差分析显著性统计表

变量	频段	电极	df	F	p	事后检验
组别	Theta	Fp_1	3,30	3.83	0.022 9	弱光>噪声
组别	Theta	C_3	3,30	4.68	0.010 1	弱光>对照
组别	Alpha	Fp_2	3,30	4.25	0.015 3	弱光>噪声
组别	Alpha	O_2	3,30	4.5	0.012 0	弱光>噪声
组别	Beta	F_7	3,30	5.22	0.006 0	弱光>噪声
组别	Beta	FC_2	3,30	3.49	0.031 8	对照>噪声
组别	Beta	P_3	3,30	4.37	0.012 1	噪声>弱光
组别	Beta	PO_4	3,30	3.21	0.042 1	弱光>对照
时间	Theta	Fp_1	3,30	4.12	0.017 2	Win2>Win1
时间	Beta	Fp_2	3,30	8.01	0.000 4	Win1>Win2,Win3
时间	Beta	F_8	3,30	4.04	0.018 7	Win1>Win3

图 5-9 为 3 组各频段上的 ERS/D,图 5-10 则为两种感官受限制条件下的

ERS/D 与经 T 检验后得到的具有显著性差异脑地形图（$p<0.05$）。图中红色为感官受限制条件下（即噪声组和弱光组）的射击准备阶段 ERS/D 显著高于对照组，蓝色反之。黑色节点表示电极位置，图中颜色越深，差异程度越显著。

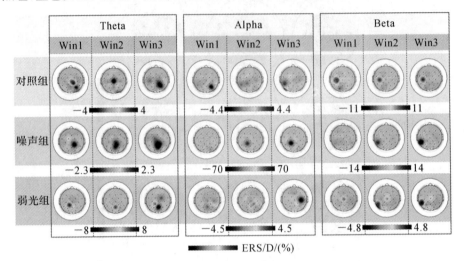

图 5-9　3 组在 3 个时间窗内各频段的 ERS/D

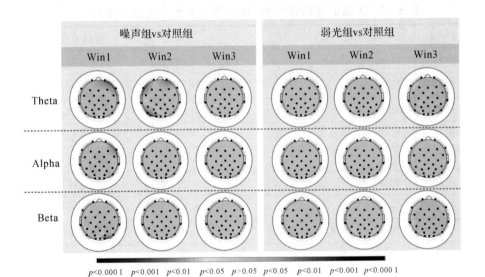

图 5-10　噪声组和弱光组的 ERS/D 与对照组之间存在显著差异脑地形图

从总体上看，在出现显著差异的电极位置上，噪声组的 ERS/D 均低于对照组。而弱光组则相反，其 ERS/D 均高于对照组。Theta 频段中，噪声组在 Win1

时段的右额区 Fp_2 和 F_8 处,以及 Win2 时段的电极 Fp_2、F_7、P_7、O_1 处的 ERS/D 显著低于对照组,弱光组在的 Win3 时段左额区 F_7 的 ERS/D 显著高于对照组。Alpha 频段中,噪声组在 Win1 时段电极 F_8 处的 ERS/D 显著低于对照组。而弱光组与对照组之间不存在显著差异。在 Beta 频段中,噪声组的 ERS/D 在 Win1 时段显著低于对照组,这体现在电极 O_2 处。弱光组则在 Win3 时段的电极 F_7、F_8 和 T_7 处的 ERS/D 显著高于对照组。

5.3.4 准备阶段功率特征与射击表现之间的相关性

图 5-11 是射手在 3 种射击环境下各时频段内 EEG 功率与射击表现之间存在显著相关性的脑地形图($p<0.05$)。图中红色代表该电极处的 EEG 功率特征(功率和 ERS/D)与射击表现呈显著正相关,蓝色代表该电极处的 EEG 功率与射击表现呈显著负相关。

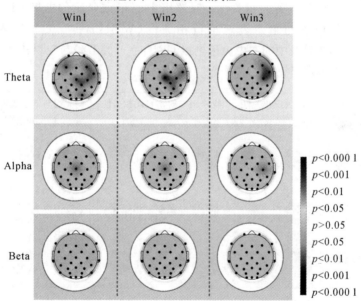

图 5-11 对照组功率与射击表现相关性脑地形图

由图可知,弱光组的 EEG 功率与射击表现不存在显著的相关性。对照组的 EEG 功率与射击表现存在显著相关性的脑区均呈现出负相关的特性。而噪声组中出现显著性的脑区均与射击表现呈正相关。对照组的 EEG 功率在 Theta

频段中的 3 个时间窗内均与射击表现存在显著相关性。

Win1 时段上,对照组在电极 $F_3(r=-0.382)$、$F_4(r=-0.394)$、$FC_6(r=-0.383)$、$C_z(r=-0.395)$、$C_4(r=-0.377)$、$CP_2(r=-0.407)$ 和 $PO_4(r=-0.364)$ 处与射击表现呈显著负相关。Win2 时段上,与射击表现显著相关的在电极 $FC_6(r=-0.401)$、$C_z(r=-0.404)$、$CP_2(r=-0.423)$、$P_4(r=-0.411)$ 处。Win3 时段出现显著相关性的电极在 $F_4(r=-0.3715)$、$FC_6(r=-0.4307)$ 和 $C_4(r=-0.435)$ 处。Alpha 频段中,对照组的中央区 C_z(Win1:$r=-0.386$;Win2:$r=-0.397$)在 Win1 和 Win2 时段均与射击表现存在显著负相关,Win3 时段则在电极 $C_4(r=-0.365)$ 处表现出了显著的相关性。对照组的 EEG 功率在 Beta 频段中未出现与射击表现显著相关的电极。噪声组仅在 Beta 频段表现出了与射击成绩之间存在的显著相关性,并都出现在 Win1 和 Win2 时段的右顶区电极 P_8(Win1:$r=0.378$;Win2:$r=0.380$)处。

图 5-12 描述了 3 组各时频段 ERS/D 与射击表现之间存在显著相关性的脑地形图($p<0.05$)。根据相关性检验的结果,3 组大部分的时频段中的 ERS/D 都与射击表现存在显著的相关性。对照组中,Theta 频段的电极 CP_2 在 Win1 和 Win2 时段内均与射击表现呈负相关性(Win1:$r=-0.394$;Win2:$r=-0.388$),Win3 时段中的右中央区电极 $CP_2(r=-0.374)$ 与左顶枕区 $PO_3(r=0.383)$ 与射击表现呈正相关。

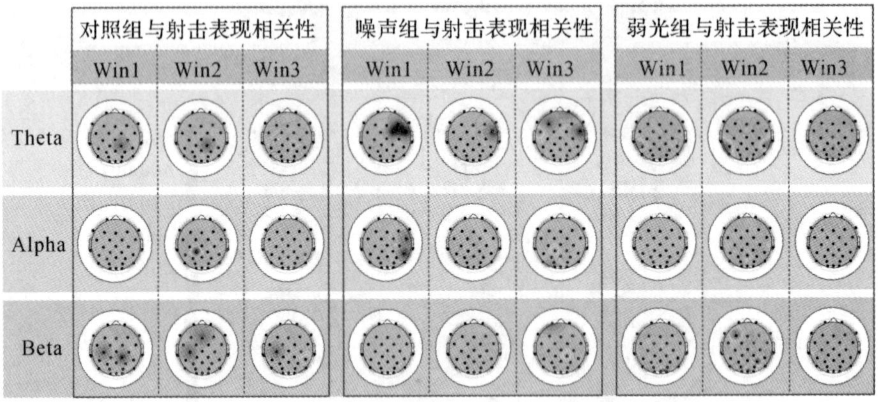

图 5-12 3 组的 ERS/D 与射击表现相关性脑地形图

Aalpha 频段仅在 Win2 窗口的左中央区 $CP_1(r=0.483)$ 处表现出了显著性。Beta 频段 3 个时间窗内的 ERS/D 均在电极 C_3(Win1:$r=-0.376$;Win2:$r=-0.374$;Win3:$r=-0.375$)处表现出了显著的负相关性。另外,在 Win1 和 Win2 时段也分别在电极 $CP_2(r=-0.443)$ 和 $F_z(r=-0.408)$ 处出现了显著的

负相关性，Win3 时段则在电极 CP_6($r=0.372$)处表现出了显著的正相关。

噪声组中，Theta 频段下 Win1 时段的电极 F_4($r=-0.444$)、FC_2($r=-0.464$)和 FC_6($r=-0.529$)，Win2 时段的电极 FC_6($r=-0.429$)，以及 Win3 时段的电极 Fp_2($r=-0.419$)、F_3($r=-0.386$)、FC_6($r=-0.423$)处的 ERS/D 与射击表现呈负相关，而 Win3 时段的电极 FC_5($r=0.387$)却表现出了显著的正相关性。Alpha 频段中，Win1 时段的电极 FC_6($r=-0.394$)和 CP_6($r=-0.454$)与射击表现呈显著的负相关性。Win2 和 Win3 时段均在电极 CP_1(Win2：$r=0.409$；Win3：$r=0.408$)处出现了显著正相关，且 Win3 时段的左枕区 O_1($r=-0.361$)处与射击表现呈负相关。Beta 频段右中央区的电极 CP_2(Win2：$r=0.365$；Win3：$r=0.372$)处在 Win2 和 Win3 时段均与射击表现存在显著的正相关，Win3 时段的左额区电极 Fp_1($r=-0.377$)表现出了显著负相关。

弱光组的 ERS/D 与射击表现存在显著相关的所有电极均为正相关。其中 Theta 频段中的 Win1 时段表现在电极 T_7($r=0.398$)、CP_5($r=0.381$)、O_2($r=0.385$)处，Win2 时段出现在电极 T_7($r=0.408$)、T_8($r=0.387$)、CP_5($r=0.391$)、CP_6($r=0.374$)、P_7($r=0.366$)处，Win3 时段出现在左枕区 O_1($r=0.373$)处。Alpha 频段仅在 Win2 时段的右颞区电极 T_8($r=0.3717$)处和中央顶区电极 P_z($r=0.411$)处出现了显著性。Beta 频段的 Win1 时段枕区电极 O_z($r=0.454$)和 O_2($r=0.467$)处，Win2 时段的电极 F_3($r=0.458$)、P_4($r=0.432$)、O_z($r=0.425$)和 O_2($r=0.361$)处，以及 Win3 时段的左颞区电极 T_7($r=0.380$)处与射击表现存在显著的相关性。

5.4 实验结果讨论

统计检验的结果表明，对照组、噪声组和弱光组的 EEG 功率和 ERS/D 特征之间出现了很多显著的结果。这既反映了不同感官受限制条件对射手大脑神经机制的改变，也反映了不同环境下射击准备阶段的神经活动对射击表现的影响。因此，下文将结合不同脑区对应特定的生理意义，对出现显著性的功率特征进行分析。

5.4.1 射击准备阶段频段功率差异分析

本研究 5.2.2 节列出了射手射击准备阶段在正常、噪声干扰和弱光环境下的 Theta、Alpha 和 Beta 频段内 EEG 功率之间的显著差异。根据检验结果,弱光组的 EEG 功率与对照组之间存在显著的差异,而噪声组与对照组在功率特征上的差异不存在显著性。这与对 3 组射击表现的检验结果一致,都存在弱光组与其他两组之间具有显著的差异性。

  这些结果说明在准备阶段,相对于噪声干扰对射击行为的影响,暗弱的光照环境对于射手射击表现和神经活动的影响更大。视觉是人类认识外在世界的信息的主要来源,对于手枪射击这种以视觉瞄准为主的运动行为则更为重要。弱光环境不利于清楚地观察目标与判明周围环境,导致射手对危险估计不足、反应速度降低,并难以通过准星缺口对目标实施有效的视觉瞄准。另外,2017 年姚南征在论文《暗弱光环境下的手枪射击技术研究——以 92 式手枪为例》中提到,民警自述在白天无论训练还是执法时都更有信心,而夜间执法过程中由于环境复杂,目标不清晰,使民警担心会出现被动挨打的情况。这说明夜间的暗弱光环境不仅妨碍了射手的据枪时的视觉瞄准过程,同时还对射手的心理状态造成了一定的干扰。而射击是一项心理因主导的运动,当射手心理素质发生变化时,必然会严重影响射手的射击表现和神经活动。

  检验结果表明,弱光组在一些脑区的 EEG 功率呈现出显著高于对照组的现象。弱光组更高的功率意味着在瞄准期间视觉功能被干扰时,大脑消耗了更多的能量。运动学领域中"神经效率"特指运动过程中,大脑神经活动所消耗的能量。Hatfield 等人将神经效率假说引入射击相关的精细运动中,并提出与运动控制相关的过程复杂度降低会导致运动表现的一致性增强,即技能熟练的射手可以耗费能少的能量取得更好的射击表现。这也与弱光组耗费了更多能量却得到了更差的射击表现相对应,即从神经效率的角度来说,射手在暗弱的光线环境中的射击需要消耗更多能量以集中注意力,这降低了射击准备阶段的射手大脑活动的神经效率,从而影响了射手的射击表现。

  从检验结果中,研究发现在 3 个频段上,大脑右额区(尤其在电极 F_4)处的功率差异最为显著。过去的研究发现,额叶病变,特别是右半脑的额叶病变已被证明会导致持续注意力不足,使患者难以维持警戒状态。而正常人在需要保持持续注意力的警觉任务中的实验研究显示右额叶被激活。同时,在结果中观察到 Beta 频段存在显著差异的脑区最多。该频段多在紧张、警觉、兴奋时出现,与认知、运动和积极解决问题有关。Beta 节律的升高往往意味着脑区功能被激活促进。结合本研究实验的结果,Beta 频段右额区显著性更高的功率代表弱光组准备阶段大脑右额区的功能被明显地激活,这也说明,相比其他两种射击环境,暗弱光线的射击环境中,射手在准备阶段始终对射击目标保持着高度集中的注意力,具有更高的警戒性。另外,2016 年 Marzbani 等人的研究提到,右半脑额区域的过度激活会造成焦虑,并主要出现在 Theta 和高 Beta 频段。而根据受试者反映,弱光环境由于对目标不够清晰,容易出现不确定自己是否将准星瞄到了准确位置,导致在射击准备阶段不够自信,存在执行射击困难的情况,具有一定的焦虑情绪。因此,研究认为弱光组的 EEG 功率在 Beta 频段右额区上显著更高的情况意味着射手在弱光环境下对目标的注意更加集中,同时也可能受到焦虑情绪的影响。

5.4.2 射击准备阶段 ERS/D 差异分析

ERS/D 通常由各种各样的感觉、认知或运动事件引发,与感觉、运动或认知事件是时间锁定的。该特征描述了 EEG 在时间维度的变化,为研究心理过程的心理生理相关性提供了一种安全、非侵入性的方法。本章中,实验采用 ERS/D 来衡量射手在 3 种射击环境下射击击发前 3 s 的 EEG 功率相对于各自射击环境下准备阶段基线时段($-4 \sim -3$ s)的变化。根据多因素方差检验结果,在 3 个频段上,大部分存在统计学意义的电极都显示弱光组的 ERS/D 显著高于其他两组,尤其体现在 Theta 和 Alpha 频段。这与对 3 组的 EEG 功率检验的结果较为一致,反映了弱光射击环境下大脑皮层的功率显著地升高,准备阶段神经活动变化的程度更大。

在 Wilcoxon 秩和检验的结果中,研究发现在所有存在显著性差异的电极上,弱光组的 ERS/D 均出现高于对照组的现象,而噪声组却都低于对照组。前人关于噪声对人体影响的研究表明,噪声不仅引起人的烦恼,而且高强度噪声会影响人的工作能力,甚至导致认知下降。因此,本章认为噪声组相对于对照组更低的 ERS/D 与噪声干扰导致受试者的认知能力下降有关。

根据图 5-10 中在 3 个时间窗的检验结果,发现噪声组的 ERS/D 与对照组间的差异主要出现在 Win1 或 Win2 窗口,而弱光组与对照组间的差异则都出现在 Win3 窗口。这说明,随着瞄准时间的增长,弱光组与对照组的功率变化情况逐渐趋于一致,而弱光组却与对照组差异越来越大。前人在对射击准备阶段最适合分析时机的选择上的相关文献曾经提到,随着击发时刻的来临,EEG 特征将会变得越来越显著,因此 Win3 时段通常被认为是最适合分析 EEG 的时间窗口。而在本研究中同样发现该时段中,弱光组与对照组之间的 ERS/D 存在显著的差异,而噪声组与对照组间的差异却没有出现显著性。这与 3 组的射击表现的检验结果一致,表明临近发射时刻的 ERS/D 的变化也是导致射手射击表现出现差异的原因之一。

5.4.3 准备阶段功率特征与射击表现的相关性分析

研究与射击表现密切相关的神经标记物可以起到评价运动水平和指导实际训练的作用。实验在分析差异性的同时,也探究了射击准备阶段大脑皮层的频段功率和 ERS/D 与射击表现之间存在的相关性,以更精确地对这些与射击表现存在显著相关性的大脑区域进行研究,从而得出与射击行为关系紧密的针对性结论。在 EEG 功率与射击表现相关性检验的结果中,只发现对照组的 EEG 频带功率与对应的射击表现呈显著的相关性,而在噪声组和弱光组中没有发现与射击表现显著的相关性。研究认为,这是由于噪声干扰和弱光环境对大脑皮层的 EEG 功率造成了影响,导致受试者大脑神经活动相对于正常射击环境下更加混乱无序,以致各频段功率均与对应的射击表现不存在显著相关的神经标记物。

在对照组与射击表现存在显著相关性的频段中,Theta 和 Alpha 频段与射击表现存在显著性的电极均呈负相关,Beta 频段呈正相关。过去对大脑节律的研究认为 Theta 节律多出现在在放松和困倦状态时,Alpha 节律多出现在不参与工作的脑区,主要起到对这些脑区相关功能的抑制作用,Beta 节律与认知活动和运动行为有关。从这些节律对应的生理意义来看:Theta 节律与射击行为关系并不紧密,该频段功率出现对射击行为产生负向的影响;Alpha 节律主要出现在与射击行为不相关的大脑皮层区域,该频段的功率的增加与射击行为无关功能脑区的抑制呈正比,故该节律对应的生理意义对射击行为产生负向作用;Beta 节律则对积极的执行射击行为产生正向作用。因此,检验结果中这 3 种频段功率与射击表现之间出现的正、负相关性相一致。

研究发现,ERS/D 特征与射击表现存在显著相关的电极数量明显多于功率特征。相比功率特征,不仅对照组 ERS/D 与射击表现之间存在显著性的相关性,且在噪声组和弱光组的 ERS/D 中同样出现了很多与射击表现显著相关的电极位置。之前在对射箭准备阶段大脑相关性的研究中也发现大脑功能连接变化率与射箭表现之间存在更多的相关性,这也与本章的结果类似。这说明准备阶段神经活动变化与射击表现的联系更加紧密,更加适合反映射手与射击表现的相关性特征。

5.5 结 论

本研究主要采集并研究了 30 名技能熟练射手在噪声干扰、弱光环境和对照环境下射击准备阶段的 EEG 信号。通过分析不同环境下 EEG 频段功率和 ERS/D 特征之间的差异,以及这些特征与射击表现的相关性,得到的主要研究结论如下:

(1)发现弱光组的射击表现显著低于对照组和噪声组,而对照组与噪声组的射击表现之间则不存在显著差异。

(2)在 EEG 频带功率分析中,研究结果表明准备阶段弱光组与对照组的功率在 Theta、Alpha、Beta 频段均存在显著差异,其中 Beta 频段出现显著差异的电极位置更多,且这些差异主要出现在右额区处。根据出现显著性的节律和脑区,本章推测射手在弱光环境中的射击需要消耗更多能量以集中注意力,且在该环境下射手存在一定的焦虑情绪。

(3)3 组的 ERS/D 的检验结果中,大部分存在统计学意义的电极都显示弱光组的 ERS/D 显著高于其他两组,而噪声组的 ERS/D 低于对照组。研究认为这种现象出现的原因是出于噪声干扰导致了受试者认知能力的下降。另外,研究还发现,噪声组的与对照组间 ERS/D 的差异主要出现在 Win1 或 Win2 窗口,而弱光组与对照组间的该差异则都出现在 Win3 窗口。这种现象表明,临近发射时刻的 ERS/D 的变化对射手射击表现影响最大。

(4)在 3 组的 EEG 功率特征与射击表现之间相关性的检验中,只在对照组的功率特征中发现在与射击表现之间存在显著的相关性。这表明,视听干扰环境导致大脑难以出现与射击显著相关的 EEG 特征。此外,3 组在 ERS/D 中均表现出与射击表现存在显著相关性的电极。研究认为,相对于功率特征,与射击表现的联系更加紧密的 ERS/D 更适合作为研究射击行为的 EEG 特征。

除噪声组的功率与对照组之间不存在显著差异外,本研究其他结果验证了假设,为后续进一步探索射击准备阶段视听功能被干扰环境对射手在大脑神经活动的影响提供了 EEG 功率特征方面的依据。这些结论有望为复杂环境干扰条件下的手枪射击训练开拓新的思路,提供全新的科学训练分析方法,具有潜在的应用价值和现实意义。

参 考 文 献

[1] DEENY S P, HAUFLER A J, SAFFER M, et al. Electroencephalographic coherence during visuomotor performance: a comparison of cortico-cortical communication in experts and novices[J]. Journal of Motor Behavior, 2009, 41(2): 106-116.

[2] 石岩. 我国射击训练的理论创新与竞技实践[J]. 中国体育教练员, 2019, 27(4): 3-7.

[3] GONG A M, NAN W Y, YIN E W, et al. Efficacy, trainability, and neuroplasticity of SMR vs. alpha rhythm shooting performance neurofeedback training[J]. Frontiers in Human Neuroscience, 2020(14): 94.

[4] SILVA F L. EEG: origin and measurement[M]. Berlin, Heidelberg: Springer, 2009: 19-38.

[5] HATFIELD B D, LANDERS D M, RAY W J. Cognitive processes during self-paced motor performance: an electroencephalographic profile of skilled marksmen[J]. Journal of Sport and Exercise Psychology, 1984, 6(1): 42-59.

[6] 美国陆军科学技术委员会. 神经科学给美国陆军带来的机遇[M]. 楼铁柱, 等译. 北京: 军事医学科学出版社, 2015.

[7] LANDERS D M, PETRUZZELLO S J, SALAZAR W, et al. The influence of electrocortical biofeedback on performance in pre-elite archers[J]. Medicine & Science in Sports & Exercise, 1991, 23(1): 123-129.

[8] 姚南征. 暗弱光环境下的手枪射击技术研究[D]. 北京: 中国人民公安大学, 2017.

[9] SMITH A, WELLENS B. Noise and occupational health and safety [C]//First European forum on efficient solutions for managing occupational noise risks, Noise at work. 2007.

[10] KE J, DU J, LUO X. The effect of noise content and level on cognitive performance measured by electroencephalography (EEG)[J]. Automation in Construction, 2021(130): 103836.

[11] WOO M, KIM Y. Inter- and Inter-and intrahemispheric EEG coherence and visuomotor performance during shooting competition and practice [J]. Perceptual and Motor Skills, 2017, 124(4): 830-845.

[12] WANG L, WANG W, YAN T, et al. Beta-band functional connectivity influences audiovisual integration in older age: an EEG study [J]. Frontiers in Aging Neuroscience, 2017(9): 239.

[13] PARMENTIER F B R. The cognitive determinants of behavioral distraction by deviant auditory stimuli: a review [J]. Psychological Research, 2014, 78(3): 321-338.

[14] NOPPENEY U. The effects of visual deprivation on functional and structural organization of the human brain [J]. Neuroscience & Biobehavioral Reviews, 2007, 31(8): 1169-1180.

[15] 那家佑. 噪声对人体劳动心理的影响[J]. 职业卫生与病伤, 1994, 9(4): 246-248.

[16] 杨家驹. 暗适应与夜间视力[J]. 四川生理科学杂志, 1988(Z1): 17-21.

[17] JUNG T P, MAKEIG S, WESTERFIELD M, et al. Analysis and visualization of single-trial event-related potentials [J]. Human Brain Mapping, 2001, 14(3): 166-185.

[18] KLIMESCH W. Memory processes, brain oscillations and EEG synchronization[J]. International Journal of Psychophysiology, 1996, 24(1/2): 61-100.

[19] DEL PERCIO C, INFARINATO F, MARZANO N, et al. Reactivity of alpha rhythms to eyes opening is lower in athletes than non-athletes: a high-resolution EEG study [J]. International Journal of Psychophysiology, 2011, 82(3): 240-247.

[20] BRUNNER C, SCHERER R, GRAIMANN B, et al. Online control of a brain-computer interface using phase synchronization [J]. IEEE Transactions on Biomedical Engineering, 2006, 53(12): 2501-2506.

[21] KERICK S E, MCDOWELL K, HUNG T M, et al. The role of the left temporal region under the cognitive motor demands of shooting in skilled marksmen[J]. Biological Psychology, 2001, 58(3): 263-277.

[22] BRANDEIS D, LEHMANN D. Segments of event-related potential map series reveal landscape changes with visual attention and subjective contours[J]. Electroencephalography and Clinical Neurophysiology,

1989(73):507-519.

[23] ZALESKY A, FORNITO A, BULLMORE E T. Network-based statistic: identifying differences in brain networks[J]. Neuroimage, 2010, 53(4): 1197-1207.

[24] CHUMBLEY J R, FRISTON K J. False discovery rate revisited: FDR and topological inference using Gaussian random fields [J]. Neuroimage, 2009, 44(1): 62-70.

[25] GONG A, LIU J, JIANG C, et al. Rifle shooting performance correlates with electroencephalogram beta rhythm network activity during aiming[J]. Computational Intelligence and Neuroscience, 2018 (1):1-11.

[26] HATFIELD B D, KERICK S E. The psychology of superior sport performance: a cognitive and affective neuroscience perspective [A]// Handbook of Sport Psychology. 3rd. Hoboken, 2007: 84-109.

[27] CHAYER C, FREEDMAN M. Frontal lobe functions[J]. Current Neurology and Neuroscience Reports, 2001, 1(6): 547-552.

[28] POSNER M I. Attention: the mechanisms of consciousness[J]. Proceedings of the National Academy of Sciences, 1994, 91(16): 7398-7403.

[29] MARZBANI H, MARATEB H, MANSOURIAN M. Methodological note: neurofeedback: a comprehensive review on system design, methodology and clinical applications [J]. Basic and Clinical Neuroscience Journal, 2016, 7(2): 143-158.

[30] ERTAN H, YAGCIOGLU S, YILMAZ A, et al. Accuracy in archery shooting is linked to the amplitude of the ERP N1 to the snap of clicker [J]. Montenegrin Journal of Sports Science and Medicine, 2021, 10 (1): 37-44.

[31] GU F, GONG A, QU Y, et al. From expert to elite?: research on top archer's EEG network topology[J]. Frontiers in Human Neuroscience, 2022(16):1-5.

[32] 张贤达. 现代信号处理[M]. 2版. 北京: 清华大学出版社, 2002.

第6章 视听受限条件下射击准备阶段脑电网络特征研究

第5章的研究结果发现，干扰射手的视听功能会导致射击准备阶段的 EEG 功率特征出现显著差异。然而，经典的功率谱分析虽然是一种有效的 EEG 信号分析方法，但该方法局限于单个电极，难以衡量不同脑区之间的相互联系。基于功能性连接的脑网络分析方法可以用来评估大脑区域之间的连接，量化大脑皮层之间的信息交互水平，是近年来神经科学领域中用来探索大脑整体功能状态的前沿技术。本章提出利用 EEG 脑网络方法研究 3 种射击环境下射手大脑 EEG 脑网络特征的差异，以及对比不同射击环境下的脑网络特征与射击表现之间存在显著相关性的异同。研究表明，3 种射击环境下射手脑网络特征存在显著差异，不同射击环境的脑网络特征与射击表现也存在不同的相关性，这对武警官兵和公安民警在视听干扰环境下的执行任务和射击训练具有潜在的应用价值。

6.1 引 言

第5章介绍了视听觉受限条件下射击准备阶段的 EEG 特征，结果发现射击表现与多种 EEG 特征都具有密切联系。这一方面反映了良好的射击表现取决于对目标瞄准的注意力和精细的运动控制，是大脑运动控制和多感官功能共同协作的结果，另一方面也反映了感官功能的认知加工对于射击表现以及射击准备阶段的大脑神经活动都具有重要的影响。

在感官功能受限的 EEG 相关研究中，噪声效应和视觉剥夺对认知功能的影响是很多学者感兴趣的课题。研究发现，Alpha 和 Beta 频段的振荡与感觉处理有关。Fu 发现利用听觉线索进行视听刺激时，大脑会出现明显的 Alpha 抑制机制。Senkowski 等人采用事件相关电位（Event Related Potential, ERP）的方法发现，视觉、听觉和视听刺激过程中的 Beta 振荡促进行为。

在噪声影响的研究中普遍认为：噪声对于认知能力的影响是显著的，并可能与行为和认知相关的表现有关。噪声会引发过度唤醒，尤其体现在对分散注意力和短期记忆的影响上。然而,也有观点认为,当噪声所引起的轻度觉醒没有超过阈值时,注意力变化不明显,甚至对认知控制有益。

在视觉剥夺的研究中,Noppeney 发现长期的视觉剥夺会导致视觉系统的可塑性变化,还会导致其余完整的感觉-运动系统的可塑性变化。短期视觉剥夺是诱发神经兴奋性变化的一种既定范式。Boroojerdi 等人发现,在光照剥夺 60 min 后,视觉皮层(枕叶皮质)兴奋性显著增加。Weisser 等人发现失明个体在 2 h 内会导致触觉形式的神经处理发生显著变化,并认为这反映了短期视觉剥夺造成的神经可塑性。

上述的研究证实了 EEG 是分析感官认知加工过程的可靠手段,对视觉和听觉感官功能的限制(如噪声效应和视觉剥夺)都会改变大脑对于认知功能的控制的改变。

射击是一种需要认知控制的精细运动,需要良好的认知洞察力(perception)与运动响应(response)。该过程涉及复杂的神经活动,需要联合多个功能皮层之间的信息交互共同分析。作为大规模网络分布在整个大脑皮层的细胞组件之间的功能交互作用是认知信息处理的先决条件。基于图论的功能性脑网络分析,衡量了不同导联的 EEG 信号之间的联系,并将全脑视为一个整体的网络,根据不同节点的节点度等局部拓扑特征确定大脑功能靶区和动态结构变化特性,是研究大脑在认知加工过程中各脑区之间的信息交互的精确可视化方法,并已应用于射击运动领域的研究。

因此,本章在第 5 章研究的基础上,利用功能连通性和脑网络的方法分析视听感官功能受限条件下射击准备阶段大脑的神经活动,通过比较这些特征在不同干扰条件下的差异,以深入理解噪声干扰和弱光环境对射击行为执行过程中的认知功能的重要影响。另外,本研究的结果还有望为复杂环境下(如夜间射击)的射击训练提供神经科学方面的参考依据,具有一定的实用价值。

本章旨在通过模拟视听感官功能受限制的环境,探索射手在噪声干扰和弱光环境中射击准备阶段大脑的功能连接和脑网络特征。研究假设射手在噪声干扰和弱光条件下的射击表现及射击过程的 EEG 特征与正常环境下无噪声的、正常光照的普通环境下的射击表现及脑网络特征存在显著差异。同时,探索与射击表现密切相关的神经标记物还可以起到评估射手运动水平和指导实际训练的作用。因此,本研究在分析差异的同时也探讨了这些特征与射击表现存在的相关性,并假设在不同感官受限条件下的这些与射击表现存在显著相关性的特征也存在区别,进一步探索能够评估不同条件下射击表现的 EEG 神经标志物。

6.2 功能性脑网络分析方法

6.2.1 基于 WPLI 方法的 EEG 功能性连接

在 5.2.4 节信号预处理的基础上,本实验采用 WPLI 评估 EEG 信号之间的功能连通性。WPLI 是为应对噪声和体积传导效应而提出的一种电生理信号相位同步的改进测量方法。该方法根据交叉频谱虚部的大小对相位超前和滞后进行加权,以消除零滞后相位差的影响,从而在一定程度上降低了容积传导效应,提高了信噪比。由于计算复杂度低,检测相位时统计效力强,WPLI 方法也适合应用于实时监测、实时计算的功能性连接。计算不同电极的 EEG 信号之间的 WPLI 值的公式为

$$\text{WPLI}_{xy} = \frac{|\langle |\Im(S_{xy}(t))|\,\text{sign}(\Im(S_{xy}(t)))\rangle|}{\langle |\Im(S_{xy}(t))|\rangle} \quad (6-1)$$

式中:$S_{xy}(t)$ 为 EEG 信号 $x(t)$ 和 $y(t)$ 的交叉谱;$\Im(\cdot)$ 表示虚部,是通过对各频段的窄带信号进行 Hilbert 变换,并去掉解析信号两端各 10% 的数据而得到的解析信号;$\langle\cdot\rangle$ 表示一段时间内的平均值。WPLI 的取值范围是 0～1,WPLI 的值越高,表示神经振荡活动的耦合程度越高。通过对所有不同的 EEG 通道之间的 WPLI 跨试次平均计算,得到每种感官受限环境下的 WPLI 连接矩阵的数据格式为 30×30×3×30,代表每组 30×30 的 WPLI 连接矩阵、3 个分析频段和 30 名受试者。

此外,为研究射手在射击准备阶段的神经机制的变化,本章使用事件相关加权相位延迟指数(Event-Related Weighted Phase Lag Index,ERWPLI)作为量化功能连接变化率的指标。ERWPLI 描述对受试者在射击任务中大脑连接强度的变化程度。本实验将受试者在射击发射前 $-4\sim-3$ s 内跨试次的平均 WPLI 连接强度作为瞄准期间的基线值。ERWPLI 计算公式为

$$\text{ERWPLI}(f) = \frac{\text{WPLI}(f) - \bar{R}(f)}{\bar{R}(f)} \quad (6-2)$$

式中:WPLI(f) 是某个频段上基于加权相位延迟指数的功能连接强度;$R(f)$ 是基线处各频段的功能连接强度。本章计算了 3 个分析频段上的功能连接强度变化率。以上计算过程在 MATLAB R2014a 平台中实现。

6.2.2 瞄准期间功能性脑网络特征

本章采用基于图论的功能性脑网络分析方法对受试者在不同射击环境下的 WPLI 连接矩阵进行脑网络的拓扑特征的分析。分析步骤是将 WPLI 方法得到的功能连接矩阵转化为邻接权重矩阵,利用图论的方法,将大脑的不同区域视为节点,将连接关系视为边,以提取每组中每名受试者在每个分析频段脑网络的各项拓扑特征。

本实验不设阈值,保留所有节点之间的连接值,构成功能性权重脑网络。在此基础上,本章从全局和局部的角度共同对脑网络拓扑特征进行分析。全局拓扑特征中,选择网络的平均聚类系数、特征路径长度和全局效率 3 个特征进行分析。在局部拓扑特征中,选择特征向量中心度和局部效率。

全局效率为

$$E_\mathrm{g} = \frac{1}{N} \sum_{i=1}^{N} \frac{\sum_{j=1,j\neq i}^{N}(d_{ij})^{-1}}{N-1} \quad (6-3)$$

式中:E_g 表示脑网络的全局效率;N 表示节点总数;d_{ij} 表示一条从节点 j 到节点 i 的最短路径长度。由式(6-3)可以看出全局效率与节点的最短路径成反比。

聚类系数为

$$C_\mathrm{p} = \frac{1}{N}\sum_{i=1}^{N} C_i = \frac{1}{N}\sum_{i=1}^{N} \frac{2t_i}{k_i(k_i-1)} \quad (6-4)$$

式中:C_p 表示脑网络的平均聚类系数;C_i 为网络中各节点的局部聚类系数;t_i 表示与节点 i 相邻的节点中实际与可能存在边的权重之和的比值;k_i 表示该节点的节点度。节点的聚类系数表示与该节点相连的邻居节点之间相互连接的概率。

特征路径长度为

$$L_\mathrm{p} = \frac{1}{N}\sum_{i=1}^{N} \frac{\sum_{j=1,j\neq i}^{N} d_{ij}}{N-1} \quad (6-5)$$

式中:L_p 表示脑网络的特征路径长度。特征路径长度表示从节点 i 出发到节点 j 所有路径中路径长度最短的一条。在图论网络中,边的连接长度与连接强度成反比,特征路径长度反映了网络的整体路由效率。

特征向量中心度为

$$L_i = \frac{1}{\lambda}\sum_{j=1}^{N} a_{ij}x_j, \quad \boldsymbol{Ax} = \lambda \boldsymbol{x}, \quad \boldsymbol{x} = \frac{1}{\lambda}\boldsymbol{Ax} \quad (6-6)$$

式中:L_i 表示节点 i 的特征向量中心度;$\boldsymbol{A}$ 表示基于 WPLI 构建的脑网络邻接矩

阵；λ 表示最大特征值；x 表示特征向量。特征向量中心度表示该节点在整个网络中的重要程度。

局部效率为

$$E_i = \frac{\sum_{j,h \in N, j \neq i} \{a_{ij} a_{ih} [d_{ij}(N_i)]^{-1}\}^{\frac{1}{3}}}{k_i(k_i - 1)} \quad (6-7)$$

式中：E_i 为节点 i 的局部效率。局部效率和全局效率经常被用来描述局部和全局信息交互的网络效能。

以上计算过程由 Brain Connectivity Toolbox 工具箱实现。

本章的实验流程如图 6-1 所示：首先，通过实验采集受试者的 EEG 信号数据；然后对得到 EEG 数据进行信号预处理；最后，提取两组受试者的 EEG 特征，包括功能连接强度、功能连接变化率、全局脑网络拓扑和局部脑网络拓扑，并对以上的特征进行差异性检验，以及对射击表现进行相关性检验。

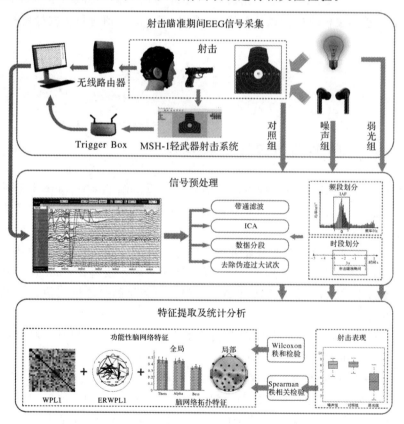

图 6-1 实验分析流程

6.2.3 统计分析

本章假设射手在噪声干扰环境和夜间弱光环境下射击准备阶段的脑网络连接和拓扑特征相对于正常射击环境存在显著差异。为检验假设,首先采用 Kolmogorov – Smirnov 检验评估各项脑网络特征,检验结果表明并非所有数据都符合正态分布($p<0.05$)。于是本章采用作为非参数 Wilcoxon 秩和检验来评估这些连接值和特征值之间的差异。实验将 0.05 和 0.01 分别设为样本数据中具有显著差异和非常显著差异的检验水平。最后,使用 FDR 的方法对上述检验的结果进行多次检验校正。

另外,分析具有统计学意义的相关性所出现的脑区位置,有助于了解不同感官功能受限条件下哪些脑区之间的连接和拓扑特征对射击表现会产生正向或负向的显著影响。为了进一步探究这些与射击表现相关的特征,本章同样选择 Spearman 秩相关检验进行相关分析,并使用 FDR 对 p 值进行多次检验校正。

6.3 实验结果

6.3.1 瞄准期间功能性连接差异

实验计算了受试者在 3 种不同射击环境下 Theta、Alpha、Beta 3 个频段内的相位同步。通过对各组中所有受试者的 WPLI 连接矩阵在电极和受试者维度的平均,得到了图 6-2(a)所示的平均 WPLI 值。图中 * 表示存在显著差异($p<0.05$),* * 表示存在非常显著的差异($p<0.01$)。图中纵轴代表功能连接强度,误差条表示标准差。由图可知,噪声组的平均连接值在 Beta 频段显著高于对照组和弱光组,而在 Theta 和 Alpha 频段下各组的平均连接值之间则没有表现出显著性。

图 6-2(b)(c)上侧的脑地形图描述了噪声组和弱光组相对于对照组在射击瞄准期间大脑的功能连接之间具有显著差异的 WPLI($p<0.05$)。结果表明,在 Theta 频段中,对照组具有较多显著高于噪声组和弱光组的连接。在 Alpha 频段上,噪声组大部分的连接值高于对照组,其中电极 F_z-T_8、FC_5-FC_2、FC_5-C_z、C_3-C_z、F_4-P_4 和 C_4-P_4 之间的功能性连接差异表现为非常显著。而在弱光组中大部分电极间的 WPLI 则低于对照组,其中电极 Fp_2-C_z、F_7-F_8、F_7-

P_4、C_z-P_7 和 C_3-O_1 之间的 WPLI 存在非常显著的差异。在 Beta 频段中,噪声组和弱光组都表现出了更多显著高于对照组的连接,噪声组和对照组之间存在显著差异的连接主要集中在右前额区、中央区和左顶区。弱光组和对照组之间的连接差异则在右半脑区表现出了更强的显著性,其中存在非常显著差异的连接为电极 Fp_2-O_2、F_z-O_2、F_8-P_4、FC_2-CP_2、FC_6-CP_6、C_z-C_4 和 P_4-P_8。

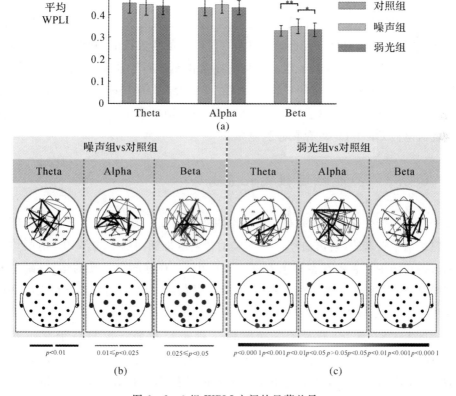

图 6-2 3 组 WPLI 之间的显著差异

(a) 3 组在 Theta、Alpha、Beta 频段上射击准备阶段的平均 WPLI 值的均值、标准差;

(b) 噪声组在 Theta、Alpha、Beta 频段上的各通道间的 WPLI 连接值和每个节点的平均 WPLI 连接值与对照组相比存在显著差异的连接和电极位置;

(c) 弱光组在 Theta、Alpha、Beta 频段上的各通道间的 WPLI 连接值和每个节点的平均 WPLI 连接值与对照组相比存在显著差异的连接和电极位置

为更精确地研究感官受限条件下表现出显著性的连接值所在的电极位置,本章对实验组和对照组中所有受试者的 WPLI 连接矩阵的行/列向平均以计算

不同电极上的平均连接强度,再经过 Wilcoxon 秩和检验从而得如图 6-2(b)(c)下方的脑地形图所示到各电极上的平均连接强度存在的显著性差异的结果。图中黑色节点代表电极的位置。图中红/蓝色表示实验组(噪声组、弱光组)的连接值高/低于对照组的连接和节点。颜色指示柱表示连接值上具有统计学意义的差值。

Theta 频段中,噪声组与对照组之间的平均连接强度差异最显著的节点在左额区电极 Fp_1、FC_5,且均为对照组的平均连接强度更高。弱光组在右枕区电极 O_1 处的平均连接强度显著高于对照组。Alpha 频段中,噪声组在中央区电极 C_z、C_3、C_4,左颞区电极 T_7,右颞区电极 T_8,以及顶区电极 P_3 和 P_4 处的平均连接值限制高于对照组。弱光组的平均连接值在左叶额区电极 F_7 显著低于对照组。在 Beta 频段,噪声组的平均连接值在全脑大部分区域都表现出了显著性的差异,其中在电极 FC_2、C_z、C_3、CP_1、P_3、PO_3 处具有非常显著差异。而弱光组仅在枕区电极 O_1 和 O_2 处存在显著差异。

6.3.2 功能性连接变化差异

功能连接变化也是本章研究的一个重点。图 6-3(a)描述了 3 种射击环境下熟练射手在基线(射击前−4～−3 s)时段与瞄准期间的平均 WPLI 值的均值和方差。图中 * 表示存在显著差异($p<0.05$)。根据图中呈现的结果,研究发现受试者在 Theta 频段下的 3 种射击环境中均表现为基线时段具有更高的平均 WPLI 值,而在另外两个频段中都未表现出显著性。

图 6-3(b)(c)显示了 3 个频段下噪声组和弱光组相对于对照组的 ERWPLI 之间的检验结果。红/蓝色表示噪声组和弱光组的 ERWPLI 高/低于对照组,颜色越深,差异程度越显著。从整体上看,噪声组在 Theta 和 Beta 频段中存在更多低于对照组的连接,而弱光组在 Alpha 频段中大脑大部分区域表现出了更多高于对照组的连接变化率。下方的脑地形图是对功能连接变化率矩阵的行/列向平均后得到平均 ERWPLI 中存在显著差异的结果。这些结果与上图中表现出显著的连接基本一致。噪声组在 Theta 频段下的电极 F_3、FC_5、C_z、C_4、CP_6、P_z、P_4、P_8 和 Beta 频段下的电极 F_8、FC_1、T_8 处的平均 ERWPLI 显著低于对照组。弱光组仅在 Alpha 频段中发现了显著的差异,其在左顶区的电极 CP_5、P_5、P_7 附近具有更高的平均 ERWPLI。

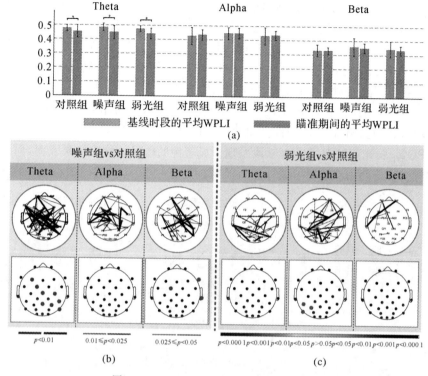

图 6-3　3 组 ERWPLI 之间的显著差异

(a) 3 组的平均 WPLI 连接值均值、标准差；

(b) 噪声组在 Theta、Alpha、Beta 频段上的 ERWPLI 与对照组相比存在显著差异的连接和电极位置；

(c) 弱光组在 Theta、Alpha、Beta 频段上的 ERWPLI 与对照组相比存在显著差异的连接和电极位置

6.3.3　脑网络拓扑特征差异

图 6-4(a) 为实验组和对照组在 Theta、Alpha 和 Beta 频段上脑网络全局拓扑特征的平均值、标准差和差异性检验的结果。如图所示，Theta 频段没有表现出显著的差异。在 Alpha 频段，噪声组与弱光组的 3 个全局拓扑特征均表现出了显著的差异。其中噪声组的平均聚类系数和全局效率均高于弱光组，但其特征路径长度则相反。在 Beta 频段中，噪声组的全局效率高于对照组和弱光组，特征路径长度则低于对照组和弱光组。同时，该组的平均聚类系数高于对照组。

图 6-4(b)(c) 显示了实验组与对照组在局部效率上存在显著性差异的节

点。脑地形图中存在颜色的区域表示差异显著的脑区,其中红色表示实验组高于对照组的拓扑特征值,蓝色反之。在噪声组与对照组的比较中,实验结果在 3 个频段都表现出了显著的差异,且都为噪声组更高。Theta 频段中差异显著的位置在左额区的电极 Fp_2 和电极 FC_5 处。Alpha 频段中差异显著的节点多集中在左、右颞区连线处,其中电极 FC_5、C_z、C_4、T_7、T_8、CP_2、CP_6、P_3、P_4 具有显著性,而电极 C_3 具有非常显著的差异。Beta 频段中大部分节点都表现出了显著的差异,其中具有非常显著性的电极为 Fp_1、F_z、F_4、FC_2、C_z、C_3、C_4、CP_1、CP_6、P_3、PO_3。弱光组仅在 Alpha 频段发现了显著性的差异。检验结果表明,弱光组在节点 F_7 处的局部效率显著低于对照组。

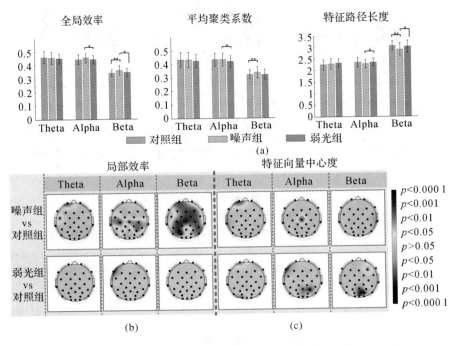

图 6-4　3 组拓扑特征之间的显著差异

(a) 3 组在 Theta、Alpha、Beta 频段的脑网络全局拓扑特征的平均值和标准差;
(b) 噪声组和弱光组的局部效率与对照组之间存在显著差异的地形图;
(c) 噪声组和弱光组的特征向量中心度与对照组之间存在显著差异的地形图

在对特征向量中心度的统计检验中,实验在 3 个频段上均存在差异显著的节点。如图 6-4(c) 所示,噪声组与对照组在 3 个频段上均表现出了显著差异的节点。Theta 频段中,噪声组在电极 Fp_1 处的特征向量中心度更高,而在电极 T_7 处则低于对照组。Alpha 频段中,相比对照组,噪声组在电极 C_z 处具有更高的特征向量中心度。在 Beta 频段上,噪声组在电极 T_8 处的特征向量中心度显著低于对照组。在弱光组与对照组的对比中,节点 Fp_1 处的特征向量中心度在 Theta 频段显著高于对照组,而对照组则在电极 O_1 处更高。而弱光组在 Alpha 频段中电极 F_7、P_z、P_4、O_z 处低于对照组。在 Beta 频段上,弱光组的特征向量中心度在右额区电极 F_3 处高于对照组,而在顶枕区附近电极 P_z、PO_4、O_z 低于对照组。

6.3.4 脑网络特征与射击表现的相关性

在对脑网络特征与射击表现之间存在的相关性分析中,本章未能在 3 个频段上发现实验组与对照组的平均 WPLI 值存在显著的相关性。图 6-5(a)显示了技能熟练射手在感官受限环境下射击准备阶段的 WPLI 连接值与对应射击表现之间存在于各个节点之间的显著相关性。图中红色表示正相关($r>0$),蓝色表示负相关($r<0$)。从整体上看,弱光组与射击表现之间存在更多显著的功能连接。Theta 频段上具有显著的连接更多表现出负相关性。Alpha 频段中,噪声组在左半脑的顶区和枕区表现出了更多正相关的连接,而右半脑的连接则表现为负相关。相比噪声组,弱光组在全脑大部分节点上都表现出了更多显著正相关的连接。在 Beta 频段,两组中大部分与射击表现存在显著性的功能连接同样表现出了正相关性。

图 6-5(b)是对噪声组和弱光组的 ERWPLI 与射击表现经 Spearman 秩相关检验得到的具有统计学意义的连接。由图可知,在 Theta 频段,噪声组中表现出了更多与射击表现存在负相关的连接。Alpha 频段中,两组在左、右半脑都表现出了相反的相关性,且都在左半脑中拥有更多与射击表现呈正相关的显著连接,右半脑中大部分存在显著性的连接与射击表现呈负相关的显著连接。其中噪声组的显著性连接多集中在顶区,而弱光组多集中在额区。两组在 Theta 频段的 ERWPLI 都更多表现出与射击表现呈正相关的连接。

在对全局拓扑特征的分析中,结果没有发现全局效率、平均聚类系数和特征向量中心度与射击表现存在显著的相关性。局部拓扑特征中与射击表现存在显著相关性的节点如图 6-5(c)所示。图中红色/蓝色为与射击表现存在显著正/负相关性的电极位置。在局部效率的检验结果中,未能从噪声组发现与射击表现存在显著相关性的节点。弱光组在 Theta 频段的电极 O_1 处与射击表现存在显著负相关($r=-0.401$)。在 Alpha 频段中,电极 Fp_2($r=0.384$)、F_4($r=0.465$)、CP_1($r=0.496$)、P_z($r=0.445$)、O_1($r=0.387$)和 O_2($r=0.407$)存在显著的正相关性。Beta 频段，弱光组在右额区电极 Fp_2($r=0.447$)，右顶区电极 CP_6($r=0.382$)、P_8($r=0.408$)，以及左顶区电极 P_3($r=0.527$)、P_7($r=0.495$) 处的局部效率与射击表现存在显著的正相关性。

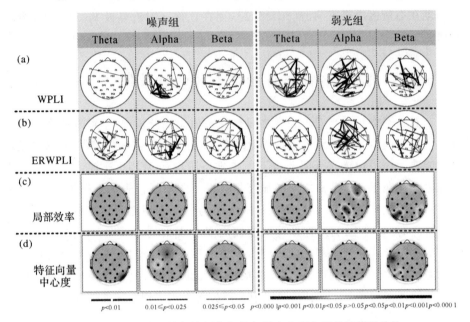

图 6-5　3 组功能连接与脑网络拓扑与射击表现之间的显著相关性
(a)WPLI 连接值与射击表现存在显著相关性的连接；
(b)ERWPLI 与射击表现存在显著相关性的连接；
(c)局部效率与射击表现的相关性脑地形图；
(d)特征向量中心度与射击表现的相关性脑地形图

图 6-5(d)显示了两组在特征向量中心度中均发现了与射击表现存在的显著相关的节点。Theta 频段中，噪声组和弱光组分别在右顶区电极 P_8($r=-0.582$)和左枕区电极 O_1($r=-0.491$)处发现了显著负相关。Alpha 频段中，噪声组在左枕区电极 O_1($r=0.437$)处与射击表现存在正相关。弱光组在电极 F_z($r=-0.423$)、T_8($r=-0.393$)处的特征向量中心度与射击表现存在显著负相关，而在电极 C_3($r=-0.401$)处与射击表现呈正相关。在 Beta 频段中，噪声组在电极 CP_5($r=-0.437$)处发现了显著的负相关，弱光组在节点 CP_6($r=-0.437$)处表现出了与射击表现显著的负相关性，而在电极 P_7($r=0.394$)和 P_3($r=0.427$)处与射击表现呈显著的正相关性。

6.4 实验结果讨论

本章的研究目的是通过比较技能熟练的射手在对照环境和视听受限环境下的射击准备阶段的脑网络特征之间的差异以及与射击表现的相关性，以探讨不同干扰环境对于射击准备阶段射手大脑功能网络的影响。

6.4.1 瞄准期间功能连接差异分析

大脑连通性是解释神经元和神经网络如何处理信息的重要手段。Abrams等人认为特定功能的大脑区域之间有效的信息沟通是实现良好认知加工的必要条件。本章检验了技能熟练射手在3种环境下的大脑中的功能连接的差异。从整体上看，在对3个频段下的平均WPLI值的评估中，只在Beta频段的差异表现出显著性。在该频段下，噪声射击环境中射手大脑的平均WPLI值显著高于其他两组。之前的研究认为Beta节律对注意、工作记忆和视听整合等认知过程产生重要影响，并参与感觉运动整合，还与提高唤醒水平有关。同时，更高的连接强度代表着更高的能量消耗。这表明，相对于对照和弱光环境，射手在噪声环境中大脑整体的唤醒程度更高，信息交互能力更强，同时也会消耗更多的能量。以前对噪声效应的研究报道称噪声会激发大脑的唤醒和增加脑力负荷，并认为噪声引起大脑的轻度觉醒并不会使注意力过度分散，反而有利于认知控制。结合噪声组与对照组的射击表现并没有出现显著差异的结果，本章认为在射击准备阶段施加一定程度的噪声干扰(70 dB)不会严重影响射手的射击表现且可以起到增强大脑的唤醒的作用，但也会导致脑力负荷的增加。

不同大脑皮层间的信息沟通反映了受试者的意识水平、大脑整合信息的能力，以及认知加工的能力。对实验组与对照组在瞄准期间的功能连接强度的检验中，实验在3个频段上发现了一些具有统计学意义的连接和节点。根据实验结果，噪声环境下射手在瞄准期间的Alpha和Beta频段上拥有更高的功能连接强度。其中Alpha频段在左、右颞叶和感觉运动皮层处表现出了显著的差异，Beta频段的显著差异集中在右额区、左顶区和感觉运动皮层。颞区是听觉中枢，负责对声音的感知。右额区与社会意识有关，左顶区与数学、处理问题和复杂语法有关。Alpha节律与注意力、清醒思维和整合有关，在大脑结构感觉和认知活动中的整合中起着重要作用，且主要出现在不参与工作的脑区。结合Alpha和Beta节律分别对应对特定脑区功能的抑制与激活的特点，本章推测噪声干扰导致射手在瞄准期间激活了更多脑区的信息交互,但其中一些与射击行为无关脑区的功能也被唤醒,同时还调动了更多能量以抑制噪声带来的干扰。

弱光环境下射手 Alpha 频段的 WPLI 在左额区显著低于对照组,而在 Beta 频段枕区显著高于对照组。左额区与执行计划、工作记忆、注意力集中有关。枕叶为视觉皮层中枢。弱光组在左额区处表现出更低的信息交互意味着对该处脑区相关功能的抑制程度更弱,而在枕区皮层得到了显著的激活。以前的研究发现短期的视觉剥夺会增加枕叶视皮层的兴奋性,这也与本章的结论相一致。因此,研究认为射手在弱光环境下瞄准时,大脑枕叶皮质层被更显著地唤醒,其视觉信息的交流更加密切。

6.4.2 射击准备阶段功能连接动态差异分析

大脑连通性的动态变化反映了心理状态的改变。通过对射手在基线时段与瞄准期间整个射击过程中平均 WPLI 值变化的评估,实验结果只在 Theta 频段出现了基线时段与瞄准期间存在显著的差异。实验结果显示,在该频段下基线时段全脑具有更高的连接值。Theta 节律通常与记忆编码和检索、工作记忆保留,以及实现自上而下控制的需要在高级认知过程紧密相关。之前的研究发现,受试者在注意力提高和警觉状态下会出现 Theta 节律下降的现象,这表明随着击发时刻临近,大脑在 Theta 频段的下的信息沟通会逐渐减弱,这也意味着瞄准时射手的注意力越来越集中。

ERWPLI 反映了大脑在瞄准期间相对于基线的功能连接强度变化。通过对比不同射击环境下的 ERWPLI,有助于进一步分析射击准备阶段神经机制的变化过程。在噪声组与对照组的对比中,对照组在 Beta 频段右额区、右颞区、右顶区处都表现出了更高的功能连接变化率。根据结果中脑地形图中 ERWPLI 存在显著性差异的节点,研究认为射手在噪声干扰下的整个射击过程中,Beta 频段中右侧脑区的信息交互能力低于对照环境。右半脑与空间意识、目标识别和视觉记忆功能有关。这表示,技能熟练的射手在噪声干扰下的整个射击过程中对目标识别、工作记忆等运动相关功能的认知加工能力还相对弱于对照环境。

弱光环境下,射手在 Alpha 频段中的 ERWPLI 显著高于对照组,这些显著性的节点主要集中在左颞区。在弱光环境中,射手在瞄准时更多加强了左顶区附近的信息交流。根据上文阐述的大脑左顶区所对应的生理意义,这表示,技能熟练的射手在在弱光环境中更加显著地对左顶区与射击运动行为无关功能的信息处理进行了抑制。

结合 6.3.1 节关于瞄准期间功能性连接差异的分析结论,这可以解释为射手在视听感官受限制条件下都表现出比较集中的注意力。他们在噪声环境下增强了更多大脑皮层的唤醒程度，这虽然有助于抑制噪声带来的干扰，但也造成了射手心理负荷脑力负荷的增加，且在与运动行为对应脑区之间的信息交互能力弱于对照环境。而在弱光环境下，射手通过抑制无关脑区的信息交互，而使自身更加专注于对视觉信息的处理。

6.4.3 瞄准期间脑网络拓扑差异分析

基于图论的脑网络分析可以从拓扑组织的角度表征大脑内部的连接模式，从而对大脑功能网络的拓扑结构进行有效评估。实验检验了射手在3种环境下射击准备阶段大脑的全局和局部脑网络拓扑的差异。根据全局拓扑特征的检验结果，噪声组在Beta频段表现出了比起其他两组更强的全局效率和平均聚类系数，以及更小的特征路径长度。在Alpha频段，噪声组与弱光组也出现了相同的结果。全局效率能够度量网络的全局传输能力和信息整合的效率。聚类系数表示网络中节点与邻居节点的紧密程度。特征路径长度被定义为网络中任意两节点间路径的最短长度的平均值，衡量网络整体路由效率的程度。它们都反映了脑网络的全局信息转换效率。这说明，噪声环境下射手在射击准备阶段大脑网络的结构更加优化，具有更强的整体路由效率及信息加工能力。

另外，平均聚类系数和特征路径长度分别是反映脑功能网络中功能分离和整合的度量指标，它们的比值反映了网络的小世界性。之前的研究认为小世界特性有助于优化网络中的信息传输，提高学习效率，以及支持分离和分布式信息处理。而相比弱光环境，射手在噪声射击环境下更高的平均聚类系数和更低的特征路径长度都说明该环境下射手的大脑网络更具有小世界特性，其脑网络整体信息的交流更密切，组织效率更高，具有更加明显的聚类现象。

分析局部特征有助于理解不同感官受限条件下射击准备阶段的脑网络之间具有明显的差异脑区。从局部效率在脑地形图中反映出的显著差异来看，噪声组在3个频段中均表现出了比对照组更高的局部效率。弱光组仅在Alpha频段的左额区处表现出了低于对照组的局部效率。脑网络局部效率反映网络中该节点子图信息传输效率。这说明噪声环境下射手在射击瞄准时具有更高的全局效率的同时，也比对照环境中在Theta频段的左额区、Alpha频段的左右颞区和顶区，以及Beta频段中全脑的大部分区域表现出了更强的信息传递和处理效率。在弱光环境下的瞄准期间，射手左额区处的信息交互的效率低于对照环境，这些也与瞄准期间功能连接之间出现显著的差异的节点一致。

在关于节点特征向量中心度的分析结果中,本章发现一个令人注意的现象。在3个频段的比较结果中,噪声组在Theta频段下的左颞区和Beta频段下的右颞区处的特征向量中心度都低于对照组。而在对弱光环境中的射击分析中,3个频段中射手瞄准期间的特征向量中心度都在枕区表现出显著低于对照环境的结果。节点的特征向量中心度表示该节点在网络中的重要程度。颞区和枕区分别参与听觉和视觉信息的处理,这两种与视听功能高度相关的脑区处的特征向量中心度都显著低于对照环境,说明射手在感官受限条件下进行射击时会导致使大脑降低这些与受限的感官功能相关的脑区处的信息交互相对于全脑皮层内功能网络的重要性。本文认为是一个有意义的发现,值得进一步研究。

6.4.4 射击准备阶段脑网络特征与射击表现相关分析

本章在研究差异的同时也对相关性进行了分析,希望通过对比不同环境下的脑网络特征与射击表现存在具有显著相关性的连接和节点,从而全面地分析不同环境对射击过程中神经活动的影响。根据Spearman检验的结果,从整体来说,除特征向量中心度外,在其他脑网络特征中弱光组与射击表现之间存在显著相关性的连接多于噪声组。这也与弱光组显著低于其他两组的射击表现相对应,证明适度的噪声不会对射手的认知功能造成严重影响,因此该环境下射手的射击表现更加独立,而弱光环境对射击表现的影响更大。

在射击准备阶段,研究发现两组在Theta频段的大部分显著性的连接均为负相关性,而在Alpha和Beta频段出现了更多呈正相关的显著连接。这也同样在局部效率与射击表现的相关性检验中得到了体现。这似乎表明Alpha和Beta频段的更加高效的信息交互有助于射击表现的提升,而Theta频段则相反。同时,在Alpha频段中,技能熟练的射手在两种感官受限环境下的功能连接与射击表现呈正相关性的连接多集中在左脑处的节点上。同样地,噪声组和弱光组的功能连接变化率也在Alpha频段均在左半脑表现出了更多正相关的连接,而右半脑则出现了更多负相关的连接。左半脑主管语言理解、逻辑思维、分析计算等功能。之前一些关于射击准备阶段大脑功率的研究也同样发现了类似现象。结合这些研究的结论,这种相关性中出现的左半脑偏侧性现象可以理解为,在整个射击过程中左半脑Alpha频段的增加有助于抑制与射击行为无关的大脑皮层处的信息交互,这有助于射击运动相关的脑区被进一步唤醒,从而提升射击表现。

6.5 本章小结

本章采用功能连通性分析与基于图论的脑网络分析相结合的方法,对噪声干扰、弱光环境和对照环境下射击准备阶段的 EEG 进行分析,以探索视听感官功能遭到干扰条件下射手在射击准备阶段脑网络特征的差异,并对比这些脑网络特征与射击表现的联系,得到的主要研究结论如下:

(1)随着射击击发时刻临近,射手在 3 种环境下 Theta 频段的功能连接值都显著降低,意味着射手的注意力的不断提高。

(2)噪声干扰环境下,受试者在 Beta 频段的平均连接强度和在 Alpha 频段下的左、右颞叶区的连接强度显著高于其他两种射击环境,且射手脑网络的全局效率和局部效率也更高。这表明,70 dB 的噪声不会严重干扰射手瞄准期间的认知能力。在该噪声环境下,大脑整体的唤醒程度和路由效率更高,脑网络的拓扑结构更加优化,但会使射手的脑力负荷增加。

(3)弱光环境下,受试者瞄准时大脑在 Beta 频段枕区处的功能连接强度高于对照环境,且整个射击过程中左顶区处的信息交互持续增加。研究认为,虽然弱光环境对于射击表现的影响更大,但却使射手在瞄准期间更加专注于对视觉信息的处理,并加强了对射击行为无关脑区的功能抑制。

(4)干扰环境下视听感官功能所对应的大脑皮层处的特征向量中心度均低于对照组。这表明,在视听干扰环境中,视听功能对应的脑区在整个脑网络中的重要性低于对照环境。

这些结论验证了假设。揭示了视听干扰条件对射击准备阶段大脑皮层的功能网络的影响,并有望为探索射手在多感官功能受限条件下执行射击相关运动任务时大脑神经状态的研究提供大脑连通性和复杂网络方面的有价值的参考。

参 考 文 献

[1] WOO M, YUJIN K. Inter-and intrahemispheric EEG coherence and visuomotor performance during shooting competition and practice[J]. Perceptual and Motor Skills,2017,124(4):830-845.

[2] WANG L, WEI W, YAN T, et al. Beta-band functional connectivity influences audiovisual integration in older age: an EEG study[J].

Frontiers in Aging Neuroscience, 2017(9):239.

[3] STEKELENBURG J J, VROOMEN J, DE GELDER B. Illusory sound shifts induced by the ventriloquist illusion evoke the mismatch negativity [J]. Neuroscience Letters, 2004, 357(3):163-166.

[4] FU K M G, FOXE J J, MURRAY M M, et al. Attention-dependent suppression of distracter visual input can be cross-modally cued as indexed by anticipatory parieto-occipital alpha-band oscillations [J]. Cognitive Brain Research, 2001, 12(1):145-152.

[5] SENKOWSKI D, et al. Oscillatory beta activity predicts response speed during a multisensory audiovisual reaction time task: a high-density electrical mapping study[J]. Cerebral Cortex, 2006, 16(11):1556-1565.

[6] SMITH A P. Noise and occupational health and safety[C]// Proceedings of First European Forum on Efficient Solutions for Managing Occupational Noise Risks, 2007:851-856.

[7] KE J, JING D, XIAOWEI L. The effect of noise content and level on cognitive performance measured by electroencephalography (EEG)[J]. Automation in Construction, 2021(130): 103836.

[8] BROADBENT D E. The current state of noise research: reply to poulton [J]. Psychol. Bull. , 1978(85):1052-1067.

[9] KLATTE M, LACHMANN T, SCHLITTMEIER S, et al. The irrelevant sound effect in short-term memory: is there developmental change? [J]. Eur. J. Cogn. Psychol. , 2010(22):1168-1191.

[10] MAROIS A, MARSH J E, VACHON F. Is auditory distraction by changing-state and deviant sounds underpinned by the same mechanism? Evidence from pupillometry[J]. Biol. Psychol. , 2019 (14):64-74.

[11] ROBISON M K, UNSWORTH N. Working memory capacity offers resistance to mind-wandering and external distraction in a context-specific manner[J]. Appl. Cogn. Psychol. , 2015(29):680-690.

[12] PARMENTIER F B R. The cognitive determinants of behavioral distraction by deviant auditory stimuli: a review[J]. Psychol. Res. , 2014(78):321-338.

[13] NOPPENEY U. The effects of visual deprivation on functional and structural organization of the human brain [J]. Neuroscience and

Biobehavioral Reviews, 2007,31(8):1169-1180.

[14] SCHWENK J C B, VANRULLEN R, BREMMER F. Dynamics of visual perceptual echoes following short-term visual deprivation[J]. Cerebral Cortex Communications,2020,1(1):tgaa012.

[15] BOROOJERDI B, BUSHARA K O, CORWELL B, et al. Enhanced excitability of the human visual cortex induced by short-term light deprivation[J]. Cerebral Cortex, 2000,10(5):529-534.

[16] WEISSER V, STILLA R, PELTIER S, et al. Short-term visual deprivation alters neural processing of tactile form[J]. Experimental Brain Research, 2005,166(3):572-582.

[17] DEENY S P, HAUFLER A J, SAFFER M, et al. Electroencephalographic coherence during visuomotor performance: a comparison of cortico-cortical communication in experts and novices[J]. Journal of Motor Behavior, 2009,41(2):106-116.

[18] FERNANDES T R S, DE MELO ROCHA K, GUPTA D, et al. Bromazepam changes performance during target shooting but does not affect the interhemispheric coupling in the theta rhythm of the electroencephalography[J]. Research, Society and Development, 2021, 10(9): e33110918174-e33110918174.

[19] DEL PERCIO C, BABILONI C, BERTOLLO M, et al. Visuo-attentional and sensorimotor alpha rhythms are related to visuo-motor performance in athletes[J]. Human Brain Mapping, 2009, 30(11): 3527-3540.

[20] DEL PERCIO C, IACOBONI M, LIZIO R, et al. Functional coupling of parietal alpha rhythms is enhanced in athletes before visuomotor performance: a coherence electroencephalographic study [J]. Neuroscience,2011(175):198-211.

[21] GONG A, LIU J, JIANG C, et al. Rifle shooting performance correlates with electroencephalogram beta rhythm network activity during aiming[J]. Computational Intelligence and Neuroscience, 2018(1):1-3.

[22] GU F, GONG A, QU Y, et al. From expert to elite?: research on top archer's EEG network topology[J]. Frontiers in Human Neuroscience, 2022(16):1-3.

[23] VINCK M, OOSTENVELD R, VAN WINGERDEN M, et al. An improved index of phase-synchronization for electrophysiological data in the presence of volume-conduction, noise and sample-size bias[J]. Neuroimage, 2011,55(4):1548-1565.

[24] SCALLY B, BURKE M R, BUNCE D, et al. Resting-state EEG power and connectivity are associated with alpha peak frequency slowing in healthy aging[J]. Neurobiology of Aging, 2018(71):149-155.

[25] RUBINOV M, KöTTER R, HAGMANN P, et al. Brain connectivity toolbox: a collection of complex network measurements and brain connectivity datasets[J]. Neuroimage, 2009(47):S169.

[26] ZALESKY A, FORNITO A, BULLMORE E T. Network-based statistic: identifying differences in brain networks[J]. Neuroimage, 2010,53(4):1197-1207.

[27] SPORNS O. Brain connectivity[J]. Scholarpedia, 2007,2(10):4695.

[28] ABRAMS D A, LYNCH C J, CHENG K M, et al. Underconnectivity between voice-selective cortex and reward circuitry in children with autism[J]. Proceedings of the National Academy of Sciences, 2013,110(29):12060-12065.

[29] BAKER S N. Oscillatory interactions between sensorimotor cortex and the periphery[J]. Current Opinion in Neurobiology, 2007,17(6):649-655.

[30] MARZBANI H, MARATEB H R, MANSOURIAN M. Neurofeedback: a comprehensive review on system design, methodology and clinical applications [J]. Basic and Clinical Neuroscience,2016,7(2):143.

[31] ROGERS L J. Brain lateralization and cognitive capacity[J]. Animals, 2021,11(7):1996.

[32] CHERON G, PETIT G, CHERON J, et al. Brain oscillations in sport: toward EEG biomarkers of performance[J]. Frontiers in Psychology, 2016(7):246.

[33] JONATHAN H, HARVY J, THAKOR N, et al. Between-frequency topographical and dynamic high-order functional connectivity for driving drowsiness assessment[J]. IEEE Transactions on Neural Systems and Rehabilitation Engineering, 2019,27(3):358-367.

[34] WANG H, LIU X, LI J, et al. Driving fatigue recognition with functional connectivity based on phase synchronization[J]. IEEE Transactions on Cognitive and Developmental Systems, 2020,13(3): 668-678.

[35] JACOBS J, HWANG G, CURRAN T, et al. EEG oscillations and recognition memory: theta correlates of memory retrieval and decision making[J]. Neuroimage, 2006(32):978-987.

[36] CAVANAGH J F. et al. Theta lingua franca: a common mid-frontal substrate for action monitoring processes[J]. Psychophysiology, 2012 (49):220-238.

[37] CAVANAGH J F, ZAMBRANO-VAZQUEZ L, ALLEN J J. Frontal theta as a mechanism for cognitive control[J]. Trends in Cognitive Sciences,2012,18(8):414-421.

[38] LINDEN M, HABIB T, RADOJEVIC V. A controlled study of the effects of EEG biofeedback on cognition and behavior of children with attention deficit disorder and learning disabilities[J]. Biofeedback and Self-regulation, 1996,21(1):35-49.

[39] LéVESQUE J, MARIO B, BOUALEM M. Effect of neurofeedback training on the neural substrates of selective attention in children with attention-deficit/hyperactivity disorder: A functional magnetic resonance imaging study[J]. Neuroscience Letters, 2006, 394(3): 216-221.

[40] HEINRICH H, HOLGER G, UTE S. Annotation: neurofeedback - train your brain to train behaviour[J]. Journal of Child Psychology and Psychiatry, 2007,48(1):3-16.

[41] HU L, ZHIGUO Z, et al. EEG signal processing and feature extraction [M]. Singapore: Springer Singapore, 2019.

[42] LATORA V, MARCHIORI M. Efficient behavior of small-world networks[J]. Physical Review Letters, 2001,87(19):198701.

[43] JUKKA-PEKKA O, et al. Intensity and coherence of motifs in weighted complex networks [J]. Physical Review E, 2005, 71 (6):065103.

[44] WATTS D J, STROGATZ S H. Collective dynamics of "small-world" networks[J]. Nature, 1998,393(6684):440-442.

[45] ZHAO C, ZHAO M, YANG Y, et al. The reorganization of human brain networks modulated by driving mental fatigue[J]. IEEE Journal of Biomedical and Health Informatics, 2016,21(3):743-755.

[46] SPORNS O. Network attributes for segregation and integration in the human brain[J]. Current Opinion in Neurobiology, 2013, 23(2):162-171.

[47] RUBINOV M, SPORNS O. Complex network measures of brain connectivity: uses and interpretations[J]. Neuroimage, 2010,52(3):1059-1069.

[48] SIMARD D, NADEAU L, KRÖGER H. Fastest learning in small-world neural networks[J]. Physics Letters, 2005,336(1):8-15.

[49] BASSETT D S, MEYER-LINDENBERG A, ACHARD S, et al. Adaptive reconfiguration of fractal small-world human brain functional networks[J]. Proceedings of the National Academy of Sciences, 2006, 103(51):19518-19523.

[50] HAUFLER A J, SPALDING T W, SANTA MARIA D L, et al. Neuro-cognitive activity during a self-paced visuospatial task: comparative EEG profiles in marksmen and novice shooters[J]. Biological Psychology, 2000,53(2/3):131-160.

[51] JANELLE C M, HATFIELD B D. Visual attention and brain processes that underlie expert performance: implications for sport and military psychology[J]. Military Psychology, 2008,20(1):S39-S69.

第 7 章　专业射击运动员静息态脑网络特性研究

第 4 章至第 6 章的研究结果发现,射击瞄准期间的 EEG 特征和射击表现之间存在显著相关性,射击成绩较好的受试者瞄准期间的 EEG 动态网络特征和成绩较差的受试者显著不同。进而推测,这种差异除了体现在射击瞄准期间的 EEG 特征上,是否也能够体现在非射击任务状态下,射击成绩较好的受试者的静息态 EEG 脑网络是否也有独特的表征。因此,本章提出利用 EEG 脑网络方法研究专业射击运动员和非运动员之间的静息态 EEG 特征差异,探索专业运动训练对运动员大脑产生的可塑性改变。研究结果证明了专业射击运动员静息态脑功能网络与非运动员之间存在差异,为研究运动员的大脑功能提供了 EEG 脑功能网络方面的证据,也为利用 EEG 选拔优秀射手、评估训练水平提供了理论依据。

7.1　引　　言

运动员与非运动员的生理特征差异是运动科学领域中的一项重要研究内容。通过比较运动员与非运动员之间的生理特征差异,不但可以更好地理解人体生理机制,还可以根据研究结论,有目的地指导运动员强化训练,提高竞技表现。研究运动员与非运动之间的特征差异可以从多个角度入手,如肌肉强度、代谢模式,甚至大脑活动。其中对运动员大脑的研究是难度最高,也最富有挑战性的一项课题。考察大脑神经活动的技术手段很多,如 EEG、EMG、fMRI 以及正电子发射断层成像(Positron Emission Tomography,PET)等。其中 EEG 技术以其高时间分辨率、便携、包含的生理信息丰富等优点,被公认为最有潜力应用于运动过程实时监测和便携式系统开发的大脑活动测量手段。

静息态 EEG 是采集受试者静坐、躺卧、站立等非任务状态下的 EEG 信号,在过去常用于脑神经疾病(如癫痫和阿尔茨海默病)的检测和患者生理状态的监测。在认知科学和运动科学领域,一些学者也发现静息态 EEG 作为人体的一种"基线"状态,很可能在某种程度上反映受试者能够完成认知、感觉-运动任务的能力。例如：一些学者发现，静息态 Alpha 频段 EEG 功率越强，意味着静息态"基线"状态下的神经同步越强，受试者进行认知-运动任务时的表现就越好。在语义或情景的长期记忆中检索信息任务中，受试者准备期间的 Alpha 节律活动与任务表现存在非常紧密的联系。

另外，有学者发现运动员和非运动员不但在认知能力、运动能力方面存在显著差异，其 EEG 特征上也存在显著差异。Babiloni 等人研究了闭眼静坐状态下，空手道运动员与非运动员在 EEG 节律强度上的差异，发现专业空手道运动员在顶区、枕区的 Delta 和 Alpha1 频段功率显著强于业余运动员和非运动员受试者。类似的差异也出现在专业的体操运动员和非运动员之间。Del Percio 等人研究了运动员与非运动员在睁-闭眼频段功率减少量之间的差异，发现运动员在 Alpha 频段上，额区、中央区、右枕区的减少量比非运动员更低。在站立静息态（单脚站立对比双足站立实验范式）时，专业运动员在 Alpha1 频段和 Alpha2 频段上左中央区、右中央区、中央顶区、右顶区的频段功率减少量都要比非运动员更低。

总结前人的研究可以看出，虽然一些学者已经研究了运动员与非运动员在静息态 EEG 方面的差异，但研究运动员与非运动员静息态 EEG 差异的研究主要集中于探索 EEG 在不同频段功率上的特征差异。截至目前，还尚未有学者采用功能性连接分析和脑网络分析研究运动员与非运动员的静息态 EEG 特征差异。EEG 频段功率特征只研究了大脑皮层上固定位置的能量变化，人为地将大脑功能分离观察，但功能性连接和脑网络分析是一种可以观察到不同脑区之间信息交互的方法，更加贴近大脑工作的本质。在关于静息态 EEG 的研究中，在频段功率特征上无法发现差异结果，有时通过采用功能性连接和脑网络分析反而能找到出人意料的新发现。因此，分析专业运动员与非运动员在静息态 EEG 功能连接和脑网络上的差异，有助于增强对优秀射击运动员的理解，也有助于后期开发新的特征应用于利用静息态 EEG 特征评估射手的训练水平。本章将首次使用此方法研究运动员和非运动员之间静息态 EEG 之间的差异。

为探索运动员在静息态大脑功能性连接和脑网络特征上与非运动员的差异，本章采取 PLV 算法计算不同频段上静息态 EEG 功能性连接，然后使用图论方法对基于 PLV 的脑网络进行拓扑特征计算。实验假设专业射击运动员的静息态 EEG 功能性连接特征和脑网络拓扑特征上与非运动员存在显著差异，专业运动员组可能表现出比非运动员组更高效的网络模式和更强的小世界特性。为验证假设，实验采集 20 名专业射击运动员和 20 名非运动员的静息态 EEG 数据，分析两组受试者间的 PLV 连接和网络拓扑特征之间的差异。

7.2 射击运动员静息态实验材料和方法

7.2.1 射击运动员静息态实验受试者和EEG采集

实验受试者分为两组：一组为北京射击队20名职业射击运动员（含4名女性），平均年龄为(24±4)岁，平均射龄为(10±3)年；另一组为与射击队员年龄相近且从未接触过射击训练的控制组20名健康成年人受试者（含3名女性），平均年龄为(24.5±5)岁。实验组和控制组受试者均为右利手，无重大脑部疾病，且未做过头部开颅手术。实验前告知受试者实验目的，并签订自愿实验协议书。

受试者坐于柔软、舒适的座椅上，保持放松状态，不刻意回想任何事情，也不要入睡，采集静息状态EEG共10 min（睁眼5 min，闭眼5 min），EEG采集设备为北京新拓16导联EEG放大器，采样频率为1 000 Hz，执行60 Hz低通滤波。电极安放位置按照国际10-20标准（Fp_1、Fp_2、F_3、F_4、C_3、C_4、P_3、P_4、O_1、O_2、F_7、F_8、T_3、T_4、T_5、T_6，如图7-1所示）。导联方式为单极导联，左、右耳垂为参考电极，前额接地。EEG数据采集前，将电极阻抗保持在5 kΩ以下。为控制警戒水平和EEG信号质量，实验主试在线监测受试者行为和EEG信号，一旦发现受试者产生改变EEG的肢体行为（如咳嗽、手动）或发生精神困倦，实验操作员都会口头提醒受试者。

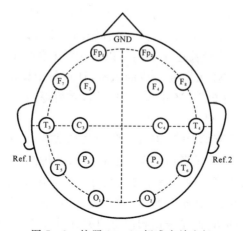

图7-1 按照10-20标准安放电极

7.2.2 静息态 EEG 数据预处理

将采集的 EEG 数据进行离线分析,首先将连续的 EEG 信号分割成若干 2 s 长的一个数据段(epoch),通过目视检查去掉受眼动、肌电影响较大的数据段,得到不包含伪迹的闭眼静息态 EEG 数据段,用于后续分析。专业射手组的平均数据段数量为 140±5,非运动员组的平均数据段数量为 143±4。采用 ANOVA2 (2-way Analysis of Variance,ANOVA2)检验 EEG 特征在组别因子(运动员-非运动员)和数据段因子,并未发现两组受试者在数据段因子上存在显著差异 ($p>0.05$)。

Babiloni 等人采取 LORETA 的方法对比了运动员与非运动员静息状态 EEG 功率源之间的差异,结果发现闭眼静息态条件下,两组受试者大脑中不同区域都产生了一定强度的 Delta 至 Alpha2 频段的 EEG 信号,但 Beta1 和 Beta2 频段的 EEG 信号则非常微弱。统计分析结果也表明,运动员和非运动员在 Delta、Theta、Alpha1 和 Alpha2 频段上都出现了不同程度的显著差异,但在 Beta1 频段和 Beta2 频段上的显著差异则较少。因此,本研究只选取 Delta、Theta、Alpha1 和 Alpha2 这 4 个频段进行功能性连接分析和脑网络分析。此外,本章实验同样采取 IAF 的方式确定每名受试者的具体频段范围,详细计算过程同第 4 章。

7.2.3 基于 PLV 方法的 EEG 功能性连接和脑网络分析

在构建闭眼静息态脑网络之前,首先计算静息态 EEG 功能性连接,计算方法采用和第 4 章相同的 PLV 算法。PLV 算法的详细介绍和具体计算步骤同第 4 章。由于原始 EEG 信号长达 5 min,所以在计算每名受试者的平均 PLV 连接矩阵前,首先将信号分割为 10 s 一段的试次,计算每个试次上的 PLV 值,然后将每名受试者所有试次的 PLV 矩阵进行平均,从而得到每名受试者的 PLV 功能性连接矩阵。

通过计算,最后得到的 PLV 连接矩阵数据格式为 $16\times16\times6\times40$,分别表示导联×导联×频段×受试者数。根据图论分析的思想,将每个电极看作网络中的一个节点,连接值当作两个节点之间赋有权重的连接边,即可以对构建的脑网络进行图论拓扑分析。在本研究中,为了更全面地探索两组受试者之间的差异,分析中不设固定阈值,而是采用阈值空间的分析方法,即将阈值设为以 0.01 为间隔,变化范围从 0~0.8 的可变阈值空间,保留高于阈值的连接边,将低于阈值的连接边设为0,之后对得到的权重网络提取网络拓扑特征进行图论分析。

网络拓扑特征计算在 MATLAB 2014 平台中的 Brain Connectivity Toolbox 工具箱执行。分析的网络拓扑特征为图论分析中常用的特征路径长度(L_p)和平均聚类系数(C_p),计算过程同第4章。同时,考虑到网络拓扑特征会受到网络连接边数的影响,为控制该影响,实验还分析了同等连接边数(即相同稀疏度)情况下的网络拓扑特征差异情况。前人的研究也证明了这种方法的有效性,即将 L_p 和 C_p 作为平均连接边数 D_e 的函数,固定网络的平均连接边数,然后计算网络拓扑特征。此外,为了评估网络的小世界特性,实验还测量了小世界特征归一化参数 λ 和 γ。其中 $\lambda = L_p/L_{p_{rand}}$,$\gamma = C_p/C_{p_{rand}}$,$L_{p_{rand}}$ 和 $C_{p_{rand}}$ 分别表示由100个同阈值的随机网络计算得到的网络特征路径长度和网络聚类系数的平均值。

7.2.4 实验数据的统计分析

研究假设专业射击运动员的 PLV 连接,脑网络拓扑特征 L_p、C_p、λ 和 γ 都与非运动员存在显著差异。为检验该假设,进行如下统计检验:首先对待检验样本进行 K-S 检验,发现样本服从正态分布($p>0.05$);其次对样本进行方差齐次性检验和显著性差异检验,分别分析两组受试者的网络特征的方差,如果两组特征的方差一致($p>0.05$),则采用同方差双样本 T 检验,如果不一致($p<0.05$),则使用不同方差双样本 T 检验;最后得到两组特征值样本的显著性差异结果,检验水平分别设为 0.05 和 0.01,分别表示两组样本具有显著差异和具有非常显著差异。统计分析部分同样在 MATLAB 2014 平台中的统计检验工具箱中进行。

7.3 实验结果

在检验两组受试者的 EEG 功能性连接和拓扑特征之前,对两组受试者的性别进行卡方检验,对年龄和 IAF 进行双样本 T 检验,检验发现两组样本在性别、年龄和 IAF 上均无显著差异($p>0.05$)。

7.3.1 射击运动员与非运动员不同频段功能性连接差异

图7-2(a)为两组受试者在不同频段连接值上具有显著性差异的统计结

果,实线连接表示射击运动员与非运动员之间具有显著差异的 PLV 连接($p<0.05$),连接线的粗细程度表示显著程度,显著程度越高,连接线越粗,颜色越深;反之,若显著程度越低,则连接线越细,颜色越浅;节点之间无连接表示两组受试者在该连接值上无显著差异。同时,用红色表示运动员连接强度高于非运动员,用蓝色表示非运动员高于运动员,但从统计结果来看,未出现非运动员高于运动员的连接。从图中可以看出,在 Delta 到 Alpha2 的 4 个频段上,运动员组均表现出连接值强于非运动员组的特性,其中 Theta 频段上出现显著的结果最多,也最显著。从位置上看,出现显著差异的连接主要出现在左半脑,主要是左颞区、左后颞区和左额区、右顶区之间的连接。

图 7-2(b)为两组受试者 4 个频段的连接值平均后得到的平均连接值之间的显著性差异,图中细节与图 7-2(a)类似。从图中可以看出,运动员组高于非运动员组的最显著的连接出现于左后颞叶 T_5 节点和左额叶节点 F_3、左中央区节点 C_3、右顶区节点 P_4 之间的连接。

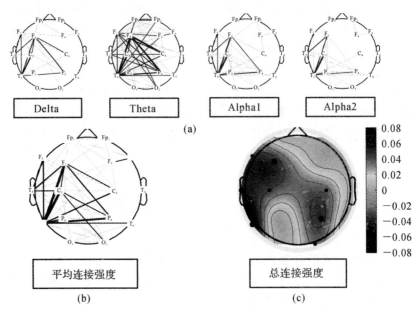

图 7-2 不同频段 EEG 脑网络连接特征差异图
(a)射击运动员-非运动员在不同频段上存在显著差异的网络连接;
(b)射击运动员-非运动员在平均连接值上的显著差异;
(c)射击运动员-非运动员在总连接强度上的显著差异

表 7-1 是两组受试者将平均连接值按网络连接矩阵的行/列向平均得到的不同导联上的总连接强度上的显著性差异,表中分别给出了两组受试者该特征值的均值、方差以及两组之间的差异程度(p 值)。图 7-2(c)是根据表 7-1 得到的脑地形图,图中存在颜色的部分两组受试者存在显著差异($p<0.05$),颜色越深表示显著程度越大,其中红色表示运动员特征值高于非运动员,右侧的颜色指示柱表示运动员与非运动员在特征值上的差值,地形图中的电极节点大小也表示该节点在两组受试者间的显著程度,节点越大,表示显著程度越大。可以看出,运动员和非运动员差异程度最大的位置出现在左后颞叶(T_5)位置。同时,左颞区(T_3)、左额区和右顶区,运动员也表现出平均导联强度强于非运动员。此外,左额区(F_7)、左中央区(C_3)、右中央区(C_4)、右枕区(O_2)也出现运动员强于非运动员的现象。

表 7-1 运动员与非运动员在每个导联上的总连接强度差异

EEG 导联	运动员	非运动员	脑 区
Fp_1	0.496±0.058	0.465±0.053	
Fp_2	0.495±0.053	0.471±0.048	
F_3**	0.563±0.050	0.512±0.050	左额区
F_4	0.552±0.051	0.518±0.051	
F_7*	0.494±0.061	0.442±0.056	
C_3*	0.569±0.056	0.526±0.050	左中央区
C_4*	0.572±0.053	0.536±0.042	右中央区
P_3	0.524±0.069	0.489±0.041	
P_4**	0.542±0.054	0.491±0.047	右顶区
O_1	0.417±0.048	0.389±0.044	
O_2*	0.432±0.046	0.395±0.041	右枕区
F_8	0.486±0.059	0.461±0.052	
T_3**	0.506±0.059	0.450±0.048	
T_4	0.481±0.063	0.467±0.051	左颞区
T_5**	0.462±0.046	0.386±0.043	
T_6	0.444±0.044	0.425±0.049	

注:* $p<0.05$,** $p<0.01$。

7.3.2 射击运动员与非运动员脑网络拓扑特征差异

图7-3为两组受试者在不同网络阈值下网络特征 L_p 和 C_p 的均值、标准差和统计差异结果,误差柱状图表示均值和标准差取值范围,红色表示运动员,蓝色表示非运动员,图像上方的 ▲ 表示两组特征在该阈值下存在显著性差异 ($p<0.05$)。

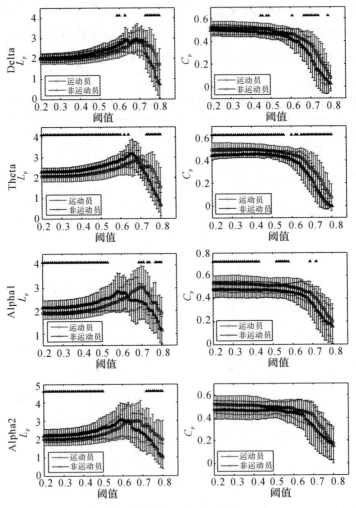

图7-3 两组受试者网络特征 L_p 和 C_p 在不同网络阈值下的取值分布

从图中可以看到,随着网络阈值增加,特征值 L_p 在 4 个频段上先增加,然后在阈值等于 0.7 左右处达到最大,之后不断减小。运动员组和非运动员组在 4 个频段、多个阈值上都出现了显著性差异。同时,运动员组的 L_p 在阈值小于 0.2 时显著高于非运动员组,而在阈值为 0.4 左右时,运动员组的 L_p 则显著小于非运动员。对于特征值 C_p,其则是首先平稳变化,之后在网络阈值为 0.7 左右时迅速减小,运动员组的 C_p 在多个阈值上也高于非运动员组。从频段上来看,特征值 C_p 在 Theta 频段和 Alpha1 频段上产生了最多的显著性差异结果。

图 7-4 为以 D_e 作为自变量,研究两组受试者 L_p 和 C_p 在不同 D_e 下的均值、标准差和显著差异结果,图中细节与图 7-3 相同。从图中可以看出,对于网络特征 L_p,随着 D_e 的增加,L_p 是先增加,在 D_e 约为 2.5 时,随后逐渐减小。对于特征值 C_p,网络特征先增加,之后基本稳定。对比运动员和非运动员的拓扑特征差异,可以看出运动员的 L_p 和 C_p 在多个 D_e 阈值上都显著高于非运动员。对比不同频段上的差异,结果和图 7-3 类似,在 Theta 频段和 Alpha1 频段上显著程度最明显,Delta 和 Alpha2 频段上显著程度相对较弱。

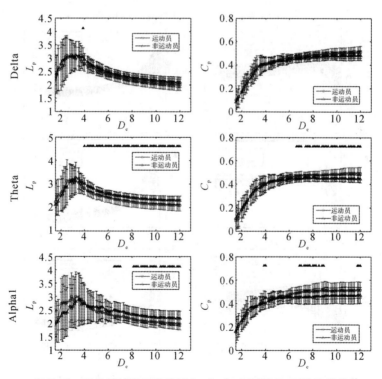

图 7-4 两组受试者网络特征 L_p 和 C_p 在不同 D_e 下的取值分布

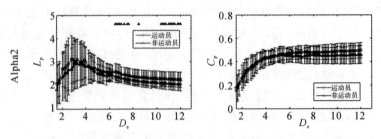

续图 7-4 两组受试者网络特征 L_p 和 C_p 在不同 D_e 下的取值分布

图 7-5 为固定 D_e 条件下,两组受试者的 λ 和 γ 的均值、方差和显著差异,图中细节与图 7-3 相同。这两个特征值是脑网络小世界特性的直接反映。通过比较,发现两组受试者的小世界特性在 Theta 频段和 Alpha1 频段上差异显著。对于专业射击运动员,在多个 D_e 阈值条件下,λ 都要显著低于非运动员,γ 显著高于非运动员。这说明高水平运动员的静息脑网络可能比非运动员具有更显著的小世界特性。

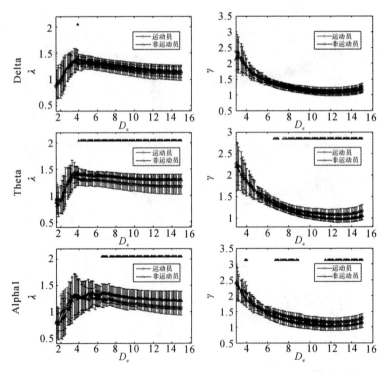

图 7-5 两组受试者小世界特征 λ 和 γ 在不同 D_e 下的取值分布

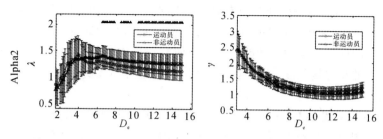

续图7-5 两组受试者小世界特征 λ 和 γ 在不同 D_e 下的取值分布

7.4 实验结果讨论

为研究专业射击运动员和非运动员在脑网络上的差异,实验分别采集了专业射击运动员和非运动员两组受试者闭眼静息状态下的 EEG 信号并进行了 PLV 网络重构和图论分析。研究结果发现,闭眼静息态下,两组受试者的 EEG 脑网络都表现出了一定的小世界特性。但相比非运动员受试者,专业射击运动员在 4 个频段上表现出更强的网络连接强度、更长的特征路径长度和更大的网络聚类系数。这些发现表明,运动员在静息态时的大脑区域功能性连接更紧密,小世界特征比非运动员更强。

7.4.1 射击运动员强于非运动员的频段、脑区和连接

在前人的研究中,Babiloni 等人发现专业空手道运动员和非运动员的 EEG 特征差异主要出现在 Theta 频段和 Alpha1 频段。本研究得到了相似的结论:射击运动员组在 Theta 频段和 Alpha1 频段上多个阈值下的特征路径和聚类系数都要显著高于非运动员组,而在 Delta 频段和 Alpha2 频段的显著差异则相对较少。根据前人研究,不同频段的 EEG 信号通常表示不同的生理意义。Delta 波一般出现于深度睡眠和麻醉时。Theta 波出现于困倦时,通常与注意力是否集中有关。Alpha1 波与全脑的注意和觉醒程度有关,而 Alpha2 波则反映特定的神经系统振荡,与描述感觉运动或语义信息有关。从这个角度看,Theta 频段和 Alpha1 频段上两组受试者的差异显著,很可能反映了两组受试者在认知功能、全脑注意功能上存在显著不同。

通过不同节点的 PLV 总连接强度对比,发现射击运动员在左后颞区(T_5)、左颞区(T_3)、右顶区(P_4)等节点的连接值要显著强于非运动员受试者。

Hatfield 等人发现,射击瞄准期间专业运动员的左颞区会出现 Alpha 频段功率显著增加的现象,并指出这是因为瞄准过程主要利用右颞区的视觉-空间功能,同时抑制左颞区的语义理解功能。而本章研究结果中,这些左侧脑区在静息态表现出更强的总连接强度,这可能与运动员长期进行训练所导致的神经可塑性改变有关。

根据 Deeny 和 Del Percio 等人,以及第 4 章的相关结论,瞄准期间专业射击运动员会表现出右脑额区、颞区和顶区之间功能性连接更低的现象。但是,本研究却发现,两组受试者存在显著差异的结果并非出现于右脑,而是主要出现于左脑的左颞区与额区、枕区之间的连接。功能性连接越强,反映了脑区之间的信息交互越多,而静息态的大脑就好比一支准备打仗的部队,不同脑区的功率代表着各组士兵的精神状态,不同脑区之间的连接好比指挥系统和各组士兵之间的通信。静息态 EEG 功率越高,功能性连接越强,就说明士兵的精神状态越好,通信指挥系统越畅通。因此当任务来临时,完成任务就会越流程,完成表现也就越好。但结合第 4 章的结论,射击瞄准期间与射击表现关系最密切的脑区主要出现在右脑,而静息态出现显著特异性的脑区则是在左脑,静息态和任务执行态出现了明显的对侧性现象,这种现象的具体原因还需要进一步探究。

7.4.2 射击运动员与非运动员的脑网络差异

本章的另一个创新点在于利用图论方法研究了射击运动员和非运动员在静息态脑网络拓扑特征方面的差异。研究结果表明两组受试者 4 个研究频段上的脑网络特征,在多个阈值下均出现了显著性差异。

按照网络的拓扑结构,复杂网络一般分为规则网络、随机网络和小世界网络。规则网络具有最长的 L_p 和最大的 C_p,随机网络则具有最短的 L_p 和最小的 C_p,小世界网络则具有和随机网络相近的 L_p,但其 C_p 则要高于随机网络。对比两组受试者的静息态脑网络小世界特征 γ 和 λ,发现两组受试者的脑网络都表现出一定的小世界特性,这与前人的研究结果一致。在相同阈值下,运动员组的连接值要显著高于非运动员组,说明运动员组大脑各脑区之间的功能性连接更强。同时,运动员的 L_p 和 λ 均低于非运动员,C_p 和 γ 显著高于非运动员。这表明运动员静息态脑网络的小世界特征更强,网络组织效率更高,聚类现象更明显。

前人研究发现静息态脑网络可能与感觉运动表现存在显著联系。Zhang 等人发现平均脑网络连接程度越大,静息状态下的特征路径越短,聚类系数越高,对运动想象脑-计算机接口的控制越好,分类准确率越高。而对比本研究,射击运动员的大脑网络拓扑特征与在运动想象脑机接口实验中表现良好的受试者非常类似。以此推断,由于射击运动也是一种精细的感觉运动,其与运动想象脑机接口的执行过程可能存在一定的类似,所以这种类型的静息脑网络拓扑结构很可能是一种反映大脑感觉运动能力的生理指标。

7.5 本章小结

本章主要研究了专业射击运动员与非运动员在静息态 EEG 网络特征上的差异。实验采集了 20 名专业射击运动员和 20 名非运动员闭眼静息态下的 EEG 信号,采用 PLV 方法构建了所有受试者不同频带上的脑网络模型。通过对比两组受试者的脑网络连接和拓扑特征差异,得到主要研究结论如下:

(1)专业射击运动员在 Delta 频段到 Alpha2 频段上的多个 PLV 连接值均显著高于非运动员组。其中左颞区、左后颞区、左中央区、右顶区等脑区和这些脑区之间的连接表现出了最显著的差异性。

(2)相比非运动员,专业射击运动员在 Theta 频段和 Alpha1 频段的静息态脑网络表现出更短的特征路径长度、更高的聚类系数和更强的小世界特性。

这些结论支持了运动员静息态脑网络特征与非运动员存在显著性差异的假设,也为探索长期运动对大脑的可塑性影响提供了 EEG 脑网络方面的依据。同时,这些结论也为利用静息态 EEG 特征评估射手射击水平、选拔优秀射手奠定了基础。

参 考 文 献

[1] GOULART N B A, DIAS C P, LEMOS F D A, et al. Gymnasts and non-athletes muscle activation and torque production at the ankle joint [J]. Revista Brasileira De Cineantropometria E Desempenho Humano, 2014, 16(5): 47453.

[2] PLUIM B M, ZWINDERMAN A H, LAARSE A V D, et al. The athlete's heart a meta-analysis of cardiac structure and function [J]. Circulation, 2000, 101(3): 336-344.

[3] JÄNCKE L, KOENEKE S, HOPPE A, et al. The architecture of the golfer's brain [J]. Plos One, 2009, 4(3): e4785.

[4] HENNIG J, ZHONG K, SPECK O. Mr-encephalography: fast multi-channel monitoring of brain physiology with magnetic resonance [J]. Neuroimage, 2007(34): 212-219.

[5] SUNG P, JONGW H, KEA J L, et al. Evaluation of morphological plasticity in the cerebella of basketball players with MRI [J]. Journal of Korean Medical Science, 2006, 21(2): 342-346.

[6] PARDO J V, FOX P T, RAICHLE M E. Localization of a human system for sustained attention by positron emission tomography [J]. Nature, 1991, 349(6304): 61.

[7] BERTOLLO M, FRONSO S D, FILHO E, et al. Proficient brain for optimal performance: the MAP model perspective [J]. PeerJ, 2016, 4(3): e2082.

[8] DEL PERCIO C, PAOLO M R, NICOLA M, et al. Is there a "neural efficiency" in athletes? a high-resolution EEG study [J]. Neuroimage, 2008, 42(4): 1544-1553.

[9] CHENG M Y, HUANG C J, CHANG Y K, et al. Sensorimotorrhythm neurofeedback enhances golf putting performance [J]. Journal of Sport and Exercise Psychology, 2015, 37(6): 626-636.

[10] BAST T, OEZKAN O, RONA S, et al. EEG and MEG source analysis of single and averaged interictal spikes reveals intrinsic epileptogenicity in focal cortical dysplasia [J]. Epilepsia, 2004, 45(6): 621-631.

[11] BONANNI L, THOMAS A, TIRABOSCHI P, et al. EEG comparisons in early alzheimer's disease, dementia with lewy bodies and parkinson's disease with dementia patients with a 2-year follow-up [J]. Brain A Journal of Neurology, 2008, 131(3): 690-705.

[12] BABILONI C, CASSETTA E, BINETTI G, et al. RestingEEG sources correlate with attentional span in mild cognitive impairment and alzheimer's disease [J]. European Journal of Neuroscience, 2007, 25(12): 3742-3757.

[13] KLIMESCH W. EEG alpha and theta oscillations reflect cognitive and memory performance: a review and analysis [J]. Brain Research Review, 1999, 29(2/3): 169-195.

[14] GROSSE-WENTRUP M, SCHÖLKOPF B. High γ-power predicts performance in sensorimotor-rhythm brain-computer interfaces [J].

Journal of Neural Engineering, 2012, 9(4): 046001.

[15] NEUBAUER A, FREUDENTHALER H H, PFURTSCHELLER G. Intelligence and spatiotemporal patterns of event-related desynchronization (ERD) [J]. Intelligence, 1995, 20(3): 249-266.

[16] BABILONI C, VECCHIO F, BULTRINI A, et al. Pre- and poststimulus alpha rhythms are related to conscious visual perception: a high-resolution EEG study [J]. Cerebral Cortex, 2006, 16(12): 1690-1700.

[17] JENSEN O, GELFAND J, KOUNIOS J, et al. Oscillations in the alpha band (9-12 Hz) increase with memory load during retention in a short-term memory task [J]. Cerebral Cortex, 2002, 12(8): 877-882.

[18] BABILONI C, MARZANO N, IACOBONI M, et al. Resting state cortical rhythms in athletes: a high-resolution EEG study [J]. Brain Research Bulletin, 2010, 81(1): 149-156.

[19] DEL PERCIO C, INFARINATO F, MARZANO N, et al. Reactivity of alpha rhythms to eyes opening is lower in athletes than non-athletes: a high-resolution EEG study [J]. International Journal of Psychophysiology, 2011, 82(3): 240-247.

[20] DEL PERCIO C, BABILONI C, MARZANO N, et al. "Neural efficiency" of athletes' brain for upright standing: a high-resolution EEG study [J]. Brain Research Bulletin, 2009, 79(3): 193-200.

[21] BURGER C, HEEVER D J V D. Removal of EOG artefacts by combining wavelet neural network and independent component analysis [J]. Biomedical Signal Processing & Control, 2015, 15(15): 67-79.

[22] DELORME A, MAKEIG S. EEGLAB: an open source toolbox for analysis of single-trial EEG dynamics including independent component analysis [J]. Journal of Neuroscience Methods, 2004, 134(1): 9-21.

[23] RUBINOV M, KÖTTER R, HAGMANN P, et al. Brain connectivity toolbox: a collection of complex network measurements and brain connectivity datasets [J]. Neuroimage, 2009, 47(Supplement1): S39-S41.

[24] STAM C J, JONES B F, NOLTE G, et al. Small-world networks and functional connectivity in Alzheimer's disease [J]. Cerebral Cortex, 2007, 17(1): 92-101.

[25] REIJNEVELD J C, PONTEN S C, BERENDSE H W, et al. The application of graph theoretical analysis to complex networks in the brain [J]. Clinical Neurophysiology, 2007, 118(11): 2317-2331.

[26] ZHAO C, ZHAO M, YANG Y, et al. Thereorganization of human brain networks modulated by driving mental fatigue [J]. IEEE Journal of Biomedical & Health Informatics, 2017, 21(3): 1831-1840.

[27] AMARAL L A N, SCALA A, BARTHÉLÉMY M, et al. Classes of small-world networks [C]//Proceedings of the National Academy of Sciences of the United States of America, 2000, 97(21): 11149.

[28] MASLOV S, SNEPPEN K. Specificity and stability in topology of protein networks [J]. Science, 2002, 296(5569): 910-913.

[29] DE VICO FALLANI F, BALUCH F, ASTOLFI L, et al. Structural organization of functional networks from EEG signals during motor learning tasks [J]. International Journal of Bifurcation & Chaos, 2010, 20(3): 905-912.

[30] FISCH B J. Spehlmann's EEG primer [M]. Amsterdam: Elsevier Science BV, 1991.

[31] HATFIELD B D, LANDERS D M, RAY W J. Cognitive processes during self-paced motor performance: an electroencephalographic profile of skilled marksmen [J]. Journal of Sport Psychology, 1984, 6(1): 42-59.

[32] GALLICCHIO G, FINKENZELLER T, SATTLECKER G, et al. Shooting under cardiovascular load: electroencephalographic activity in preparation for biathlon shooting [J]. International Journal of Psychophysiology, 2016(109): 92-99.

[33] KERICK S E, MCDOWELL K, HUNG T M, et al. The role of the left temporal region under the cognitive motor demands of shooting in skilled marksmen [J]. Biological Psychology, 2001, 58(3): 0-277.

[34] DEL PERCIO C, IACOBONI M, LIZIO R, et al. Functional coupling of parietal alpha rhythms is enhanced in athletes before visuomotor performance: a coherence electroencephalographic study [J]. Neuroscience, 2011, 175(4): 198-211.

[35] DEENY S P, HILLMAN C H, JANELLE C M, et al. Cortico-cortical communication and superior performance in skilled marksmen: an EEG

coherence analysis [J]. Journal of Sport and Exercise Psychology, 2003, 25(2): 188-204.

[36] DEENY S P, HAUFLER A J, SAFFER M, et al. Electroencephalographic coherence during visuomotor performance: a comparison of cortico-cortical communication in experts and novices [J]. Journal of Motor Behavior, 2009, 41(2): 106-116.

[37] WATTS D J, STROGATZ S H. Collective dynamics of "small-world" networks [J]. Nature, 1999, 393(6684): 440-442.

第 8 章　静息态 EEG 在射击水平评估和优秀射手选拔中的应用研究

第 7 章研究结果发现，专业射击运动员和非运动员不但射击水平不同，在静息态 EEG 脑网络特征上也存在显著差异。进而推测，除了两种极端情况（专家-新手）下的受试者，普通熟练射手中也可能存在类似现象。熟练射手的射击表现与静息态 EEG 之间是否也存在联系，能否利用静息态 EEG 预测射击表现，从而为选拔优秀射手提供依据。因此，本章提出利用静息态 EEG 特征评估射手射击水平，探索静息态 EEG 特征和射手射击表现之间的联系。研究结果证明了静息态 EEG 特征与射击表现之间存在显著的相关性，该结果不但更加深入地揭示了射击运动的 EEG 神经机制，而且还为选拔优秀射手、预测和评估射手射击水平提供了依据和参考。

8.1　引　　言

根据前文描述，关于射击运动的神经机制研究主要分为两类，一类主要侧重于研究射击行为瞄准过程的神经机制。实验通常采集射手瞄准期间的 EEG 信号，研究各种 EEG 特征（波幅、功率、事件相关同步/去同步、功能性连接等）在时间尺度上的变化情况，从而得到关于射击瞄准期间和神经动态有关的信息。

另一类则是侧重于探索专业射击运动员与非运动员射手在神经信号上的差异研究。此类研究将受试者设置为专业运动员组和非运动员组，通过比较两组受试者射击瞄准期间的 EEG 特征差别，从而分析射击瞄准过程中的神经机制和长期专业训练导致的两者之间的大脑活动差异。

两种类型的研究都从不同角度研究了射击行为的神经机制。但是两类研究都主要集中于探索"专业运动员"射击瞄准过程中的神经机制。而"射击"作为一项学习快速、容易完成的技能，是一项非常普及的运动，存在很多的"非专业熟练射手"。这些业余射手付出相同的学习时间、相同的努力，但最后的成绩却存在明显差异。从这个角度看，"水平差异"并非只存在于专业射击运动员和非运动员普通人之间，业余受试者之间也同样存在"水平差异"问题。

第8章 静息态EEG在射击水平评估和优秀射手选拔中的应用研究

从研究范式来看,大多数研究主要关注射击瞄准期间的生理机制,而对于受试者静息态的神经特征研究较少。虽然在行为科学研究和运动科学的研究中,表现优异和表现较差的受试者在完成任务的过程中(如瞄准、挥拍、做智力测试题)会表现出具有显著差异的特征,但是也有一些研究发现,"静息态"作为一种受试者完成任务前的"基线"状态,该状态下的神经状态也与之后完成任务的表现存在密切联系。通过分析静息态的EEG特征,有时甚至可以达到预测受试者任务表现的目的。例如,第7章分析了运动员和非运动员在静息态EEG方面的差异,结果发现在闭眼静息态下,运动员组的EEG功能性连接特征与网络拓扑特征与非运动员存在显著差异,这为采用静息态EEG特征预测射击表现提供了研究基础。

综上所述,在射击行为的神经机制研究中,前人学者主要研究了专业运动员执行射击瞄准时的EEG变化以及在此过程中和新手之间的EEG特征区别。这些研究的目的都是通过分析射击瞄准期间的EEG特征变化,从而更好地指导射击运动员的运动训练。也就是说,研究的受试者和服务的对象都是已经接受了长时间训练后的专业选手。

然而,在基层公安或武警部队中,绝大多数都是基本掌握了射击技能的熟练射手,只有少数的射手能够得到进一步的集训,成为射击专家或狙击手。因此,如何选拔具有潜力成为较高射击水平的受试者,如何用简单便捷的指标(如静息态EEG)进行选拔,是一个非常有价值的问题。因此,本研究做出如下假设:射击行为作为一项对心理素质和神经状态要求较高的运动,受试者的射击表现不但与瞄准状态的神经活动有关,而且也可能与受试者静息状态下的EEG特征存在密切联系。利用受试者的静息态EEG,可以达到选拔射击成绩较好的射手、评估射手射击水平的目的。

为验证假设,本章在第3章射击实验数据的基础上,提取受试者静息状态下的EEG信号和射击实验时的射击表现,分别检验多个EEG信号特征[频段功率、睁-闭眼事件相关同步/去同步(ERS/ERD)、频段PLV连接以及脑网络拓扑特征]与射击表现之间的相关性,希望探索一种和射击表现密切相关的生理指标,用来评估/选拔优秀射手。

8.2 射击实验的材料和方法

在第4章射击实验的基础上,本章实验主要提取射击实验中射手的静息态EEG信号以及射击成绩数据,分析静息态EEG特征和射击表现之间的相关性。实验受试者、范式以及EEG采集的相关步骤同第4章。

对于闭眼静息态 EEG,首先利用 EEGLAB 工具箱进行 0.1～50 Hz 的带通滤波。滤波后按照每 2 s 为一个数据段进行数据分段,去除受肌电或身体活动影响较大的数据段(去除率约 15%),得到约 140 s 无伪迹影响的闭眼静息态 EEG 数据。

对于睁眼静息态 EEG,与闭眼 EEG 的处理方式类似。在去除坏段后,为去除眼电影响,采用 ICA 去除眼电伪迹。同样得到约 140 s 无伪迹影响的睁眼静息态 EEG。

8.2.1 EEG 经典频段功率特征

频段功率是 EEG 研究中最常用的特征,不同节律的功率状态往往直接反映了特定的功能状态。有研究表明,专业运动员与非运动员的静息态 EEG 上存在较大差异。例如空手道运动员闭眼静息态顶枕区 Alpha1 频段功率比非运动员更高,体操运动员睁眼站立时,前顶区 Alpha 节律幅度比非运动员更高。因此,本实验首先检验频段功率特征与射击表现的相关性。计算之前,为去除受试者之间的个体性差异,首先测量闭眼静息态枕区 Alpha 波频率,定义为不同受试者的 IAF,然后针对每名受试者的 IAF,定义该受试者不同频段范围,具体定义范围同第 4 章。

在计算频段功率时,将 140 s 的静息态闭眼 EEG 划分为每 10 s 一个窗口,窗口重复率设为 50%,确保功率谱分辨率达到 0.1 Hz。然后采用 Welch 法计算每个导联上的功率谱,计算后得到每名受试者闭眼静息态 16 个导联上 5 个频段的频段功率。

在前人的研究中,静息状态的睁-闭眼 ERD/ERS 和任务状态下的任务-静息 ERD/ERS 在运动员和非运动员之间也存在巨大差异。因此,本实验也将 ERD/ERS 选择为分析静息态 EEG 的特征之一。睁-闭眼 ERD/ERS 是参考 Pfurtscheller 的事件相关同步/去同步定义而提出的,表示执行任务时,特定位置、特定频段的 EEG 功率相对静息态(baseline)增加或减少的一种现象。睁-闭眼 ERD/ERS 的计算公式为

$$\text{ERD/ERS} = \frac{P_{EO} - P_{EC}}{P_{EC}} \times 100\% \qquad (8-1)$$

式中:P_{EO} 为睁眼静息态频段功率;P_{EC} 为闭眼静息态频段功率。计算值为正值,说明睁眼静息态频段功率高于闭眼静息态,为 ERS 现象;计算结果为负值,说明

睁眼静息态频段低于闭眼静息态,为 ERD 现象。

计算时同样采用 Welch 法对去除眼电伪迹的睁眼静息态 EEG 进行功率谱分析,计算每个导联上的功率谱,按 IAF 频段划分方法得到频段功率。结合闭眼频段功率计算得到 ERS/ERD 特征。

8.2.2 EEG 功能性连接特征和脑网络特征

前人的研究表明,专业运动员任务执行时的功能性连接与任务的完成表现存在密切关系。专业射手瞄准时的功能性连接幅度更加稳定,而新手则变化剧烈;专业高尔夫球手准备击发时,EEG 功能性连接越高,就越有可能完成精准的击打。结合这些结论,本实验也将闭眼静息态不同节点的功能性连接特征设为研究反映射击水平的静息态 EEG 特征之一。功能性连接特征计算方法同样采用 PLV 算法,计算过程见第 4 章。

脑网络拓扑分析是近年来快速发展的研究方法,本实验也检验了网络拓扑特征与射击表现之间的联系。在每名受试者的 PLV 连接矩阵的基础上,不设阈值,保留所有节点之间的 PLV 连接值,构成 5 个频段上的基于 PLV 连接的功能性脑网络。在计算拓扑特征中,选择计算不同频段脑功能性网络的聚类系数(C_p)、特征路径长度(L_p)、全局效率(E_g)和局部效率(E_l)4 个特征,计算过程使用 Brain Connectivity Toolbox 工具箱进行网络拓扑特征计算。

8.2.3 实验分析流程和统计检验

在进行统计检验之前,首先对所有计算得到的 EEG 特征和射击表现分别进行 K-S 检验。结果发现,虽然受试者的射击表现服从高斯分布($p>0.05$),但并非所有 EEG 特征都服从高斯分布。因此在进行特征-成绩相关性分析之前,首先对待分析特征进行 K-S 检验,判断特征是否服从高斯分布。若服从,则采用 Pearson 相关性检验;若不服从,则采用 Spearman 秩检验。需要注意的是,因为本研究特征较多,所以采用了先假设特征和射击表现具有相关性,然后再做散点图研究样本之间是否存在线性相关关系的方法。

本文的分析流程如图 8-1 所示:首先对静息态 EEG 信号进行特征提取,分别提取静息态频段功率、睁-闭眼 ERD/ERS 值、导联 PLV 连接值以及脑网络拓扑特征 4 类参数特征,然后根据每名受试者的射击表现,进行双变量相关性分析,检验哪些特征与射击表现具有相关性。

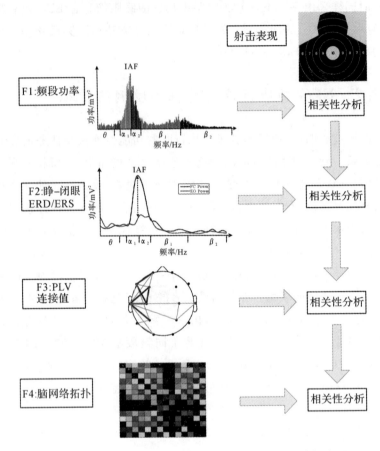

图 8-1 静息态 EEG 与射击表现相关性研究实验分析流程

8.3 实验结果

8.3.1 射击表现和 EEG 经典频段功率特征的相关性

受试者的射击表现为 55 发正式射击成绩的平均值,所有受试者的平均成绩为 8.8 环(±0.41 环)。所有受试者的平均 IAF 为 10.7 Hz(± 0.96 Hz),检验 IAF 与射击表现相关性,两者并无显著相关性($p>0.05$)。

图 8-2 为闭眼静息态频段功率与射击表现的相关性脑地形图。图中黑色节点表示电极位置,颜色表示相关系数,红色表示正相关,蓝色表示负相关,颜色越深,表示相关系数越大。为方便观察,将置信水平 $p>0.05$ 的位置的相关系数置零,只显示 $p<0.05$ 的频段和电极位置。

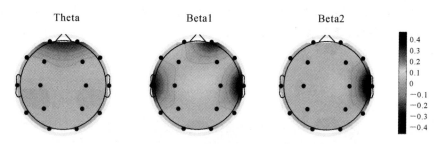

图 8-2　闭眼静息态频段功率与射击表现相关性

从图中可以看出,5 个频段中,只有 Theta、Beta1 和 Beta2 频段存在与成绩具有显著相关性的电极($p<0.05$),而 Alpha1 和 Alpha2 频段在所有电极位置均与成绩不存在显著相关性($p>0.05$)。在 Theta 频段中,与射击表现具有显著相关性的电极为前额区 Fp_1 和 Fp_2,相关系数分别为 -0.34 和 -0.36。在 Beta1 频段中,与射击表现具有显著相关性的电极为 Fp_2、T_3 和 T_4,相关系数分别为 -0.38、-0.42、-0.43。在 Beta2 频段中,与射击表现具有显著相关性的电极为 T_4,相关系数为 -0.46。

图 8-3 为睁-闭眼 ERD/ERS 值与射击表现的相关性脑地形图。与图 8-2 类似,图中红色表示正相关,蓝色表示负相关,颜色越深,表示相关系数越大,且只显示与射击表现具有显著相关性($p<0.05$)的频段和导联。

从图中可以看出,5 个频段中,只有 Beta1 频段和 Beta2 频段的 ERD/S 现象与射击表现存在相关性。在 Beta1 频段,存在相关性的是 C_3、P_4、F_8 三个节点,相关系数分别为 0.28、0.31、0.30。而在 Beta2 频段,存在相关性的是 C_3 节点,相关系数为 0.30。

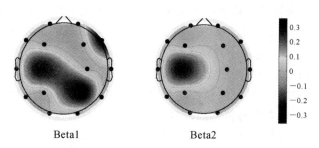

图 8-3　睁-闭眼 ERD/ERS 与射击表现相关性

8.3.2 射击表现和 EEG 脑网络特征的相关性

图 8-4 为 PLV 连接与射击表现的相关性示意图。图中的网络连接表示两个节点的 PLV 连接,连接与射击表现的相关性显著程度分别用三种颜色的连接表示,分别表示置信水平 $p<0.05$、$p<0.005$、$p<0.0005$。颜色越深表示相关性越显著。

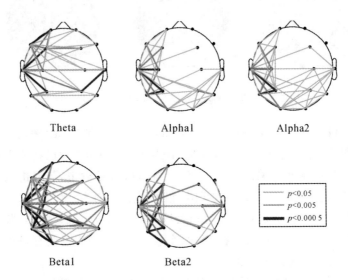

图 8-4　导联 PLV 连接值与射击表现相关性

从图中可以看出,PLV 连接特征在 5 个频段都与射击表现存在显著相关性 ($p<0.05$),而且还存在大量与射击成绩存在非常显著相关性的连接 ($p<0.0005$)。可以看出,不管是在哪个频段,与射击表现显著相关的连接主要集中于左侧脑区。在所有与射击表现具有显著相关性的连接中,包含 T_3 节点的连接最多,同时 C_3 和 T_3 节点的 PLV 连接在每个频段都与射击表现存在显著相关性。

表 8-1 统计了静息态脑网络拓扑特征与射击表现的相关性。从表中可以看出,除 Alpha2、Beta1、Beta2 频段上全局效率特征与射击表现的相关性置信水平 $p>0.05$ 外,其他各个频段上的 EEG 拓扑特征都和射击表现相关性置信水平均表现显著,其中 Theta 频段的网络拓扑特征与射击表现的相关性最高。从拓扑特征类型来说,特征路径长度和局部效率是与射击表现相关性最强的两个网络特征。在所有参与研究的脑网络拓扑特征中,Theta 频段的网络特征路径长是与射击表现相关性最高的特征($p<0.0005$),相关系数可以达到 0.56。

表 8-1 静息态脑网络拓扑特征与射击表现相关性

频段	聚类系数	特征路径长度	全局效率	平均局部效率
Theta	0.51(**)	0.56(***)	−0.46(**)	0.54(**)
Alpha1	0.48(**)	0.51(**)	−0.44(*)	0.50(**)
Alpha2	0.42(*)	0.45(*)	—	0.44(*)
Beta1	0.41(*)	0.46(*)	—	0.44(*)
Beta2	0.35(*)	0.38(*)	—	0.37(*)

注：* $p<0.05$，** $p<0.005$，*** $p<0.0005$。

8.3.3 不同EEG特征的相关系数对比

本研究提取了4类静息态EEG特征，并分别与射击表现进行了相关性分析。从统计分析的结果可以看出，4类静息态EEG特征都在不同程度上与射手的射击表现有一定的相关性，但不同的特征与射击表现的相关系数则存在很大差别。表8-2为4类静息态EEG特征与射击表现相关系数的横向对比，每类特征中都选取本类特征中相关系数最大的特征。比较4类特征可以看出，功能性连接与射击表现的相关性最强，相关系数为0.78，其次是Theta频段的脑网络特征路径长度（L_p），相关系数为0.56，闭眼静息态功率和睁-闭眼ERD/ERS与射击表现的相关性较低，分别为−0.46和0.31。

表 8-2 不同静息态EEG特征相关系数对比

	频段功率	ERD/ERS	功能性连接	脑网络拓扑
频 段	Beta1	Beta1	Beta1	Theta
特 征	T_4	C_3	$C_3 - T_3$	L_p
相关系数	−0.46	0.31	0.78	0.56
置信水平	**	*	***	***

注：* $p<0.05$，** $p<0.005$，*** $p<0.0005$。

图8-5为表8-2中4个特征与射击表现的样本分布散点图，分别为T_4节点Beta1频段功率、C_3节点Beta1频段的ERD/ERS值、$C_3 - T_3$节点在Beta1频段上的功能性连接，以及Theta频段网络的特征路径长度。图中蓝色表示样本点，红色表示线性回归方程。

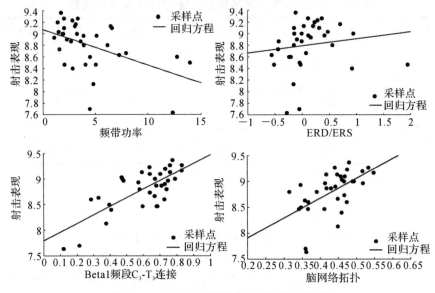

图 8-5 EEG 特征样本散点图和回归方程

从图中可以看出,闭眼静息态功率和睁-闭眼 ERD/ERS 不仅相关系数较低,而且在散点图上也并未呈现显著的相关性。从回归方程上看,这种相关性可能受离群点的影响较大,因此这两个特征与射击表现可能存在弱相关关系或不相关关系。

对于 Beta1 频段 C_3-T_3 之间的功能性连接这一特征,可以清楚地看到样本分布呈现明显的线性关系,同时根据相关性分析和统计检验,该特征的相关系数为 0.78,$p<5\times10^{-6}$。综合判断,可以认为该特征与射击表现存在非常显著的相关性,这种相关性为强相关关系。

对于 Theta 频段特征路径长度与射击表现的散点图和回归方程,从图中可以看出,样本分布呈现一定的线性关系,但线性相关程度并不如 C_3-T_3 功能性连接明显,结合该特征的相关系数为 0.56,$p<0.0005$,综合分析,认为该特征与射击表现之间存在一定相关性,但相关性强度为中等相关。

8.4 实验结果讨论

本研究检验了静息状态下的 EEG 特征与射手射击表现之间的相关性。从实验结果可以看出,静息态 EEG 特征与射击表现存在着一定的相关性,而且某些 EEG 特征与射击表现之间还存在显著的线性关系。

8.4.1 静息态 EEG 特征反映射击表现

"神经可塑性"理论认为,长时间专业的特定技能训练,会不断重塑大脑某些特定位置的神经状态,使之发生功能性乃至结构性的改变。而这种改变反映在 EEG 特征上,就会使训练前后的 EEG 特征发生显著的改变。例如:通过 12~14 周的持续专业的射击训练,受试者在射击技能不断提升的同时,其瞄准时左颞区的 Alpha2 波功率也随着训练次数的增加不断增加;学习使用运动想象-脑机接口(MI-BCI)的受试者,随着训练次数的增多,使用熟练度(分类准确率)增加的同时,大脑的 SMR 也出现了显著的增强。

本实验研究直接反映了射击训练对神经系统的产生的塑造效果。由于所有受试者均未接触过射击训练,所以他们的 EEG 特征虽然呈现差异性,但和射击表现并不存在相关性(未经过专业训练的受试者射击表现都普遍很低)。通过两年的训练,受试者的射击成绩提高了(平均为 8.8 环),其 EEG 特征也和射击表现出现了显著相关性(最高相关系数为 $0.78, p<5\times10^{-6}$)。这从神经可塑性的角度来看,就是因为长期的射击训练重塑了受试者的大脑功能,进而反映到 EEG 特征上,形成了与射击表现具有高度相关性的特征。但是,由于学习水平等个体性差异,所以不同受试者产生的可塑性作用也存在差别。一些受试者可能因为其训练更加高效,学习更加认真,所以其技能水平也更高,受到的可塑性影响也更强;而另一些受试者训练则不如前者高效,学习或许也并不如前者努力,因此对自身的可塑性影响也更弱。导致实验结果出现了成绩分布不均、EEG 特征也存在普遍差异的现象。

另外,本研究也可以以"神经效率"假说的角度进行解释。"神经效率"假说主要研究运动行为中"表现"和"效率"之间的关系问题。"表现",通常指运动成绩,如射击射箭取得的环数、高尔夫球选手击球的命中率等。而"效率",则是指运动过程中运动员所付出的努力。"神经效率"则特指运动过程中,神经或大脑活动所消耗的能量。"神经效率"假说认为,专业运动员在从事自己熟悉的运动时,能够花费更少的神经活动达到更好的表现,即专业运动员拥有更高效的神经过程。

前人的研究中,关于"神经效率"的研究主要集中在受试者完成动作的过程上。例如,射击的瞄准和高尔夫球的挥杆过程中,专业运动员的 EEG 在 Alpha 频段上的 ERD 现象比新手运动员更少,说明专业运动员消耗了更少的神经能量,而取得了更好的运动表现,从而说明这是一种专业运动员特有的高效现象。

而另一些研究也发现，静息状态下专家和新手之间的 EEG 特征同样存在着显著差异，Babiloni 等人发现专业空手道运动员静息态下的 Alpha 波功率要显著高于普通人，认为这个现象同样反映了"神经效率"假说。他们认为，静息态 EEG 是一种大脑的"基线"状态，运动员之所以能够比普通人更高效地完成任务，有可能就是运动员在平常状态就比普通人更特别。从这个角度来看，静息态的 EEG 特征，反映了任务准备期间的精神状态，也是反映受试者执行任务潜力的一个指标，因此能够以静息态指标来预测执行任务时的好坏。

此外，本研究还发现一个十分有趣的实验结果，即射击瞄准期间和静息态期间的 EEG 功能性连接特征出现了显著的对侧性现象。在第 3 章研究结果中，发现射击瞄准期间的 EEG 功能性连接与射击表现的显著相关性连接主要出现在右脑，而本章的结果则发现静息态 EEG 功能性连接与射击表现的显著相关性连接主要出现于左脑，这其中的原因暂时有待探索。

8.4.2 静息态 EEG 不同特征值的对比分析

本研究的另一个主要贡献是分析对比了多个 EEG 特征与射击表现的相关性。结果发现，虽然这些特征都与射击表现存在一定的相关性，但不同 EEG 特征与成绩的相关性也存在很大差异：闭眼静息态频段功率和睁-闭眼 ERD/ERS 特征与射击表现的相关系数较低，为弱相关或不相关，而功能性连接和脑网络拓扑特征则与射击表现具有较高的相关系数，为强相关关系。对于这个现象，本研究进行了以下分析猜想。

近年来，一些研究开始探索静息态 EEG 和任务表现之间的联系。在 MI-BCI 的研究中，静息态 EEG 被用来预测使用 BCI 的分类准确率，检测潜在的"BCI 盲"。静息态 SMR 节律幅度、频段功率比、信号熵、静息态脑网络拓扑特征都表现出与 BCI 控制表现显著的相关性。但与本章研究结果类似的是，不同的 EEG 特征与 BCI 控制表现的相关性也存在显著差异。在受试者人数大致相同的情况下，睁眼静息态下的 SMR 节律幅度与受试者的控制表现的相关系数为 0.29。频段功率比特征的相关系数为 0.51，信号熵的相关系数则可以达到 0.65。

借鉴静息态 EEG 特征与 BCI 控制表现相关性研究的结论：不同的 EEG 特征与 BCI 控制表现的相关性存在很大差异。这说明不同的 EEG 特征不但反映着不同的生理特征，而且这些特征与所研究的行为的联系强弱也存在差异。而本章中不同的 EEG 特征与射击表现相关性存在差异，也可能同样反映了这个现象。

第8章 静息态EEG在射击水平评估和优秀射手选拔中的应用研究

特定电极的EEG特征(幅度/功率)变化,通常与该脑区功能的激活或者抑制有关。枕区与视觉功能有关,颞区与听觉功能有关,左、右两侧中央区与左、右手的活动功能有关。而这些位置的Alpha节律增强,则反映了该位置功能的抑制。而对于射击运动,现有的研究认为射击任务可能并非只受单一脑区功能的影响。左、右颞区,顶区,前额等区域都可能与射击行为存在一定的联系。在实验中,静息态频段功率、睁-闭眼ERD/ERS与射击表现只存在较低的相关性,也可能同样说明了"射击"这一技能并不是受某一特定脑功能区影响的简单动作,而可能是受多个区域综合影响,共同协作完的动作。

相比单个位置的特征变化,脑网络全局拓扑更侧重于分析大脑的整体功能状态。实验结果中,Theta频段脑网络的特征路径长度与射击表现呈显著正相关($r=0.56, p<5\times10^{-4}$)。这虽然可能反映了小世界特性更强的受试者其射击表现更好,但有时相同的脑网络拓扑特在不同情况下有可能反映不同的功能。例如:静息态脑网络不但能够反映青少年的智力发育,而且能够反映老年痴呆症患者、精神分裂症患者甚至酗酒者的神经生理状态。在网络拓扑特征分析中,发育中的青少年、老年痴呆症患者以及酗酒者都拥有较短的特征路径长度,但三者反映的生理意义却完全不同。

功能性连接特征既区别于特定位置电极特征变化所反映大脑局部功能,又区别于脑网络研究反映大脑整体功能,而是相对折中地研究两个不同电极位置之间的信息交互。本实验中与射击表现最显著的相关性特征是Beta1频段上C_3-T_3的功能性连接,该特征与射击表现的相关性能够达到0.78,表示非常显著的正相关。而且从图8-4中可以看出,左侧脑区与T_3相关的很多连接都表现出与射击表现非常显著的正相关,是本章研究的4类EEG特征中与射击表现相关性最高的特征。这也说明功能性连接可能是与射击行为联系最密切的一种特征。

综合以上,对于研究中出现的EEG特征与射击表现的相关性呈现出功能性连接 > 脑网络 > 电极特征的情况,本研究推测这可能是EEG特征在一定程度上反映了运动行为的"复杂度"程度。3类EEG特征分别反映3类不同复杂度的行为模式,脑网络反映最复杂的行为模式,其次是功能性连接特征,电极特征反映则通常反映最基础的动作。而本章的结果可能说明,射击行为并非一些比较基础简单的行为,如视觉、听觉、触觉,仅仅靠特定位置的皮层活动就能反映出相应功能(特定位置的频段功率和ERD/ERS),而可能是一项比基础功能具有更高"复杂度"的高级行为。从不同区域信息交互的角度分析,能够更好地反映这项运动的特性。

8.5 本章小结

本章主要研究了静息态 EEG 特征在评估射手射击水平、选拔优秀射手方面的应用。根据第 3 章射击实验中 40 名射手的静息态 EEG 和射击表现数据，分别计算了静息态 EEG 频带功率、睁闭眼 ERD/ERS、PLV 连接和脑网络拓扑等特征。通过分析静息态不同 EEG 特征与射击表现之间的相关性，得到了以下显著结论：

(1) 多个频段上的静息态 EEG 特征(EEG 频段功率、睁闭眼 ERD/ERS、功能性连接、脑网络拓扑特征)都与射击表现存在显著相关性。

(2) 在所有与射击表现存在显著相关性的 EEG 特征中，C_3 与 T_3 位置在 Beta1 频段上的功能性连接连接与射击表现的相关性最强，呈显著正相关，相关系数可达 $0.78(p<5\times10^{-6})$；其次，Theta 频段脑网络特征路径长度也与射击表现呈现较强的相关性，相关系数可达 $0.56(p<5\times10^{-4})$。

(3) 静息态 EEG 功能性连接特征与射击瞄准期间 EEG 功能性连接特征呈对侧性现象，静息态时左脑 EEG 功能性连接特征与射击表现显著相关，而射击瞄准时则主要是右脑 EEG 特征与射击表现显著相关，这是一个关于射击运动的新的特殊 EEG 现象。

(4) 通过对比不同 EEG 特征与射击表现的相关系数，推测不同特征的相关性结果可能反映了任务的复杂程度，射击行为可能是一种中等复杂度的任务，相比单电极固定位置分析和脑网络分析，射击运动可能更加适合采用脑区之间的功能性连接分析。

研究结果表明，静息态 EEG 特征和射手射击表现之间存在非常密切的联系。静息态 EEG 特征在评估射手射击水平和优秀射手选拔中具有较大的应用潜力。同时，这些结果也为后续利用神经反馈训练改变射手静息态 EEG 特征，从而提升射击表现提供了新的思路。

参 考 文 献

[1] DEL PERCIO C, IACOBONI M, LIZIO R, et al. Functional coupling of parietal alpha rhythms is enhanced in athletes before visuomotor performance: a coherence electroencephalographic study [J].

Neuroscience, 2011, 175(4): 198 – 211.

[2] HATFIELD B D, LANDERS D M, RAY W J. Cognitive processesduring self-paced motor performance: an electroencephalographic profile of skilled marksmen [J]. Journal of Sport Psychology, 1984, 6(1): 42 –59.

[3] HAUFLER A J, SPALDING T W, SANTA M D L, et al. Neuro-cognitive activity during a self-paced visuospatial task: comparative EEG profiles in marksmen and novice shooters [J]. Biological Psychology, 2000, 53(2): 131 – 160.

[4] DEL PERCIO C, BABILONI C M. Visuo-attentional and sensorimotor alpha rhythms are related to visuo-motor performance in athletes [J]. Human Brain Mapping, 2010, 30(11): 3527 – 3540.

[5] GALLICCHIO G, FINKENZELLER T, SATTLECKER G, et al. Shooting under cardiovascular load: electroencephalographic activity in preparation for biathlon shooting [J]. International Journal of Psychophysiology, 2016(109): 92 – 99.

[6] BERTOLLO M, FRONSO S D, FILHO E, et al. Proficient brain for optimal performance: the MAP model perspective [J]. PeerJ, 2016, 4(3): e2082.

[7] BABILONI C, INFARINATO F, MARZANO N, et al. Intra-hemispheric functional coupling of alpha rhythms is related to golfer's performance: a coherence EEG study [J]. International Journal of Psychophysiology Official Journal of the International Organization of Psychophysiology, 2011, 82(3): 260 – 268.

[8] BABILONI C, DEL PERCIO C, ROSSINI P M, et al. Judgment of actions in experts: a high-resolution EEG study in elite athletes [J]. Neuroimage, 2009, 45(2): 512 – 521.

[9] BABILONI C, MARZANO N, IACOBONI M, et al. Resting state cortical rhythms in athletes: a high-resolution EEG study [J]. Brain Research Bulletin, 2010, 81(1): 149 – 156.

[10] DEL PERCIO C, INFARINATO F, MARZANO N, et al. Reactivity of alpha rhythms to eyes opening is lower in athletes than non-athletes: a high-resolution EEG study [J]. International Journal of Psychophysiology, 2011, 82(3): 240 – 247.

[11] KERICK S E, DOUGLASS L W, HATFIELD B D. Cerebral cortical adaptations associated with visuo-motor practice [J]. Medicine & Science in Sports & Exercise, 2004, 36(1): 118-29.

[12] DELORME A, MAKEIG S. EEGLAB: an open source toolbox for analysis of single-trial EEG dynamics including independent component analysis [J]. Journal of Neuroscience Methods, 2004, 134(1): 9-21.

[13] DOPPELMAYR M, FINKENZELLER T, SAUSENG P. Frontal midline theta in the pre-shot phase of rifle shooting: differences between experts and novices [J]. Neuropsychologia, 2008, 46(5): 1463-1467.

[14] BABILONI C, CASSETTA E, BINETTI G, et al. RestingEEG sources correlate with attentional span in mild cognitive impairment and alzheimer's disease [J]. European Journal of Neuroscience, 2007, 25(12): 3742-3757.

[15] ZHANG R, YAO D, VALDÉSSOSA P A, et al. Efficient resting-state EEG network facilitates motor imagery performance [J]. Journal of Neural Engineering, 2015, 12(6): 066024.

[16] SUPEKAR K, MENON V, RUBIN D, et al. Network analysis of intrinsic functional brain connectivity in Alzheimer's disease [J]. Plos Computational Biology, 2008, 4(6): e1000100.

[17] STAM C J, DE HAAN W, DAFFERTSHOFER A, et al. Graph theoretical analysis of magnetoencephalographic functional connectivity in Alzheimer's disease [J]. Brain A Journal of Neurology, 2009, 132(Pt 1): 213-224.

[18] WANG L, YU C, CHEN H, et al. Dynamic functional reorganization of the motor execution network after stroke [J]. Brain A Journal of Neurology, 2010, 133(4): 1224-1238.

[19] XU P, HUANG R, WANG J, et al. Different topological organization of human brain functional networks with eyes open versus eyes closed [J]. Neuroimage, 2014, 90: 246-255.

[20] BLANKERTZ B, SANNELLI C, HALDER S, et al. Neurophysiological predictor of SMR-based BCI performance [J]. Neuroimage, 2010, 51(4): 1303-1309.

[21] PFURTSCHELLER G, FH L D S. Event-related EEG/MEG

[22] synchronization and desynchronization: basic principles [J]. Clinical Neurophysiology Official Journal of the International Federation of Clinical Neurophysiology, 1999, 110(11): 1842-1857.

[22] RUBINOV M, SPORNS O. Complex network measures of brain connectivity: uses and interpretations [J]. Neuroimage, 2010, 52(3): 1059-1069.

[23] AHN M, JUN S C. Performance variation in motor imagery brain-computer interface: a brief review [J]. Journal of Neuroscience Methods, 2015(243):103-110.

[24] EYSENCK M W, DERAKSHAN N, SANTOS R, et al. Anxiety and cognitive performance: attentional control theory [J]. Emotion, 2007, 7(2): 336-353.

[25] NEUBAUER A C, FINK A. Intelligence and neural efficiency: a review and new data [J]. International Journal of Psychophysiology, 2008, 69(3): 168-169.

[26] CREMADES J G. EEG measures prior to successful and unsuccessful golf putting expert performance [J]. Computational Statistics & Data Analysis, 2014, 22(4): 395-407.

[27] AHN M, CHO H, AHN S, et al. High theta and low alpha powers may be indicative of BCI-illiteracy in motor imagery [J]. Plos One, 2013, 8(11): e80886.

[28] BOERSMA M, SMIT D J, DE BIE H M, et al. Network analysis of resting state EEG in the developing young brain: structure comes with maturation [J]. Human Brain Mapping, 2015, 32(3): 413-425.

[29] LI C, TIAN L. Association between resting-state coactivation in the parieto-frontal network and intelligence during late childhood and adolescence [J]. American Journal of Neuroradiology, 2014, 35(6): 1150-1156.

[30] REKTOROVA I, KRAJCOVICOVA L, MARECEK R, et al. Defaultmode network and extrastriate visual resting state network in patients with Parkinson's disease Dementia [J]. Neurodegenerative Diseases, 2012, 10(1/2/3/4): 232-237.

第9章 精英射箭运动员的大脑神经特质-脑网络拓扑分析研究

成为一名运动专家很难,从运动专家成长为运动精英更不容易。专家和精英有哪些区别,如何从专家成长为精英,一直是专业运动员非常关注的问题。本章聚焦专家和精英在运动行为过程中大脑神经机制差异这一问题,期望揭示这两类运动员的运动表现和大脑活动之间的内在联系。实验采集了14名国家射箭队运动员和14名省级射箭队运动员在瞄准期间和静息状态的EEG信号,采用基于加权相位滞后指数的方法构建两组受试者射击瞄准阶段的EEG脑网络,利用图论方法从局部网络拓扑和全局网络拓扑两个方面对网络特征进行分析对比。结果显示,相比专家射手,精英射手在Beta1和Beta2频带上的功能连接性更强,且在额区和中央区的差异最明显;在全局脑网络拓扑特征方面,精英射手的平均聚类系数和全局效率显著高于专家射手,专家射手的特征路径长度更高。这反映了精英射手在射箭过程中表现出更强的功能连通性、更高的全局和局部信息的集成效率。这些发现揭示了精英射手和专家射手在射击准备阶段的脑电网络拓扑差异,有望为专业运动员的进一步训练和提升提供理论参考。

9.1 引　　言

射箭是一项具有较高精度和准确性的精细运动,其通常被定义为准确地将箭射向指定目标的能力。决定射箭表现的关键因素不仅包括力量、耐力、平衡肌肉间的协调、节奏以及精确度等运动技能,还包括集中、放松和不同类型的注意伴随着视觉聚焦等心理因素。很多射箭运动的研究者都认为射箭过程是在心理活动主导下完成的,射手在瞄准的过程中需要通过执行一系列复杂的过程来识别刺激、选择响应、计划回应、做出决定并准备和执行动作。而大脑则是心理活动的直接反映,因此对射箭行为的大脑研究成为了神经科学/运动科学中的一个重要课题。

之前学者已经开展了对射箭运动相关神经活动的研究。Salazar等人记录了28名优秀射手16次射击时的心率和左、右颞区EEG,发现射箭过程中心率基本维持恒定,左半脑的 Alpha 波的激活变化更加显著,而右半脑则没有显著的功率变化。Landers 等人对 28 名前精英弓箭手实施了 3 种不同模式的生物反馈训练,通过采集左、右颞区的 EEG 数据,探究 EEG 生物反馈训练能否有效提高射箭的表现。结果显示,射击瞄准阶段的 EEG 活动,可以作为利用神经反馈技术指导射击运动员进行射击心理训练的一个理论基础和重要依据。Lee 利用单导联 EEG 技术测试了精英、中级和初级射箭运动员在射击过程中的注意力和放松控制能力,发现优秀的弓箭手在注意力和放松方面都有提高,在释放时注意力水平也更高,而中等水平的弓箭手表现出更多的注意力,但放松却较少。在一项关于精英、专家和新手射箭运动员的视觉注意的研究中,Kim 等人发现相比新手,精英和专家弓箭手具有更局限性的神经活动,表明相关大脑区域完成的复杂过程的效率更高。Vrbik 等人对 8 名有经验的射箭运动员在射击过程中的 EEG 数据和心率进行测量,研究了曲轴射击和复合射击在指定值上可能存在的差异。研究发现复合射击者获得了更高的射箭分值,在整个射击过程中有更高的心率和注意力值。

然而,对于射箭运动,以往的学者对不同技能水平的运动员在运动过程中 EEG 神经机制的研究多侧重于关注专家与新手的对比,少有文献从对比专家与精英的角度探讨专业运动员大脑功能方面的差异。射箭是一项以举弓、开弓、靠弦、瞄准、持续发力、撒放以及动作停留这一套动作序列为核心的精细型运动。良好的射箭表现不仅取决于稳定的姿势和协调的动作,还有更重要的是要有持续集中的注意力和良好的心理素质。专业射箭运动员经过长期专业的训练,大都掌握了相似的射箭技巧,却出于心理因素和神经状态方面的原因而难以突破瓶颈,导致无法成长为顶尖射箭运动员。心理是大脑的反映,射手在射箭准备阶段,大脑需要通过执行复杂的过程来识别刺激、选择响应、计划回应、做出决定、准备和执行动作。

虽然已有研究从心理认知学角度报道了高度集中的注意力对于出色射箭表现很重要,但目前对于不同的竞技水平但受过专业训练的高水平射箭运动员在瞄准过程中神经机制间存在明显差异的节律、脑区、脑区间的联系连接、网络拓扑结构,以及这些特征是否与射箭表现密切相关的认识还很欠缺。精英射手和专家射手在脑功能方面究竟有哪些差异?如何根据这些大脑特征选拔具有潜力成为精英射箭水平的运动员?甚至更进一步,如何根据这些大脑特征制订科学的训练计划来进一步提升专家射箭运动员的竞技水平,这是一个对于教练和职业运动员来说都很有价值的问题。

为了进一步研究不同竞技水平射手在射箭准备阶段的神经机制,本实验采取了目前较为流行的脑网络分析,通过数据驱动的方式来揭示精英运动员与专家运动员大脑的功能连接和网络特征的差异。实验采集了 14 名国家射击队运动员(精英组)和 14 名省射箭队的运动员(专家组)在瞄准期间的脑电信号。采用加权相位延迟指数(Weighted Phase Lag Index,WPLI)算法评估 EEG 不同频段上的功能连通性,这种基于相位的方法在一定程度上降低了容积传导效应,避免了相位和幅度因素的混合。区别于先前的研究,本实验提出了基于 WPLI 的事件相关功能连接变化率这一特征来描述大脑连通性在射箭过程的显著性变化。之后采用图论的方法分析基于 WPLI 的脑网络,通过探究受试者在执行射箭瞄准任务时分析的网络全局和局部拓扑,以及与射箭表现相关的神经特性,从而更好地理解专业射手在射箭准备过程中不断变化的 EEG 特征差异。本研究假设射箭准备阶段,精英射箭运动员与专家射箭运动员的脑电功能连接特征和脑网络拓扑存在显著差异,同时这些脑网络特征和受试者的射箭表现之间也存在显著的密切联系。

9.2 精英射手脑网络分析实验方法

9.2.1 实验对象

实验受试者分为精英组和专家组,共 31 名。精英组为 16 名中国国家射箭队运动员(10 名男性,6 名女性,年龄 23±5),平均训练年龄为 6.1 年。专家组为 15 名北京市队射箭运动员(9 名男性,6 名女性,年龄 23±4),平均训练年龄为 8.1 年。采用单因素标准差分析(one way ANOVA)在组别因素上分别对两组的年龄和性别差异进行检验,发现两组受试者在年龄和性别因素上无显著差异(年龄:$p>0.05$,性别:$p>0.05$)。

精英组运动员的运动等级为健将或国际健将,并参加过奥运会、亚运会和世界杯等国际比赛,平均 FITA 分数为 58.5。专家组的运动等级为国家一级或二级运动员,均参加过全国锦标赛,但未有参加国际比赛的经历。受试者具体信息见表 9-1。

所有受试者在实验前每周至少参加 4 天射击训练,每天至少训练 6 h。受试者均右利手,左手持弓,右手勾弦。受试者头部均未受重大损伤,未进行过开颅手术,无精神类疾病,身体机能状态良好,实验前 24 h 未服用酒、咖啡、茶叶等刺激性饮品,未服用任何可能干预实验研究的神经性药物。精英组有 3 名受试者接受过视力矫正,专家组有 2 名受试者接受过视力矫正,矫正后所有受试者的视力均达到正常水平。实验场地为国家射箭队室外靶场,实验在专业教练指导下进行。所有运动员实验前均了解实验内容并签订同意实验协议书。

9.2.2 信号采集

EEG采集设备为TMSI公司(荷兰)生产的SAGA 30导联脑电放大器,该设备可便携,符合本实验移动性的需要。采样频率为500 Hz。电极安放位置按照国际脑电图学会标准安装法(10-20电极安置法),位置分别为Fp_1、Fp_z、Fp_2、F_7、F_3、F_z、F_4、F_8、FC_5、FC_1、FC_2、FC_6、T_7、C_3、C_z、C_4、T_8、CP_5、CP_1、CP_2、CP_6、P_7、P_3、P_z、P_4、P_8、PO_3、O_1、O_z、O_2(见图9-1,前额接地,左、右乳突参考)。实验前调整所有电极阻抗保持在5 kΩ以下,之后采集静息态EEG和射箭全程EEG。

实验中所有受试者均完成相同任务的EEG信号采集。如图9-2(a)所示,首先采集受试者静息态EEG,受试者坐于柔软、舒适的座椅上,保持放松状态,静息态采集时要求受试者不刻意回忆任何事情,分别保持3 min闭眼静息状态和3 min睁眼静息状态。之后采集全程射箭期间的EEG信号。运动员使用自己熟悉的弓箭,瞄准70 m外的国际射箭竞赛标准靶纸,靶纸大小为52 cm×52 cm,10环直径为10 cm;10环边沿每向外延伸5 cm依次为9环、8环、7环、6环。

表9-1 参与实验的射箭运动员个人基本信息

受试者	年龄	身高cm	体重kg	训练年限年	运动等级	主要比赛	FITA分数	世界排名	成绩
Sub1	28.0	174.0	68.0	6.0	国际健将	里约奥运会	55.4	77.0	8.9
Sub2	24.0	164.0	63.0	11.0	国际健将	亚运会	30.3	131.0	8.3
Sub3	22.0	172.0	63.0	8.0	健将	东京奥运会	62.3	60.0	7.7
Sub4	22.0	173.5	67.0	8.0	国际健将	里约奥运会	77.7	47.0	8.7
Sub5	20.0	170.0	68.0	6.0	健将	里约、东京奥运会	82.5	43.0	8.8
Sub6	23.0	168.0	63.0	9.0	国际健将	世界杯	147.0	12.0	9.1
Sub7	22.0	177.0	71.0	6.0	国际健将	世界杯	116.5	25.0	8.8
Sub8	26.0	185.0	94.0	12.0	国际健将	东京奥运会	85.9	41.0	9.2
Sub9	26.0	172.0	80.0	10.0	健将	世界杯	16.2	236.0	8.8

续表

受试者	年龄	身高 cm	体重 kg	训练年限 年	运动等级	主要比赛	FITA 分数	世界排名	成绩
Sub10	23.0	184.0	75.0	10.0	国际健将	世锦赛	45.8	96.0	9.2
Sub11	23.0	172.0	70.0	9.0	国际健将	世界杯	35.2	131.0	8.3
Sub12	24.0	173.0	77.0	7.0	健将	世界杯	14.4	255.0	9.4
Sub13	22.0	183.0	75.0	5.0	国际健将	世锦赛	51.3	87.0	8.0
Sub14	18.0	185.0	77.0	7.0	国际健将	东京奥运会	62.3	72.0	9.0
Sub15	22.0	184.0	75.0	7.0	健将	世界杯	24.6	160.0	9.3
Sub16	23.0	177.0	72.0	8.0	健将	世锦赛	28.2	147.0	7.7
Sub17	27.0	178.0	90.0	3.0	二级	全国锦标赛	—	—	7.0
Sub18	20.0	178.0	76.0	6.0	一级	全国锦标赛	—	—	7.0
Sub19	24.0	182.0	78.0	4.0	二级	全国锦标赛	—	—	7.4
Sub20	21.0	172.0	73.0	6.0	一级	全国锦标赛	—	—	7.3
Sub21	26.0	180.0	122.0	4.0	二级	全国锦标赛	—	—	7.5
Sub22	23.0	178.0	66.0	4.0	二级	全国锦标赛	—	—	8.2
Sub23	26.0	178.0	78.0	8.0	一级	全国锦标赛	—	—	6.7
Sub24	24.0	172.0	88.0	4.0	二级	全国锦标赛	—	—	5.2
Sub25	23.0	178.0	75.0	5.0	一级	全国锦标赛	—	—	7.2
Sub26	22.0	163.0	66.0	4.0	二级	全国锦标赛	—	—	7.0
Sub27	22.0	168.0	63.0	5.0	二级	全国锦标赛	—	—	2.4
Sub28	20.0	173.0	67.5	2.0	二级	全国锦标赛	—	—	7.5
Sub29	19.0	170.0	67.0	3.0	二级	全国锦标赛	—	—	7.8
Sub30	25.0	168.0	56.0	4.0	二级	全国锦标赛	—	—	8.1
Sub31	23.0	175.0	67.0	3.0	二级	全国锦标赛	—	—	6.2

运动员每次执行一次射击，击发后由报靶员反馈射击成绩，射手根据本次成绩自行调整瞄准点，然后进行下一次瞄准击发。运动员按照自己的节奏自由配速射击，共执行35次射击。射箭击发时刻由红外线自动感应记录并为EEG信号标记发射时间点。射击成绩按照靶纸记录为6～10环(脱靶记为0环)。所有

运动员的射箭过程均为独立进行,彼此不知道对方的成绩,并在测试前告知运动员不必过于在意成绩,而重点注意自身的射箭技巧。

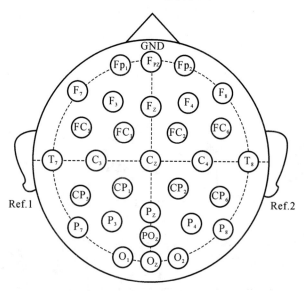

图 9-1 SAGA 30 导联 EEG 放大器电极安装位置图

9.2.3 信号预处理与实验流程

将采集得到的 EEG 信号传输至计算机进行离线处理,如图 9-2(b)所示。首先利用阶数为 200 的有限长冲激响应滤波器(Finite Impulse Response,FIR)滤波器对所有信号进行 0.1~50 Hz 的带通滤波。之后对数据进行分段处理:截取射箭前 6 s 到发射时刻的 EEG 信号数据,记为一个试次。由于射箭运动员在瞄准期间神经活动变化迅速,所以实验对精细化程度要求较高,按照 1 s 长为一个数据段,将连续的 EEG 信号划分成 −3~−2 s、−2~−1 s、−1~0 s 三个时间窗口,分别定义为 Win1、Win2 和 Win3。之后利用 EEGLAB 工具箱目视检查去除 EEG 受伪迹影响较大的试次,2 名国家射箭队运动员和 1 名北京射箭队运动员因伪迹过多而被去除。之后对每名受试者进行独立成分分析(Independent Component Analysis,ICA)去除 EOG 伪迹。最终得到两组 28 名受试者瞄准期间共 856 个可用试次,平均每名受试者剩余 30 个试次(去除率约为 18.5%)。

为减少实验受试者的个体性差异,采用个体 Alpha 主频(Individual Alpha Frequency,IAF)的方式确定不同受试者的频段划分方式。IAF 是指在 8~13

Hz 频段之间,受试者大脑的主频峰值。以每 4 s 为一段进行分段,采用快速傅里叶变换(Fast Fourier Transform,FFT)的方法计算闭眼静息态时枕区电极(O_1、O_2 和 O_z)在 8～13 Hz 之间最高频段功率位置的平均值(频率分辨率为 0.5 Hz)作为受试者的 IAF。然后根据 IAF,确定每名受试者的子带频率:Theta 频段定义为 IAF－6～IAF－3(Hz),Alpha1 频段为 IAF－2～IAF(Hz),Alpha2 频段为 IAF～IAF＋2(Hz),Beta1 频段为 IAF＋3～20(Hz),Beta2 频段为 20～30(Hz)。

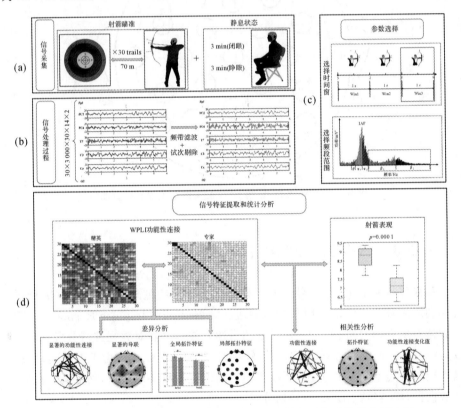

图 9-2 射箭瞄准期间 EEG 脑网络研究实验信号采集及数据分析流程
(a)实验信号采集; (b)实验信号预处理流程;
(c)瞄准期间的时间窗和频段的划分以及对两组受试者功能连接矩阵差异最显著的时间窗和频带的选择;
(d)两组受试者间 EEG 特征的差异性分析及和射箭表现的相关性分析

数据分析流程如图 9-2(c)(d)所示:首先,通过对比精英组和专家组的平均 WPLI 连接强度之间的差异程度,选择差异性最大的频段和时间窗进行分析;然后在选定的频段和时间窗内提取两组受试者的 EEG 特征,包括功能连接强度、功能连接变化率、全局脑网络拓扑和局部脑网络拓扑；最后，对两组受试者以上的特征进行差异性检验，并分别与两组受试者的射箭表现进行相关性检验，得到统计检验结果。

9.2.4 基于 WPLI 方法的 EEG 功能性连接

实验采用加权相位延迟指数的方法计算 EEG 信号之间的功能性连接。WPLI 方法是通过计算信号之间相位同步关系从而衡量连接程度的一种算法。相比基于相干性（Coherence）和基于相位的功能性连接算法（如 PLV 和 PLI 算法），WPLI 通过交叉频谱的虚部分量的幅度大小来加权相位超前和滞后，在一定程度上降低了容积传导效应，避免了相位和波幅混合的影响，同时增加了检测相位同步变化的统计功率。由于计算复杂度低，检测相位时统计效力强，所以WPLI 方法也适合应用于功能性连接的实时监测和实时计算。

在计算 WPLI 前，为了得到两组受试者 EEG 信号准确的相位和波幅，首先根据 IAF 得到的划分频段，分别构造 Theta、Alpha1、Alpha2、Beta1、Beta2 五个频段的 FIR 带通滤波器对两组所有受试者的 EEG 信号进行带通滤波，再对滤波后得到的窄带信号进行 Hilbert 变换，得到两组每名受试者在特定频段的解析信号，并去掉解析信号两端各 10% 的数据。根据得到的结果，通过以下公式计算两组 EEG 信号两组不同导联信号之间的 WPLI 值：

$$\text{WPLI}_{xy} = \frac{|\langle |\Im(S_{xy}(t))| \operatorname{sign}(\Im(S_{xy}(t))) \rangle|}{\langle |\Im(S_{xy}(t))| \rangle} \quad (9-1)$$

式中：$S_{xy}(t)$ 为 EEG 信号 $x(t)$ 和 $y(t)$ 的交叉谱；$\Im(\cdot)$ 表示虚部；$\langle \cdot \rangle$ 表示一段时间内的平均值。WPLI 的取值范围是 $0 \sim 1$，WPLI 的值越高表示神经振荡活动的耦合程度越高。

预处理后，每组脑电数据格式为 $30 \times 1\,000 \times 30 \times 14$，代表 30 个通道、1 000 个数据采样点、30 个试验、每组 14 个受试者。计算所有 EEG 通道之间的 WPLI，得到 30×30 的受试者在每个时间窗口和频段的耦合值矩阵。于是每组 WPLI 连接矩阵数的据格式为 $30 \times 30 \times 5 \times 3 \times 14$，代表每组 30×30 的 WPLI 连接矩阵、5 个分析频段、3 个时间窗和 14 名受试者。另外，为了研究每个导联的连接值，对两组 WPLI 连接矩阵的行/列向平均得到了不同导联上的平均连接强度。

为研究专业射箭运动员发射前神经机制的变化特点，本章提出了功能连接变化率（ErWPLI）这一概念来描述对两组受试者的功能连接强度的变化。计算公式为

$$\mathrm{ErWPLI}(t,f) = \frac{\mathrm{WPLI}(t,f) - \overline{R(f)}}{\overline{R(f)}} \qquad (9-2)$$

WPLI(f)是某个时频段上基于加权相位延迟指数的功能连接强度,是基线处各频段的功能连接强度,本实验将两组受试者在射箭发射前 $-4\sim-3$ s 内跨试次的平均 WPLI 连接强度作为基线,分别计算了 3 个时间窗内不同频段上两组受试者的功能连接强度变化率。以上计算过程在 MATLAB R2014a 平台中实现。

9.2.5 瞄准期间功能性脑网络特征

本实验采用基于图论的脑网络研究方法,分别从全局和局部的角度对精英组和专家组受试者的 WPLI 连接矩阵进行脑网络的拓扑特征的分析。分析步骤是将 WPLI 方法得到的功能连接矩阵转化为邻接权重矩阵,然后利用图论的方法,将大脑的不同区域视为节点,将连接关系视为边,以提取每组中每名受试者在每个分析频段脑网络的各项拓扑特征。

对获得的脑网络连接矩阵不设阈值,保留所有节点之间的连接值,构成功能性权重脑网络,后续的脑网络拓扑分析也是在该条件下进行的。

之后,使用全局和局部两个方面的脑网络拓扑特征共同分析。全局拓扑特征中,选择网络的平均聚类系数、特征路径长度和全局效率 3 个特征进行分析比较。其中,聚类系数与特征路径长度的比值表示网络的小世界特性。局部拓扑特征中,选择能特征向量中心度、平均最短路径长度、局部效率 3 个局部特征。这些拓扑特征的公式可参见前面章节。以上计算过程由 Brain Connectivity Toolbox 工具箱实现。

9.2.6 实验数据的统计分析

本研究假设精英组射箭运动员与专家组射箭运动员间的 WPLI 连接强度、连接强度变化率、脑网络全局和局部拓扑特征均存在显著差异。为检验该假设,首先采用 K-S 检验(Kolmogorov - Smirnov test)对正态分布下的两组的各项 EEG 特征进行评估,发现除功能连接变化率外的其他特征均不服从正态分布($p<0.05$),且在功能连接变化率中也并非所有结果都服从正态分布。鉴于并非所有特征都服从正态分布,因此统一采用非参数检验对样本进行分析。采用 Wilcoxon 秩和检验分析两组连接值和特征值的显著性差异结果。将 0.05 和 0.01 分别设为两组样本具有显著差异和具有非常显著差异的检验水平。最后使

用 False Discovery Rate(FDR)的方法对统计检验的结果进行多次检验校正。

其次,本章实验也假设两组受试者在重点分析的时间窗和频段的功能连接强度、变化率和网络拓扑特征与射手 30 次射箭的平均表现存在密切联系。为了验证这一假设,采用跨受试者的统计检验来分析每名受试者的 EEG 特征与射箭表现的相关性。实验对两组每名射箭运动员 30 次射箭的平均成绩进行 K-S 检验,发现平均射箭成绩不服从正态分布($p<0.05$),选择 Spearman 秩相关分析进行相关分析,并计算相关系数(r)。同样使用 FDR 对 p 值进行多次检验校正。统计分析部分同样在 MATLAB R2014a 平台中的统计检验工具箱中进行。

9.3 实验结果

在检验 EEG 功能性连接和拓扑特征之前,首先研究两组射箭运动员的 IAF 和射箭行为指标差异。对两组每名受试者的 IAF 进行 K-S 检验,发现 IAF 不服从正态分布($p<0.05$),再经 Wilcoxon 秩和检验发现两组受试者的 IAF 不存在显著差异($p>0.05$)。从射箭成绩指标来看,如图 9-3(a)所示,精英组平均环值为 8.7(± 0.56),专家组平均环值为 6.8(± 1.44)。经 K-S 检验的结果发现两组成绩均不服从正态分布($p>0.05$),Wilcoxon 秩和检验结果为 $p<0.01$,表明精英组平均成绩显著高于专家组。

9.3.1 精英组和专家组瞄准期间功能性连接差异

实验对精英组和专家组中 5 个频段(Theta、Alpha1、Alpha2、Beta1、Beta2)、3 个窗口(Win1 到 Win3)上的平均 WPLI 连接强度进行分析,通过对比两组连接强度差异的显著程度确定出最适合分析的频段和时间窗。如图 9-3(b)所示,两组射箭运动员平均连接值仅在 Win3 窗口的 Beta1 和 Beta2 频段内表现出了具有显著性的差异。同时,为了确保实验结果的准确性,还计算得到了所有受试者在每个导联上的平均连接强度,并使用 Wilcoxon 秩和检验对其进行了检验,通过对比所有时间窗和频段上存在显著性的节点数量,再一次证实了 Win3 窗口 Beta1 和 Beta2 波段之间最大的显著差异。因此将 Win3 窗口内的 Beta1 和 Beta2 频段作为实验的分析时间窗和分析频段,着重研究该时间和频率内的 EEG 特征。

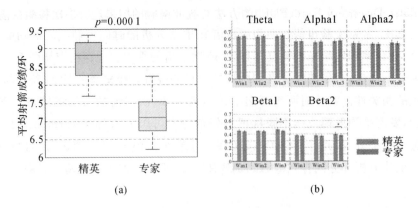

图 9-3 精英组和专家组的对比数据 1

(a)精英组和专家组射箭运动员平均成绩的均值、标准差；

(b)精英组和专家组在 3 个时间窗上的平均 WPLI 连接值的均值、标准差，图中纵轴代表功能连接强度，误差条表示标准差，顶部的星号表示两组平均连接值的差异（* $p < 0.05$）

图 9-4(a)显示了精英组和专家组的射箭运动员的功能连接强度在 Win3 窗口的分析频段（Beta1 和 Beta2）上具有显著性差异的统计检验结果。节点间的连线表示两组射箭运动员之间具有显著差异的 WPLI 连接（$p<0.05$）。节点间连线的粗细表示显著程度：显著程度越高，连接线越粗；反之，显著程度越低，连接线越细。该图下方为连线的粗细程度与显著性 p 值的关系。节点间无连接表示两组受试者在该连接上无显著差异，并用红色表示精英组运动员的连接强度高于专家组运动员，用蓝色表示专家组运动员高于精英组运动员。结果表明，精英组在 Beta1 和 Beta2 频段上的连接强度均高于专家组。在 Beta1 频段上，节点 $Fp_1 - CP_5$、$Fp_2 - C_4$、$CP_2 - C_4$、$C_3 - O_1$ 和 $C_z - P_7$ 之间的功能性连接差异最为显著。Beta2 频段上表现出了更多显著差异的连接，主要集中在前额区、中央区、左颞区、额区，其中在 Fp_z、Fp_1、Fp_2、F_z、F_3、FC_1、FC_2、FC_5、T_7、C_z、CP_5、CP_6、P_z 等节点处连接的差异最显著。图 9-4(b)中左、右两侧分别是两组受试者在 Win3 窗口所有频段（Theta、Alpha1、Alpha2、Beta1 和 Beta2）和分析频段上的 WPLI 连接矩阵经频段维度平均后得到的平均连接强度（即平均所有频段和平均 Beta 频段）上具有显著性差异的统计检验结果。这里的结果同样表现出精英组的功能连接更强，且两组在平均 Beta 频段上差异比平均频段更显著。

图 9-4(c)是通过对两组受试者的平均连接强度进行差异性检验得到大脑不同位置上的显著性连接差异。脑地形图中存在颜色的区域表示差异显著的脑区，其中红色表示精英组连接值高于专家组的，蓝色反之。Beta1 频段的左额区（F_3）、左中央区（FC_1、CP_1、CP_5）、左顶区（P_8）、右中央区（C_4）和右颞区等处表现

出显著的差异。在 Beta2 频段上,平均连接强度的差异主要集中在在前额区(Fp_z、Fp_2)、左额区(F_3)、左中央区(CP_1、CP_5)和左颞区。

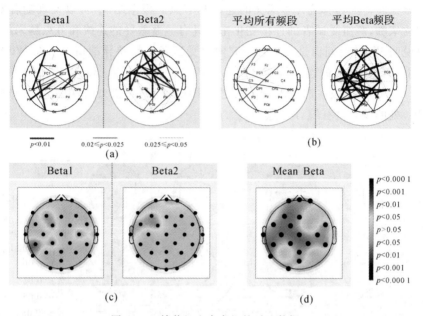

图 9-4 精英组和专家组的对比数据 2

(a)精英组和专家组的 WPLI 连接在分析频段存在显著差异的连接,节点表示电极位置,节点间的连接表示两组间连接差异有统计学意义($p<0.05$),红色的连接表示精英射手比专家射手连接性更强,连接的粗细程度表示连接的更重要性;

(b)精英组和专家组在所有频段和分析频段的平均 WPLI 存在显著差异的连接;

(c)精英组和专家组各节点的平均 WPLI 连接在分析频段上具有显著差异的脑地形图,黑色节点表示电极位置,图中颜色越深,差异程度越显著;

(d)精英组和专家组各节点的平均的 WPLI 连接在平均 Beta 频段连接值上具有显著性差异的总连接强度差异图,黑色节点表示连接具有显著性差异的电极位置

通过计算两组受试者在不同平均频段上具有显著差异的脑区位置,可以进一从整体上分析功能连接特征的差异。图 9-4(d)是通过两组受试者 WPLI 脑网络矩阵在频段维度平均后再经差异检验得到的平均分析频段(即平均 Beta 频段)的差异脑地形图,显示了两组受试者的脑网络连接值上具有显著差异的节点位置,右侧的颜色指示柱表示两组射箭运动员在连接值上具有统计学意义的差值。根据结果,发现精英组和专家组的差异显著的位置主要出现在前额区(Fp_z、Fp_1、Fp_2)、左额区(F_3)、中央额区(F_z)、中央区(C_z)、左中央区(FC_1、FC_5、C_3、CP_1、CP_5)、右中央区(FC_6、FC_2、C_4、CP_2、CP_6)、中央顶区(P_z)、左顶区(P_7)、顶枕区(PO_z)和左枕区(O_1)处。

图9-5是精英组和专家组在3个时间窗内分析频段上的功能连接值相对于基线(两组射箭运动员射箭前-4~-3 s的功能连接值)的功能连接变化率,经差异检验得到具有统计学意义的连接和节点。根据结果,可以发现随着发射时刻的来临,两组受试者的连接变化率上具有显著差异的连线和节点越来越多,这也说明Win3时间窗是最适合研究两组受试者连接差异的窗口。在Win3时间窗上,Beta1频段的连接值变化在$F_7 - P_3$、$C_3 - CP_1$、$T_8 - O_1$节点处的差异最明显,而Beta2频段在前额区(Fp_z)、左右额区(F_7、F_8)、中央区、中央顶区和左顶区(P_7)处的差异具有统计学意义。

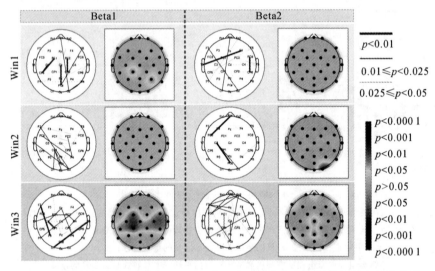

图9-5 精英组和专家组的ERWPLI在3个时间窗内分析频段上存在显著差异的连接和节点,脑地形图中黑色节点表示电极位置,红色表示精英组的连接变化率高于专家组,颜色越深,差异程度越显著

9.3.2 精英组和专家组瞄准期间脑网络拓扑特征差异

图9-6(a)为精英组和专家组在Win3窗口中Beta1和Beta2频段上脑网络全局拓扑特征的平均值、标准差和对两组全局拓扑进行差异性检验的结果。如图所示,在分析频段中,精英组和专家组的平均聚类系数和全局效率均表现出Beta1频段的特征值大于Beta2频段的特征值,以及精英组的特征值大于专家组的特征值的结果,在特征路径长度方面则表现出相反的结果。两组的全局拓扑特征在各分析频段上都表现出显著的差异性。

第9章 精英射箭运动员的大脑神经特质-脑网络拓扑分析研究

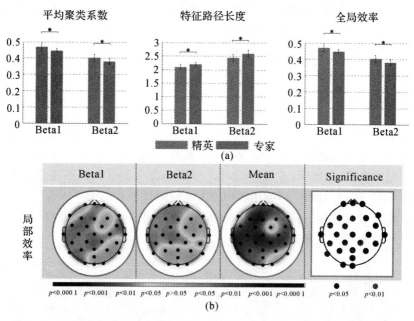

图9-6 精英组和专家组在Win3窗口中Beta 1和Beta 2频段上脑网络全局拓扑特征的平均值、标准差和对两组全局拓扑进行差异性检验的结果,以及局部效率拓扑的特征值对比

(a)精英组和专家组在分析频段的脑网络全局拓扑特征平均值和标准差, * 表示两组特征值间具有显著差异($p<0.05$),从左到右依次表示平均聚类系数、特征路径长度、全局效率;

(b)精英组与专家组射箭运动员在不同分析频段上的局部脑网络拓扑特征差异性分析统计结果,图中从左至右分别为Beta1、Beta2和平均Beta频段上连接差异的脑地形图及统计结果具有显著性($p<0.05$)和非常显著($p<0.01$)差异的节点(即电极位置),脑地形图中,红色表示精英组的特征值高于专家组,蓝色反之,颜色越深表示差异程度越显著,框图中黑色节点表示该电极处差异程度为显著,红色节点表示该电极处差异程度为非常显著

在对局部特征的差异性检验中,本实验仅在局部效率上发现了显著性差异的结果,而在特征向量中心度和平均路最短路径长度上没有表现出显著的差异,故本章未在图9-6中列出两者的结果。如图9-6(b)所示,局部效率拓扑的特征值依然表现出精英组高于专家组的情况。在分析频段上,两组受试者局部效率的差异在左半脑前额区、额区和中央区最为显著,其中Beta1频段显著性差异还出现在右额区(F_8)、右中央区(FC_6、C_4、CP_2)、右颞区、左顶区和左枕区,而Beta2频段在右中央区(CP_2、CP_6)、左顶区(P_7)的差异表现出了显著性。根据在平均Beta频段的差异结果,两组受试者的局部效率除F_7、FC_2、P_8、O_2节点外,

在全脑大部分区域都表现出了显著性，尤其是 F_3、FC_1、C_3、CP_1、CP_5、CP_2 和 P_7 这些节点都表现出了非常显著的差异。

9.3.3 精英组和专家组瞄准期间脑网络特征与射箭表现的关系

图 9-7 为两组受试者在 Win3 窗口中 Beta1 和 Beta2 频段功能性连接强度和射箭表现之间的相关性计算结果。专家组在 Beta1 频段的相关性的连接主要集中在左中央区、左顶区、左颞区，Beta2 频段的存在显著相关的连接多汇聚在前额区、中央区、右颞区。精英组在 Beta1 频段的 F_3-P_4、FC_5-O_z、C_z-CP_6 等连接表现出了显著的正相关，在 Beta2 频段的前额区和枕区的连接（Fp_z-O_1、Fp_1-O_z）的相关性最显著。

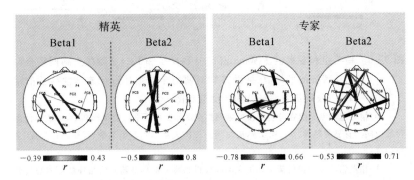

图 9-7 精英组与专家组射箭运动员在分析频段的连接值与射箭表现的相关性分析，有色连接表示与射箭表现具有显著相关性的功能性连接（$p<0.05$），红色表示正相关，蓝色表示负相关，颜色指示柱表示相关系数（r）的取值范围，颜色越深、线条越粗表示两者在该连线处的相关系数越大、显著程度越高

图 9-8 是精英组和专家组射箭运动员在 3 个时间窗内分析频段上的 ERWPLI 与射箭表现经相关检验得到的具有统计学意义的连接。图中表现出了较多存在显著正相关性的连接，且专家组 WPLI 连接的变化与射击表现的关联程度更高。精英组的 Beta1 频段和专家组的 Beta2 频段上 WPLI 连接的变化在越靠近射箭发射的时刻，表现出与射箭成绩的相关性的连线越来越少。

两组受试者在 Win3 时间窗内脑网络拓扑特征与射击表现的相关性检验的结果表明，全局拓扑特征中未出现显著的相关性；在局部拓扑特征中，特征向量中心度和平均最短路径长度上发现了存在显著相关性的统计结果(见表9-2)。

表9-2 精英组射箭运动员和专家组射箭运动员在局部拓扑特征上具有显著相关性的节点($p<0.05$)

局部拓扑特征	组 别	频 段	EEG导联	r	p	脑 区
特征向量中心度	精英组	Beta1	F_3	0.577	0.031	左额区
			P_4	0.537	0.048	右顶区
	专家组	Beta2	Fp_1	0.572	0.033	左前额区
			FC_6	−0.539	0.047	右中央区
平均最短路径长度	专家组	Beta1	T_7	−0.552	0.041	左颞区
		Beta2	CP_1	−0.559	0.038	左中央区

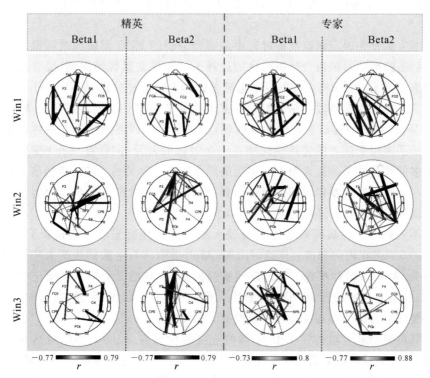

图9-8 精英组与专家组射箭运动员在3个时间窗内分析频段上的功能连接变化率与射箭表现存在显著相关性($p<0.05$)的连接

如表9-2所示,在特征向量中心度上,精英组在Beta1频段的F_3、P_4节点上表现出了显著的相关性,专家组在 Beta2 频段的 Fp_1 和 FC_6 的节点处具有相关性。而精英组未在平均最短路径长度中表现出显著相关的节点,专家组则仅在 Beta1 频段的左颞区和左中央区的节点与射箭表现密切相关。

9.4 实验结果讨论

本研究主要目的是探究不同技能水平对受过专业训练的高水平运动员大脑中涉及射箭准备过程的相关皮层区域的神经活动会产生怎样的差异,以及这些差异反映出了什么样的生理意义。因此,结合不同频段、脑区对应特定的生理特性,对两组受试者的脑网络特征进行细致的分析比较。

9.4.1 精英组和专家组的差异最显著的时频段

本实验首先确定射箭准备过程中最适合分析的 EEG 频段和时间窗。前人在对射击瞄准期间最适合分析时机的选择上的相关文献曾经提到,随着击发时刻的来临,EEG 特征将会变得越来越显著。本实验通过对比 Win1~Win3 三个时间窗的所有观察频段上精英组和专家组间的平均 WPLI 连接强度的差异,发现在 Win3 窗口中具有显著性差异的频段,这与前人研究的结论相一致。实验还分析了两组受试者的连接变化率在三个时段的差异,同样在 Win3 窗口发现了更多的差异结果。这说明不同层次的专业射箭运动员的大脑的连接值和神经变化在最临近射箭发射时刻差异最明显,由此推测该时刻是分析专业射箭运动员大脑神经活动最合适的时刻。

不同频段上的脑网络特征可反映大脑不同的生理意义。当前研究认为:Theta 节律多在困倦和消极情绪时出现;Alpha1 节律与全脑的注意力和觉醒程度有关,Alpha2 节律反映了特定神经系统振荡,并与感觉运动或语义记忆力有关;Beta 节律与运动行为、积极地解决问题有关,多在紧张、警觉、兴奋时出现,在需要注意力的认知加工过程中也发挥了重要作用。

精英组射箭运动员在 Beta 节律的连接强度更高,说明大脑的激活程度更高,由此推测精英组射箭运动员完成专项动作时感知、控制专项动作明显,而他们在 Theta 频段表现出更低的连接值,说明精英射手瞄准时专注程度更高。之前的文献证明了 Beta 频段要比其他频段更适合分析射击瞄准行为,Ebersole 等人的研究也发现当运动员处于竞技状态时,会造成 Alpha 节律被抑制、Beta 节律能量增加的情况。因此,可以推测 Beta1 和 Beta2 频段是研究技能精熟的射手能力差异的理想频段,并推测射箭运动员在临近发射时刻的大脑在该频段的活动差异是判断其是否具备成为顶尖射手潜力的重要参考依据。

9.4.2 精英组和专家组的功能连通性差异分析

功能连接特征是通过研究两个不同皮层间的信息交互来反映受试者的意识水平、大脑整合信息的能力,以及认知功能的发展。通过比较两组受试者在图9-3三个时间窗内各频段的平均 WPLI 连接值强度的大小,虽然在 Theta、Alpha1、Alpha2 频段没有表现出显著性,但结果发现在 Theta 和 Alpha1 频段,专家组大脑的平均连接值存在高于精英组的趋势,而在 Alpha2、Beta1 和 Beta2 频段上表现出相反的结果。推测这表明射箭瞄准过程中精英射手的脑网络在与射箭表现相关频段上的皮层区域之间的关联性更强,信息沟通更加有效。

射箭瞄准时,射手要调节好肌肉收缩、呼吸控制、视觉瞄准,并始终保持高度的注意力,整个过程涉及许多生理过程。Gallicchio 等人在研究中提到成功的射击表现需要抑制无关的认知过程,而增强相关的认知过程,本实验也同样发现精英射手在瞄准时比精英射手更加精准地调动了与射箭行为相关的频段上的神经活动。这也从神经效率的角度证明了相比专家射箭运动员,精英射箭运动员调动射箭相关的神经机制的能力更强,具有更强的神经效率。

根据分析频段上连接差异的结果,Beta1 频段上存在最显著的连接差异的电极主要分布在前额区、左右中央区、左顶区和右颞区。Beta2 频段的差异性的位置集中在前额区、左额区和左颞区。虽然有不少文献从功率变化的角度揭示了不同脑区对应的生理特点,但由于 EEG 中不同脑区间的功能连通性不能等同于功率变化,即不能代表该脑区处大量神经元的同步活动,只是表明来自两个不同脑区的神经活动之间的相互关系,所以实验中两组受试者之间功能连接值差异性显著的脑区表明,这些脑区在瞄准期间更密切的信息交互可能是精英射手能取得比专家射手更好射箭表现的关键所在。

过硬的心理素质是射箭运动员取得优秀射箭表现的先决条件。Beta 频段能量增加会导致脑唤醒的现象,从而促进大脑对运动信息处理。实验结果显示,精英组在平均 Beta 频段上的平均 WPLI 连接值显著强于专家组,这可能表明精英组大脑唤醒程度(即感觉运动的信息处理能力)更强。通常认为,运动过程中运动员认知加工能力不仅反映了技能水平的高低,而且决定着比赛的胜负。由于 Beta 节律与认知加工有关,上述结果也反映出精英射手心理的认知加工能力更强。Abrams 等人认为特定功能大脑区域之间有效的信息沟通是实现良好认知加工的必要条件,这也证实了本文的结论。结合精英组在 Theta 频段整体连接强度低于专家组的情况,本研究进一步认为精英组射箭运动员瞄准期间积极主动并充满自信。

功能连接变化率方面,通过分析两组受试者相对于基线的连接强度变化最为显著的连接和节点差异结果,发现在 Win3 时间窗内精英组受试者的 ErWPLI 更高,且 Beta1 频段上功能连接变化差异在中央区和右颞区最明显,Beta2 频段上的显著差异分布在前额区、左右额区、中央区、中央顶区和左顶区。通常认为,Beta1 节律于感觉运动整合中起作用,还与提高唤醒水平及注意力有关。Beta2 节律通常在面对刺激时出现,并伴随着警觉、激动、焦虑的主观情绪。

根据 Beta1 和 Beta2 频段所对应的生理特性,以及这些表现出显著性的前额区、中央区、右颞区和左顶区分别对应着大脑在执行计划、处理精细运动技巧、目标识别和注意力方面的功能,因此探索性地认为,在 Win3 时刻,精英组射箭运动员更迅速地加强了这些脑区的唤醒水平,使大脑更强化了目标识别的能力,并专注于心理认知的加工以处理精细运动技巧。

9.4.3 精英组与专家组间的脑网络拓扑差异分析

为更好地理解大脑网络的运作过程,从功能整合的角度分析网络复杂性,本章采用图论方法分析了精英组和专家组射箭运动员基于 WPLI 的脑网络差异。图论认为,特征路径长度和平均聚类系数分别是反映脑功能网络中功能整合和分离的两个度量指标。

全局效率能够度量网络的全局传输能力和信息整合的效率。通常认为,聚类系数越大,信息处理的局部效率越高,而特征路径长度越小,信息处理的全局效率越高。根据全局拓扑差异的结果,精英射手更大的平均聚类系数反映出其大脑拥有更强的信息聚合程度和信息加工能力,而更小的特征路径长度则意味着其大脑区域之间更高的整体路由效率及功能整合潜力,这表明精英射手大脑局部和整体的信息整合能力强于专家射手。

另外,从脑网络的小世界性的角度来看,相比专家组射箭运动员,精英组射箭运动员更高的聚类系数和更低的特征向量长度说明了精英组射箭运动员更具有小世界特性,其脑网络整体组织效率更高,全脑信息的交流更密切。

根据脑网络局部特征的分析结果,两组受试者的局部效率分析频段的较多节点上都发现了显著性差异,且均为精英射手的特征值更强。局部效率衡量信息局部聚类程度和信息交换效率,这说明精英射手局部神经联系更加集约高效。Kim 等人关于射箭瞄准期间的研究表明,相比新手,优秀的和专业的弓箭手瞄准期间有更局限性的神经活动,更高的局部效率可以帮助大脑中射箭相关区域处理复杂过程,这也为本实验的研究结果提供了有力支撑。

在平均 Beta 频段上,两组受试者间存在非常显著的差异节点分布在:负责工作记忆、集中、执行计划和正面情绪有关的额区(F_3、F_z),以及与注意力、心理加工有关的左中央区(C_z、FC_1、C_3、CP_1、CP_5);侧重于对灵巧活动、感觉和运动中的整合加工以及精细运动技巧的联合处理的右中央区(CP_2);参与处理复杂问题以及和注意力有关的左顶区(P_7)。从以上脑区功能的角度看,很可能反映了两组受试者在全脑认知加工、工作记忆、注意力集中等方面的存在显著不同,精英射手对与生理过程相关的信息处理更加高效。

同时,实验发现两组射手在左脑的局部效率之间的差异更加明显,非常显著的节点也更多。对于这种现象,推测可能由于右脑与射击表现的关联性更紧密。因为本章研究的对象是是经验丰富的专业射箭运动员,他们都拥有高度熟练的射箭技巧,所以在与射箭行为相关的脑区差异较小。存在差距的原因更多地在于对专项运动细节的把握,这也对应了左脑注重细节的生理特性。

综上所述,射箭瞄准过程是由多个类型大脑网络协作的精细活动,同顶尖射箭运动员相比,即使同为经过长期训练的高水平射箭运动员在脑网络上也同样具有大量显著的差异,且顶尖水平的射手大脑全局和局部的信息处理能力都更强。但需要强调的是,本实验在平均最短路径长度和特征向量中心度的结果只说明两组运动员这些特征之间的差异不显著,而并非对于射箭过程不重要,它们是两组射箭运动员大脑活动中的共性,共同参与射箭任务相关的神经活动。

9.4.4 精英组与专家组间的脑网络特征与射箭表现的相关性分析

实验在研究专业运动员 EEG 特征差异的基础上,进一步分析了对两组射箭运动员与射箭表现的相关性。神经适应性假说表明,高水平运动员的适应性更好,在不同条件下都能完成好技能执行,大脑神经活动与成绩的相关性反而不高。而本章研究结果中也发现精英组受试者在 Win3 时间窗内与射箭表现具有显著相关的连接少于专家组,这表示精英射箭运动员瞄准时神经适应性更强,成绩表现更独立,更少地依赖大脑神经状态,在任何大脑神经状态下均能获得优秀射击表现。

根据功能连接变化率与射箭表现存在的相关性结果,精英组在 Beta1 频段和专家组在 Beta2 频段上的神经活动随着发射时刻的来临表现出越来越少的相关性。这同样可以用神经适应性假说的角度来解释,说明两组受试者在射击前的大脑调控能力都很强,心理状态更加稳定。另外,从图中具有相关性的连接数量来看,相比功能连接强度,功能连接变化率与射箭成绩具有更多显著性相关的结果,这可能说明神经连接变化与射击表现关系更加紧密,更加适合作为反映射手与射箭表现的相关性特征。

在两组受试者脑网络拓扑特征的研究中,仅发现在特征向量中心度和平均最短路径长度上的相关性具有统计学意义。由于实验结果没有在这些拓扑特征上出现明显的差异,所以本实验认为这些显著相关的脑区在专业射手瞄准时共同发挥着重要作用。特征向量中心度反映了节点的重要程度,这说明这些显著相关的节点都是射箭瞄准期间的关键节点。结果还反映出精英射手的左额区、右顶区与射箭表现显著正相关,根据相关脑区对应的生理特性,认为精英射手拥有更好的空间意识以及更加集中的注意力,并推测有针对性地激活这些正相关的节点会对射箭表现会产生积极的影响。在平均最短路径长度上,专家射手在左颞区(T_7)和左中央区(CP_1)均为负相关。

平均最短路径与大脑信息的传输效率成反比,射手大脑的平均最短路径长度越短,信息传输效率越高,而射箭表现越好。另外,CP_1节点通常也被归为上顶叶,双流假说提出背侧流(顶叶流)参与空间意识和动的引导,涉及躯体感觉处理、运动和联想。这似乎也表明以上大脑区域更高的局部信息传输效率以及更出色的空间意识有助于帮助射手取得更好的射箭表现。

9.4.5 研究局限性

通过实验结果分析,本研究发现了精英射手与专家射手之间的差异及射箭相关的脑网络特征,但本研究仍存在一定的局限性。首先,由于顶尖的运动员数量有限,所以虽然实验采集了相当数量的受试者数据,但这些数据样本仍然较少,这可能造成研究对象的个体性差异较大,导致对特征值及其差异的解释变得困难,只能得出有限的结论。例如,本实验对与射箭表现相关的功能连接和变化率中同时出现显著正、负相关性的连接中还未得出科学合理的解释。

其次,在分析讨论部分引用了不少射击研究的结论,导致分析论证未必绝对准确。究其原因,虽然射击与射箭的过程相似,但大脑行为和射箭行为过程间的关系是很复杂的,射击过程与射箭不同,可采用卧、跪、立三种姿态,且射击实验中的研究对象多是专家和新手,专家组受试者的技能并未达到本章中顶尖运动员的水准。因此并不能简单地将步枪射击过程表现的生理意义推广到射箭过程中大脑活动的相关领域。

最后,尽管实验采用WPLI的功能连接的方法在一定程度上解决了共同源问题,但得到的脑网络矩阵不具有方向性,故该方法无法衡量两个脑区(或电极)

EEG 信号的因果关系。通过采用描述事件因果关系的有效连接建立有向加权大脑网络,是下一步探索不同水平运动员在专项任务状态下 EEG 特征采用的发展方向。

9.5 本章小结

本章从功能性脑网络的角度分析比较了 14 名精英射箭运动员和 14 名专家射箭运动员在射箭准备阶段脑网络特征的差异,以及与射箭表现的相关性。结果显示,两组运动员在 Win3 窗口的 Beta1 和 Beta2 频段上存在显著差异,精英射手在该时频段上的功能连接、局部和整体的信息整合效率均强于专家射手,但与射箭表现相关性更少。本研究表明精英射手的特定功能皮层间的信息交互更加密切,可以更加高效地提升大脑唤醒水平和认知加工能力,并探索性地推测这些特征使大脑的神经适应性更强以专注于运动细节的控制。这些结果验证了假设,既能为专业运动员进一步提升技能水平提供新的策略,也为优秀射箭运动员的选拔提供了新的生理依据,并为未来探索与射箭相关的精细型运动过程中的神经活动提供有价值的参考。

参 考 文 献

[1] ERTAN H, SOYLU A R, KORKUSUZ F. Quantification the relationship between FITA scores and EMG skill indexes in archery[J]. Journal of Electromyography and Kinesiology, 2005, 15(2): 222-227.

[2] ACIKADA C, ERTAN H, TINAZCI C. Shooting dynamics in archery [J]. Sports Medicine and Science in Archery. FITA Medical Committee, 2004(1):15-36.

[3] ÈIŽMEK A, PERŠUN J. Exercise for development of specific coordination, balance and precision in archery. (Vježbe za razvoj specifièene koordinacije, ravnoteže i precizznosti u strelièarstvu.) U: Jukiæ i sur. ur [C]//9th Anual international conference Conditioning of athletes, Zagreb, Faculty of Kinesiology, University of Zagreb and Association of conditioning coaches of Croatia. 2011: 412-413.

[4] VRBIK A, BENE R, VRBIK I. Heart rate values and levels of attention

and relaxation in expert archers during shooting [J]. Hrvatski Športskomedicinski Vjesnik, 2015, 30(1): 21 – 29.

[5] CATERINI R, DELHOMME G, DITTMAR A, et al. A model of sporting performance constructed from autonomic nervous system responses[J]. European Journal of Applied Physiology and Occupational Physiology, 1993, 67(3): 250 – 255.

[6] MEDEIROS FILHO E S, MORAES L C, TENENBAUM G. Affective and physiological states during archery competitions: adopting and enhancing the probabilistic methodology of individual affect-related performance zones(IAPZs)[J]. Journal of Applied Sport Psychology, 2008, 20(4): 441 – 456.

[7] GLADWIN T E, LINDSEN J P, DE JONG R. Pre-stimulus EEG effects related to response speed, task switching and upcoming response hand [J]. Biological Psychology, 2006, 72(1): 15 – 34.

[8] CAÑAL-BRULAND R, JOHN V, ARKESTEIJN M, et al. Visual search behaviour in skilled field-hockey goalkeepers[J]. International Journal of Sport Psychology, 2010, 41(4):327 – 339.

[9] SALAZAR W, LANDERS D M, PETRUZZELLO S J, et al. Hemispheric asymmetry, cardiac response, and performance in elite archers[J]. Research Quarterly for Exercise and Sport, 1990, 61(4): 351 – 359.

[10] LANDERS D M. The influence of electrocortical biofeedback on performance in pre-elite archers[J]. Med Sci Sport Exerc, 1991,23(1): 123 – 129.

[11] KIM W, CHANG Y, KIM J, et al. An fMRI study of differences in brain activity among elite, expert, and novice archers at the moment of optimal aiming [J]. Cognitive and Behavioral Neurology: Official Journal of the Society for Behavioral and Cognitive Neurology, 2014, 27(4):173-182.

[12] LEE K. Total archery [M]. Eumseong-gun: Samick Sports Company,2005.

[13] LEE K H. Evaluation of attention and relaxation levels of archers in shooting process using brain wave signal analysis algorithms[J]. Sci. Emot. Sensibility,2009(12):341 – 350.

[14] JACON S K, DE CASTRO V T, DE BARROS R M L. Relationship between bow stability and postural control in recurve archery[J]. European Journal of Sport Science, 2021(4):1754471.

[15] ZHOU C L, LIU W N. Research and application of competitive sports psychological control [M]. Bejjing: People's Sports Publishing House, 2010.

[16] GLADWIN T E, LINDSEN J P, DE JONG R J. Pre-stimulus EEG effects related to response speed, task switching and upcoming response hand[J]. Biol Psychol, 2016(72):15-34.

[17] CAÑAL-BRULAND R, VAN DER K J, ARKESTEIJN M, et al. Visual search behaviour in skilled field-hockey goalkeepers[J]. Sport Psychol., 2010(41):327-339.

[18] BU D, LIU J, ZHANG C, et al. Mindfulness training improves relaxation and attention in elite shooting athletes: a single-case study [J]. Int. Sport Psychol., 2019(50):4-25.

[19] VINCK M, OOSTENVELD R, VAN W, et al. An improved index of phase-synchronization for electrophysiological data in the presence of volume-conduction, noise and sample-size bias[J]. Neuroimage, 2011 (55):1548-1565.

[20] FU R, WANG H, BAO T, et al. Eeg intentions recognition in dynamic complex object control task by functional brain networks and regularized discriminant analysis[J]. Biomedical Signal Processing and Control, 2020(61):101998.

[21] WANG L, YU C, CHEN H, et al. Dynamic functional reorganization of the motor execution network after stroke [J]. Brain A Journal of Neurology, 2010, 133(4):1224-1238.

[22] BRUNNER C, SCHERER R, GRAIMANN B, et al. Online control of a brain-computer interface using phase synchronization [J]. IEEE Transactions on Biomedical Engineering, 2006, 53(12):2501-2506.

[23] GONG A, LIU J, LU A, et al. Characteristic differences between the brain networks of high-level shooting athletes and non-athletes calculated using the phase-locking value algorithm [J]. Biomedical Signal Processing and Control, 2019(51):128-137.

[24] GONG A, LIU J, JIANG C, et al. Rifle shooting performance

correlates with electroencephalogram beta rhythm network activity during aiming[J]. Computational Intelligence and Neuroscience, 2018(1):1-11.

[25] RUBINOV M, KÖTTER R, HAGMANN P, et al. Brain connectivity toolbox: a collection of complex network measurements and brain connectivity datasets [J]. Neuroimage, 2009, 47 (Supplement1): S39-S41.

[26] ZALESKY A, FORNITO A, BULLMORE E T. Network-based statistic: identifying differences in brain networks[J]. Neuro Image, 2010,53(4):1197-1207.

[27] FISCH B J. Spehlmann's EEG primer [M]. Amsterdam: Elsevier Science BV, 1991.

[28] KLIMESCH W J. EEG alpha and theta oscillations reflect cognitive and memory performance: a review and analysis [J]. Brain Research Reviews, 1999,29(2/3):169-195.

[29] WANG J R, HSIEH S. Neurofeedback training improves attention and working memory performance [J]. Clinical Neurophysiology, 2013, 124(12): 2406-2420.

[30] GOLA M, MAGNUSKI M, SZUMSKA I, et al. EEG beta band activity is related to attention and attentional deficits in the visual performance of elderly subjects [J]. International Journal of Psychophysiology, 2013,89(3):334-341.

[31] EBERSOLE J S, PEDLEY T A. Current practice of clinical electroencephalography [M]. Philadelphia: Lippincott Williams & Wilkins,2003.

[32] KIM Y, CHANG T, PARK I. Visual scanning behavior and attention strategies for shooting among expert versus collegiate Korean archers [J]. Perceptual and Motor Skills, 2019,126(3): 530-545.

[33] GALLICCHIO G, FINKENZELLER T, SATTLECKER G, et al. Shooting under cardiovascular load: electroencephalographic activity in preparation for biathlon shooting [J]. International Journal of Psychophysiology, 2016(109):92-99.

[34] KIROI V, ASLANYAN E. General laws for the formation of the state of monotony[J]. Neuroscience & Behavioral Physiology,2006,36(9):

921-928.

[35] ABRAMS D A, LYNCH C J, CHENG K M, et al. Underconnectivity between voice-selective cortex and reward circuitry in children with autism[J]. Proceedings of the National Academy of Science, 2013,110 (29):12060-12065.

[36] PFURTSCHELLER G, GRAIMANN B, HUGGINS J, et al. Spatiotemporal patterns of beta desynchronization and gamma synchronization in corticographic data during self-paced movement[J]. Clinical Neurophysiology, 2003,114(7):1226-1236.

[37] BAKER S N. Oscillatory interactions between sensorimotor cortex and the periphery[J]. Current Opinion in Neurobiology, 2007, 17(6): 649-655.

[38] HEINRICH H, GEVENSLEBEN H, STREHL U. Annotation: neurofeedback-train your brain to train behavior [J]. Journal of Child Psychology and Psychiatry, 2007, 48(1): 3-16.

[39] FAN J, BYRNE J, WORDEN M S, et al. The relation of brain oscillations to attentional networks[J]. The Journal of Neuroscience, 2007,27(23):6197-6206.

[40] MARZBANI H, MARATEB H, MANSOURIAN M. Methodological note: neurofeedback: a comprehensive review on system design, methodology and clinical applications [J]. Basic and Clinical Neuroscience Journal, 2016, 7(2): 143-158.

[41] FAIR D A, DOSENBACH N, CHURCH J A, et al. Development of distinct control networks through segregation and integration[J]. Proceedings of the National Academy of Sciences of the United States of America,2007,104(33):13507-13512.

[42] STAM C J, STRAATEN E. The organization of physiological brain networks[J]. Clinical Neurophysiology, 2012,123(6):1067-1087.

[43] KIM W, CHANG Y, KIM J, et al. An fMRI study of differences in brain activity among elite, expert, and novice archers at the moment of optimal aiming[J]. Cogn Behav Neurol,2014(27):173-182.

[44] BUSCHMAN T J, MILLER E K. Top-down versus bottom-up control of attention in the prefrontal and posterior parietal cortices [J]. Science, 2007(315):1860-1862.

[45] DEL PERCIO C, IACOBONI M, LIZIO R, et al. Functional coupling of parietal alpha rhythms is enhanced in athletes before visuomotor performance: a coherence electroencephalographic study [J]. Neuroscience,2001,175(4): 198-211.

[46] BERTOLLO M, DI FRONSO S, FILHO E, et al. Proficient brain for optimal performance: the map model perspective[J]. PeerJ, 2016,4(3):2082.

[47] MISHKIN M, UNGERLEIDER L G. Contribution of striate inputs to the visuospatial functions of parieto-preoccipital cortex in monkeys[J]. Behavioural Brain Research, 1982,6(1): 57-77.

第 10 章 精英和专家射击运动员在不同状态下EEG微状态分析

EEG微状态是一种用大脑头皮电极的电势空间分布来描述脑电信号特点的方法,反映了大脑功能状态的变化。本章研究记录了13名精英射箭运动员和13名专家射箭运动员在闭眼静息状态和射箭瞄准期间的Alpha节律下的脑电图,通过EEG微状态参数之间的差异以及特征和射箭表现的联系,结合sLORETA溯源分析,探索不同水平专业射手在不同状态下的大脑神经活动变化规律。静息态结果显示,精英射手微状态D的持续时间、出现频率、覆盖范围均显著高于专家射手,且精英射手的微状态D转移概率最大。射箭瞄准期间,专家射手微状态A的持续时间、出现频率、覆盖范围更高。两组射手的其他微状态向微状态A的平均转移概率最大,且精英射手的微状态C与射箭表现存在显著相关性。实验结果表明,精英射手在静息态中的背侧注意系统更加活跃,具有更高的神经效率。瞄准时,专业射手通过抑制与射箭任务不相关的脑区,以将精力集中于激活射箭运动相关的脑区。这些结论可以从心理状态的角度为研究射箭及相关认知-运动任务提供脑电微状态动力学的理论依据。

10.1 引　　言

从前文研究中可以看出,使用EEG技术来分析与射击/射箭行为相联系的大脑神经机制已成为主流,并取得了一定的研究成果。但以往的研究多基于对EEG信号和事件相关电位(Event Related Potential,ERP)信号的时域特征和频域特征,这些分析方法往往需要定义有限个电极的ROI,没有充分利用EEG信号中所包含的丰富空间信息。基于头皮电场地形图聚类的微状态分析(microstate analysis)技术能够有效弥补这一缺陷。

EEG微状态是一种可以在毫秒尺度上研究个体在认知活动中大规模脑网络动态模式的有效方法。之前的研究证明,虽然个体自发脑电活动的头皮地形图似乎紊乱,但头皮地形图结构在短时间内保持相对稳定,这些短暂的稳定期一般持续80～120 ms。因此,微状态被定义为整体脑电活动保持半稳定的短暂时间。它是由多通道电极阵列记录的电位的地形特征确定的,每个微状态的特征是整个通道阵列上的电势的独特地形。研究者通过记录 EEG 和 fMRI 信号探讨了静息态 EEG 微状态与 fMRI 之间的关联,发现存在 4 种静息状态的 EEG 微状态可以解释超过 80% 的数据。

目前,EEG 微状态分析主要用于各种神经精神障碍疾病的研究,通过检测疾病中的神经生理学损伤以及检测干预后的神经生理学变化,为其潜在的临床疾病筛查提供了可观的早期结果。一些研究还探讨了与疾病无关的大脑行为状态变化与特定的微状态动力学之间的关联。例如,与放松清醒时间相比,微状态下的困倦和快速睡眠时间更短,困倦与更多独特的微状态脑地形图有关。疲劳状态下的微观状态在警觉性方面比微观状态表现出明显更大的幅度。随着人年龄的增长,微状态的持续时间变得更短、出现频率更频繁。除上述研究外,一些学者在对以任务为导向的大脑活动中的研究发现,微状态的出现与特定的信息处理功能之间存在关联,通过微状态参数的变化还可以揭示出运动想象及认知任务与神经状态之间的关系。

上述研究大都表明,不同微状态是由不同的大脑神经元活动引起的。作为大脑全局功能状态的表征,当微状态地形图发生变化时,大脑的功能状态也会发生变化。虽然利用微状态分析脑电信号的研究已经取得了大量的成果,但目前还未有文献报道过相关技术应用于运动科学领域的研究。射箭是一种需要认知控制的精细运动,采用 EEG 微状态技术可以较为直观地将射手的脑电信号简化到这几种微状态交替出现的时间序列参数上,通过对这些微状态参数做出功能性解释,可分析射箭任务相关的大脑活动特点,有效揭示射手在静息和任务期间的神经状态。

另外,过去对射箭的研究多关注于射箭过程相关的神经机制,很少有研究探索过射手在静息状态下的脑电活动。静息状态下大脑的神经群体同样是活跃的,并包含着大量有价值的信息。在静息状态下,每个微状态的快速转换表明大脑神经系统活动之间的快速切换。之前与认知-运动任务相关的静息态 EEG 研究多从神经效率和神经可塑性的角度证实了这一点。

同时,射箭作为竞技类体育项目的一种,专业运动员和教练对受过长期训练高水平运动员的生理特征更加感兴趣。尤其是专家级射箭运动员,他们往往经历了大量的训练,熟练掌握了射箭技能,却很难突破技能的瓶颈进一步成长为更高级别的精英运动员,而限制这些专家运动员成为精英的最主要因素就是心理因素。因此,探索不同竞技能力的专业运动员在进行射箭任务的神经活动差异对于提高射箭表现具有很现实的指导意义。

综上所述,本章一方面通过对比精英和专家级射击运动员经过长期训练的大脑在静息状态下的大脑皮层的微状态差异以探索神经生理特征。另一方面还对射手在射击准备阶段的 EEG 微状态进行分析，以进一步了解与射箭行为相对应的神经状态随时间动态变化的规律和射箭行为指标之间的密切联系。研究假设不同竞技水平的专业射箭运动员在静息态和射箭瞄准期间 EEG 微状态参数也存在明显差异，并且这些微状态参数与射箭表现存在密切联系。为了验证假设，实验采用 14 名国家射击队运动员（精英组）和 14 名省射箭队的运动员（专家组）在静息态和瞄准期间的脑电信号，并计算持续时间、出现频率、覆盖范围和转移概率等状态参数。通过检验这些微状态参数之间的差异性和这些参数与射箭表现之间的相关性，得到两组受试者在不同状态下具有统计学意义的结果。

根据前人研究，微状态主要与 Alpha 波段（8～12 Hz）活动有关。该节律也被证明对运动表现有重要影响。因此，本实验也同样将 Alpha 节律作为研究的重点。本章同时还使用标准低分辨率脑电磁断层扫描（standardized Low-Resolution brain Electromagnetic Tomography，sLORETA）技术来对各微状态进行源定位，以确定这些微状态类别在大脑皮层中的空间位置，从而结合两组射手在静息和瞄准时的各微状态类别发生源所分布的脑区对应的生理意义来对显著性的结果进一步分析。

10.2 实 验 方 法

在第 9 章精英射手和专家射手的射箭对比实验基础上，本章实验主要对两组受试者的 EEG 微状态进行分析。实验受试者、范式以及 EEG 采集的相关步骤同第 9 章。

10.2.1 信号预处理

本研究的数据分析流程如图 10-1 所示。首先将采集得到的 EEG 信号传输至计算机，利用 MATLAB R2014a 平台进行离线处理。为减少实验受试者的个体性差异，实验采用个体 Alpha 主频（Individual Alpha Frequency，IAF）的方式确定不同受试者的频段划分方式。IAF 是指在 8～12 Hz 频段之间，受试者大脑的主频峰值。以每 4 s 为一段进行分段，采用快速傅里叶变换（Fast Fourier Transform，FFT）的方法计算闭眼静息态时枕区电极（O_1、O_2 和 O_z）在 8～12 Hz 之间最高频段功率位置的平均值（频率分辨率为 0.5 Hz）作为受试者的 IAF。根据每名受试者的 IAF，以 IAF－2～IAF＋2(Hz)作为 Alpha 频率(Hz)。

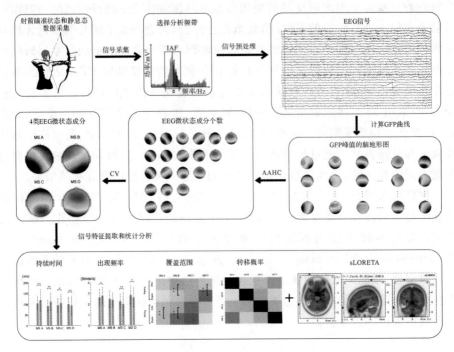

图 10-1 静息态和射箭瞄准期间 EEG 微状态研究实验分析流程

在 EEG 信号预处理中，首先对静息态和瞄准状态下的数据进行时段划分。对于闭眼静息态 EEG 数据，以 2 s 为一个时段对数据进行划分，得到每名受试者各 90 个试次的静息态数据。

对于射箭瞄准期间的 EEG 数据，之前的学者也认为，在弓箭发射前的最后几秒钟的大脑活动对射箭表现影响最大。考虑到实验中射箭运动员在瞄准期间神经活动变化迅速，平均每 5 s 就能够完成一次射击，因此截取射箭前 3 s 到发射时刻的 EEG 信号数据，记为一个试次。

对 EEG 信号应用阶数为 200 的有限长冲激响应滤波器（Finite Impulse Response，FIR）滤波器，以基于 IAF 的每名受试者的 Alpha 频率作为频带范围，对两种状态下的所有信号进行带通滤波。之后对滤波后的数据进行全脑共同平均参考，以消除参考电极改变所造成的误差。利用 EEGLAB 工具箱目视检查去除 EEG 数据中受伪迹影响较大的试次，并通过独立成分分析（Independent Component Analysis，ICA）去除每名受试者的 EOG 伪迹。

通过信号预处理，3 名精英射箭运动员和 1 名专家射箭运动员因伪迹过多而被去除。另 1 名专家射箭运动员因射箭成绩过低（平均 2.4 环），被认为该射手瞄准时不够认真,其数据无法有效反映射箭过程神经活动而被去除。最终剩余 26 名受试者(精英射手 13 名,专家射手 13 名),每名受试者平均具有约 160 s 的闭眼静息态 EEG 数据和 30 个试次的瞄准期间 EEG 数据(每个试次 3 s,总体去除率约为 20.8%)。

10.2.2 微状态分析

在微状态的分析中,分别计算两组所有受试者在静息态和射击瞄准期间的全部时间点的全局场功率值(Global Field Power,GFP)。GFP 定义为

$$\text{GFP} = \sqrt{\sum_{i=1}^{N}[V_i(t)-V_{\text{mean}}(t)]^2/N} \quad (10-1)$$

式中:N 表示电极的个数;$V_i(t)$ 表示第 i 个电极在 t 时刻的电势值;$V_{\text{mean}}(t)$ 表示所有电极在 t 时刻的电势平均值。

GFP 即用各导联每个时刻的电势减去该时刻所有通道的平均电势以得到每个时刻所有通道电位的标准差,反映了给定时间内电极间电位变化的程度。前人的研究表明,在 GFP 曲线的局部最大值处的电位分布将保持稳定状态并具有最高的信噪比。因此,采用 GFP 最大点处的地形图来表示其周围的地形图,是一种有效提高微状态信噪比和降低计算量的方法。通过计算,可得到 GFP 以及在 GFP 局部峰值点处获得对应的"原始电势地形图"。

采用原子化与空间层次聚类(Atomize and Agglomerate Hierarchical Clustering,AAHC)算法对"原始电势地形图"聚类。AAHC 算法忽略了电势地形图的极性,是一种"自下向上"的层次聚类方法,并具有很高的效率。该算法将每一个原始电势地形图视都视为一个类别,分别计算每一个电势地形图与其他地形图的空间相关性,鉴别出总体方差解释比例(Global Explained Variance,GEV)最低的电势地形图并将其分配到与其相关性最高的那一类别中。之后通过每次移除一个类别的方式进行迭代,直到获得给定数量的电势地形图(即设定的微状态聚类个数)。

实验设置 2~6 个微状态类别,通过交叉验证(Cross-Validation,CV)确定本实验的最佳类别的数量为 4 个。将每个受试者在每个时间点的头皮电势地形图与聚类得到的微状态进行比较,将原始地形图按照相关性大小与微状态对应的标签进行匹配,标记为 MS A~D。

本节选择对持续时间、出现频率、微状态覆盖范围和不同微观状态之间的转移概率这 4 个脑电图微状态时间序列参数进行计算,以量化每名受试者在不同状态下的 4 个微状态的活动。持续时间:每种微状态保持稳定的平均时间长度;

出现频率:微状态每秒出现的平均次数;微状态覆盖范围:指定的微状态占总记录时间的百分比;不同微观状态之间的转移概率:从当前微观状态变为另一微观状态的概率。以上微状态的分析过程采用 MATLAB 的 Microstates 1.2 工具箱对处理得到的 EEG 数据进行计算。

10.2.3 微状态溯源

使用由瑞士苏黎世精神病学大学医院的 Roberto Pascual-Marqui 开发的 sLORETA 软件对两组射箭运动员在静息和瞄准期间的 EEG 微状态进行分析。sLORETA 是一种利用有限反演算法估计标准脑图谱空间内脑电信号的概率源方法,通过计算基于脑力离散分布模型的加权最小范数逆解,将 EEG 微状态定位到与之对应的具有最大电流密度的大脑皮层电位置,其电极坐标和头模型均基于蒙特利尔神经研究所(Montreal Neurological Institute,MNI)的平均 MRI 脑模板。

sLORETA 拥有低成本、易获得的优势,是一种即时、线性、三维分布式、离散的 EEG 成像方法。sLORETA 结果可达 5 mm 空间分辨率,并将脑内单元划分为 6 239 个体素,具有良好的一阶定位。因此,sLORETA 图像代表 MNI 空间中每个体素的标准电活动,作为估计电流密度的确切大小,能够准确地获得单个微状态发生源的位置。实验在计算两组射箭运动员在静息和瞄准期间的微状态后,利用 sLORETA 对两组射手的所有微状态进行逆向转化,得到每个微状态的 sLORETA 文件,从而进行源定位分析以探索这些微状态发生所对应的脑区。

10.2.4 统计分析

实验采用 K-S 检验(Kolmogorov-Smirnov test)评估两组受试者在不同状态下的各项微状态参数是否符合正态分布。发现所有特征参数均不服从正态分布($p<0.05$),因此统一采用 Wilcoxon 秩和检验对样本进行检验,并使用 False Discovery Rate(FDR)的方法对统计检验的结果进行多次检验校正,以获得具有显著性的统计结果。最后将 0.05 和 0.001 分别设为两组样本具有显著差异和具有非常显著差异的检验水平。

在微状态参数与射箭表现的相关性检验中,本实验对两组每名射箭运动员30 次射箭的平均成绩进行 K-S 检验。结果显示平均射箭成绩不服从正态分布($p<0.05$),于是选择 Spearman 秩相关分析进行相关分析,并计算相关系数

(r),并使用 FDR 对 p 值进行多次检验校正。

10.3 实验结果

通过 AAHC 方法微状态分析,分别得到了两组受试者在静息态和瞄准期间的 4 种微状态拓扑地形图。微状态分析一般忽略电势极性。从图 10-2 的结果来看,两组受试者在静息态的微状态地形图较为相似,并与典型的 4 种微状态地形图一致(即右额左后、左额右后、额中线和额枕中线)。而相对地,瞄准期间的脑拓扑地形图表现得更加不规则,尤其是微状态 C 与典型的微状态地形图有较大差异。

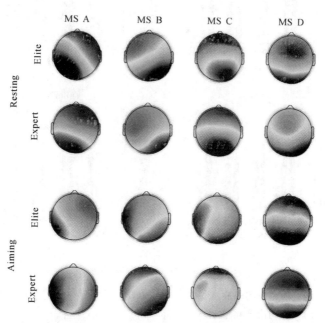

图 10-2 AAHC 方法分析得到的精英组和专家组受试者在闭眼和瞄准条件下的 4 种微状态地形拓扑图

10.3.1 微状态持续时间

根据各 EEG 微状态在持续时间上的统计检验结果,如图 10-3(a)所示,两组射手在静息状态下的微状态 A、B、D 之间都表现出了非常显著的差异($p<0.001$),两组射手在微状态 C 间的差异较为显著($p<0.05$)。且除了微状态 D 外,其余微状态均为专家射手的持续时间更长。图 10-3(b)中列出来两组射手在瞄准期间各微状态的平均持续时间的差异,其中,微状态 A 和 B 的平均持续时间均表现出了显著的差异($p<0.05$)。专家射手的微状态 A 持续时间更久,而在微状态 B 的统计结果则相反。

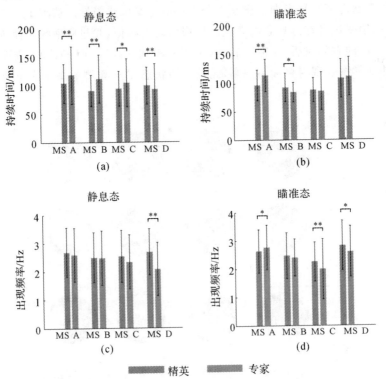

图 10-3 两组射手在闭眼静息和射箭瞄准条件下 4 个微状态类别的平均持续时间和平均出现频率

(a)两组射手在闭眼静息条件下 4 个微状态类别的平均持续时间;
(b)两组射手在射箭瞄准条件下 4 个微状态类别的平均持续时间;
(c)两组射手在闭眼静息条件下 4 个微状态类别的平均出现频率的均值、标准差;
(d)两组射手在射箭瞄准条件下 4 个微状态类别的平均出现频率的均值、标准差,顶部的星号表示两组平均值存在显著的差异(* $p<0.05$)和非常显著的差异(** $p<0.001$)

表 10-1 列出了静息态与瞄准期间的持续时间的检验结果,结果发现精英射手在瞄准期间的微状态 A 显著低于静息状态($p<0.05$),而微状态 D 则在瞄准时更高($p<0.001$)。相比静息状态,专家射手的微状态 B 和 C 的持续时间在

瞄准时显著降低（$p<0.001$），微状态 D 的持续时间则出现了显著的升高（$p<0.001$）。

表 10-1 精英射手与专家射手分别在静息和瞄准状态下各微状态的持续时间、出现频率、覆盖范围的数值，以及 3 个微状态参数不同状态之间的变化

	微状态	精英			专家		
		静息 Mean±SD	瞄准 Mean±SD	p 值	静息 Mean±SD	瞄准 Mean±SD	p 值
持续时间 ms	MS A	104.70±34.01	95.77±37.3	*↘	119.06±50.59	114.09±28.37	—
	MS B	91.17±27.50	92.65±24.99	—	112.15±40.85	84.03±17.06	**↘
	MS C	94.76±30.58	88.63±20.895	—	104.66±42.44	85.88±33.11	**↘
	MS D	99.43±32.24	108.43±33.98	**↗	92.87±44.90	111.51±33.97	**↗
出现频率 Hz	MS A	2.69±0.86	2.63±0.76	—	2.59±0.94	2.76±0.78	*↗
	MS B	2.50±0.88	2.47±0.81	—	2.48±0.97	2.40±0.66	—
	MS C	2.53±0.91	2.25±0.70	**↘	2.33±0.96	1.99±1.06	**↘
	MS D	2.68±0.82	2.83±0.88	*↗	2.07±0.94	2.61±0.90	**↗
覆盖范围 %	MS A	27.49±11.78	25.32±12.14	*↘	29.61±13.53	31.41±11.73	—
	MS B	22.67±11.09	23.73±12.92	—	27.14±13.30	19.93±7.63	**↘
	MS C	23.83±11.74	19.83±8.33	**↘	24.01±12.77	18.75±14.83	**↘
	MS D	26.01±10 28	31.12±15.18	**↗	19.24±12.56	29.91±14.03	**↗

注：*代表显著的差异（$p<0.05$），**代表非常显著的差异（$p<0.001$）。↗和↘分别表示两组受试者的各微状态参数在瞄准状态相对于静息态表现出的显著的增加或减少（$p<0.05$）。—表示两组受试者的各微状态在不同状态之间的转移概率未表现出显著性。

10.3.2 微状态出现频率

图 10-3(c)为两组射手在静息态下的微状态平均出现频率之间的比较结果，两组受试者仅在微状态 D 中表现出了非常显著的差异（$p<0.001$），且精英射手的出现频率更高。两组射手在瞄准期间的各微状态的平均出现频率如图 10-3(d)所示，精英射手在微状态 C 和 D 的平均出现次数显著高于专家射手（$p<0.05$），微状态 C 表现出了非常显著的差异（$p<0.001$）。微状态 A 则表现出了相反的显著性结果（$p<0.05$）。

表 10-1 中出现频率的对比结果显示，相比静息态，精英射手的微状态 C 出

现了显著的下降($p<0.001$),而微状态 D 则显著升高($p<0.05$)。瞄准期间,专家射手的微状态 A 和 D 均更高,其检验结果分别为显著($p<0.05$)和非常显著($p<0.001$),而微状态 C 表现出更低的出现频率($p<0.001$)。

10.3.3 微状态的总时间覆盖范围

为直观反映两组受试者在不同条件下各微状态所占总时间的比例及其具有统计学意义的差异,图10-4中列出了各微状态的总时间覆盖范围以及存在显著性差异的结果。静息态的检验结果表明,两组受试者在微状态 B 和 D 之间表现出来非常显著的差异($p<0.001$),相比专家射手,精英射手的微状态 D 所占总时间的百分比更高,而专家射手的微状态 B 的覆盖范围显著低于精英射手。在瞄准时,两组在微状态 A 和 B 均出现了非常显著的差异($p<0.001$)。其中,精英射手微状态 A 的时间覆盖范围低于专家射手,而专家射手的微状态 B 更低。

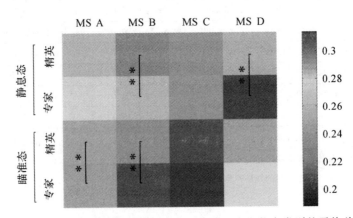

图 10-4 两组射手在闭眼静息和射箭瞄准条件下 4 个微状态类别的平均总时间覆盖范围,星号表示两组平均值的差异非常显著(** $p<0.001$),右侧的颜色指示柱代表了各微状态的平均时间覆盖率所占总时间的比例,橙色表示该微状态类占比较高,蓝色反之

从表 10-1 中静息态与射击瞄准状态对比的角度来看,精英组的微状态 A 和 C 中发现了非常显著性的结果($p<0.001$)。与之前两个参数的结果一致,均为瞄准时微状态 A 降低,而微状态 C 上升。专家射手则在微状态 B、C 和 D 中表现出非常显著的差异($p<0.001$)。相比静息态,瞄准期间的微状态 B 和 C 的总时间覆盖范围更低,而微状态 D 更高。

10.3.4 微状态间的转移概率

表 10-2 为精英射手与专家射手在静息态和瞄准状态中不同微状态之间的转移概率以及不同状态下对应的微状态之间的转移概率的显著性差异结果。由表可知,两组受试者在闭眼静息状态下的 EEG 微状态之间的转移概率在微状态 B 到 C、微状态 C 到 B、微状态 C 到 D 以及微状态 D 到 C 中表现出了非常显著的差异($p<0.001$)。在射箭瞄准期间,两组射手在微状态 B 到 A、微状态 B 到 C、微状态 C 到 D、微状态 D 到 B 以及微状态 D 到 C 之间的转移概率都存在显著的差异($p<0.05$),且在微状态 A 到 B 和微状态 D 到 A 之间的转移概率具有非常显著的差异($p<0.001$)。

实验还计算了两种状态下其他微状态类别向某一微状态转移的平均转移概率,以比较专业射手各微状态的潜在激活趋势。在静息态中,精英射手和专家射手的 4 个微状态从其他微状态转移的平均概率从大到小的顺序分别为 D(8.31%)、A(8.05%)、C(7.78%)、B(7.59%)和 A(8.50%)、B(8.16%)、C(7.79%)、D(6.96%)。在射箭瞄准期间,两组射手的 4 个微状态从其他微状态转移的平均概率从大到小的顺序均为 A、D、B、C。在该顺序下,精英射手和专家射手的 4 个微状态的平均转移概率分别为 8.62%、8.55%、7.86%、7.22% 和 9.11%、8.61%、7.95%、6.46%。

从表 10-2 射手在的静息态和瞄准期间的微状态转移概率比较可知,精英射手在不同状态下的微状态 A 到 B、微状态 A 到 C、微状态 D 到 B、微状态 D 到 C 之间的差异较为显著($p<0.05$),而微状态 A 到 D、微状态 C 到 A、微状态 D 到 A 之间的差异非常显著($p<0.001$)。而专家射手在除了微状态 D 到 B 之外的所有微状态之间的转移概率都表现出了显著性,其中,在微状态 B 到 A、微状态 B 到 D 以及微状态 D 到 C 都表现出非常显著($p<0.05$,)微状态 A 到 B、微状态 A 到 C、微状态 A 到 D、微状态 B 到 C、微状态 C 到 A、微状态 C 到 B、微状态 C 到 D 以及微状态 D 到 A 之间的转移概率表现出了非常显著的差异性($p<0.001$)。

10.3.5 微状态参数与射箭表现的相关性

通过对两组每名射手在瞄准期间的微状态参数与他们 30 次射箭的平均成绩进行 Spearman 秩相关分析,得到表 10-3 所示的统计结果。由表可知,仅在精英射手的微状态 C 的持续时间和总时间的覆盖范围与射箭表现存在显著的联系($p<0.05$),且均为负相关。另外,由于各微状态之间的转移概率与射箭表现的相关性检验结果均未表现出显著性,故在文章中未列出。

表10-2 精英射手与专家射手在静息态和瞄准状态中各微状态之间转移概率的均值、方差自转换),以及经统计检验得到的 p 值(不考虑

微状态转移	静息态 精英/(%) Mean±SD	静息态 专家/(%) Mean±SD	瞄准期间 精英/(%) Mean±SD	瞄准期间 专家/(%) Mean±SD	FDR校正后的 p 值 精英 vs. 专家 静息	FDR校正后的 p 值 精英 vs. 专家 瞄准	FDR校正后的 p 值 静息 vs. 瞄准 精英	FDR校正后的 p 值 静息 vs. 瞄准 专家
A→B	8.66±4.11	7.85±4.77	7.63±3.30	9.53±3.51	0.089	**	0.019*	↗ ** ↗
A→C	8.17±3.73	9.56±5.52	6.99±2.56	7.26±3.39	0.054	0.931	0.014*	↗ ** ↗
A→D	7.64±4.91	8.21±4.27	10.51±3.19	10.70±5.68	0.553	0.985	**	** ↗
B→A	7.89±3.64	8.28±4.57	8.21±3.79	9.36±3.34	0.779	0.006*	0.919	0.021* ↗
B→C	6.46±3.46	8.29±4.33	6.83±3.05	5.86±3.33	**	0.007*	0.333	—
B→D	8.48±3.55	7.86±4.75	8.38±2.72	8.83±3.44	0.235	0.512	0.962	0.017* ↗
C→A	8.37±3.75	9.66±4.97	6.88±2.61	6.59±3.50	0.054	0.484	**	** ↗
C→B	6.25±2.85	8.68±5.11	6.70±3.09	6.10±3.95	**	0.053	0.333	** ↗
C→D	8.45±4.11	4.80±3.30	7.82±3.49	6.31±2.77	**	0.002*	0.333	** ↗
D→A	7.90±3.94	7.57±4.48	9.76±3.49	11.38±4.89	0.625	**	**	** ↗
D→B	7.87±3.71	7.95±4.70	9.26±3.02	8.22±3.47	0.986	0.016*	0.001*	0.380 —
D→C	8.72±4.50	5.53±3.58	7.59±3.85	6.27±2.86	**	0.004*	0.046*	0.039* ↗

注:* 代表显著的差异($p<0.05$),** 代表非常显著的差异($p<0.001$)。↗和↘分别表示两组受试者的转移概率在瞄准状态相对于静息态表现出的显著的增加或减少($p<0.05$)。—表示两组受试者的转移概率未表现出显著性。

表 10-3 精英射手与专家射手在射箭瞄准期间的微状态参数与射箭表现之间的相关性统计结果，r 为相关系数，p 为经 FDR 校正后的 p 值，* 代表显著的相关性（$p<0.05$）

组别	微状态参数	相关性	微状态 A	微状态 B	微状态 C	微状态 D
精英	持续时间	r	0.299	−0.124	−0.798*	0.250
		p	0.319	0.687	0.001	0.409
	出现频率	r	0.294	0.217	−0.542	0.327
		p	0.329	0.476	0.056	0.275
	覆盖范围	r	0.314	0.066	−0.726*	0.261
		p	0.297	0.830	0.005	0.388
专家	持续时间	r	0.135	−0.058	−0.182	0.028
		p	0.661	0.851	0.553	0.929
	出现频率	r	0.300	0.072	0.085	0.030
		p	0.320	0.816	0.782	0.922
	覆盖范围	r	0.283	−0.038	−0.094	0.113
		p	0.348	0.908	0.761	0.714

10.3.6 微状态的源定位

之后，利用 sLORETA 分析两组受试者在不同状态下的 4 种微状态得到了大脑皮层分布的零定位误差的标准化电流密度图像。两组射手在静息状态的源定位分析的结果如图 10-5(a)(b)所示，精英射手的微状态 A 到 D 分别对应 Brodmann 分区系统的 38 区（颞回、颞叶）、11 区（直肠回、额叶）、31 区（后扣带、边缘叶）和 30 区（后扣带、边缘叶）。专家射手的微状态 A 到 D 则分别对应 Brodmann 分区系统的 31 区（扣带回、边缘叶）、18 区（舌回、枕叶）、7 区（楔前叶、顶叶）和 30 区（海马旁回、边缘叶）。

图 10-5(c)(d)显示了两组射手在射箭瞄准期间的溯源结果，精英射手的 4 个微状态类分别对应 Brodmann 分区系统的 37 区（梭状回、颞叶）、37 区（梭状回、颞叶）、11 区（额上回、额叶）和 37 区（梭状回、颞叶）。专家射手的 4 个微状态类则分别对应 Brodmann 分区系统的 37 区（梭状回、颞叶）、11 区（额上回、额叶）、11 区（额上回、额叶）和 29 区（后扣带、边缘叶）。

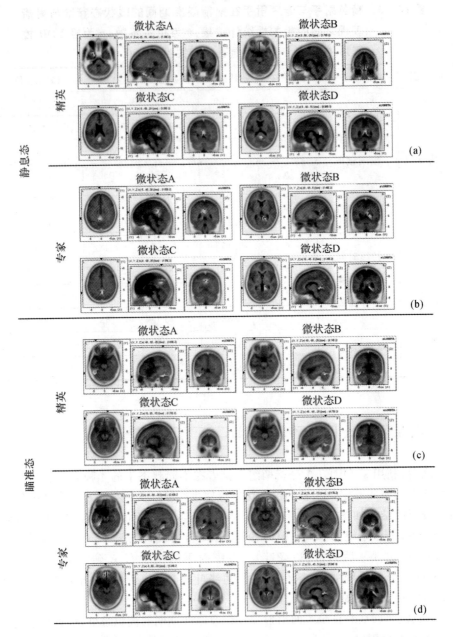

图 10-5 使用 sLORETA 对精英和专家射击运动员在静息和瞄准状态进行源定位分析,有颜色的区域代表最大电流密度,颜色越黄则说明程度越高

(a)精英射手静息态微状态源定位地形图; (b)精英射手静息态微状态源定位地形图;
(c)精英射手瞄准期间微状态源定位地形图; (d)专家射手瞄准期间微状态源定位地形图

10.4 实验结果讨论

本研究的目的是通过比较精英射箭运动员与专家射箭运动员在闭眼静息状态和射箭瞄准状态下的 Alpha 节律的 EEG 微状态参数,探讨这两种状态对于不同竞技能力的专业射箭运动员动态脑网络的影响。

10.4.1 精英与专家射手在静息态的微状态分析

EEG 微状态代表了大脑皮层表面协调电活动的准稳定瞬态模式,包含着 EEG 信号中重要的微观信息。先前学者在静息态 fMRI 研究中将观察到的微状态 A、B、C、D 分别与语音加工、视觉网络、部分认知控制和部分默认模式网络(Default Mode Network,DMN)和背侧注意系统这 4 种功能相对应。根据 sLORETA 分析的结果,精英射手的微状态 A 的发生源主要出现在与语音识别的左颞区,专家射手的微状态 B 的发生源主要出现在与视觉相关的枕区,这些脑区生理意义与微状态对应的功能相符。两组射手的微状态 C 的发生源分别分布在后扣带、楔前叶、顶叶。关于 DMN 的研究总结出其分布在内侧前额叶皮层(medial Prefrontal Cortex,mPFC)、扣带回前部、后扣带回与楔前叶(Posterior Cingulate/precuneus,PCC)及两侧顶下小叶(angular gyrus)等脑区,这些结论也涵盖了本实验溯源分析的脑区,在一定程度上支持了本实验的溯源结果。

在闭眼静息状态的统计结果中,两组射手在持续时间、出现频率、时间覆盖范围以及不同微状态之间的转移概率等参数之间存在着一些具有显著性的指标。尤其是微状态 D,它是唯一一个在上述 3 个微状态参数中均表现出显著性的微状态类别,且精英射手的这些微状态均高于专家射手,并都表现出非常显著的统计学差异。根据不同微状态类别之间的结果,精英射手其他 3 个类别的微状态向微状态 D 转移的平均概率最高,而专家射手其他 3 个类别的微状态向微状态 A 转移的平均概率最高。从这个角度来看,精英射手的微状态会优先向背侧注意系统转移。很多先前的研究报道了高度集中、稳定的注意力对于射箭及相关体育运动的优秀表现很重要,而本节的结果似乎同样表明与微状态 D 相关的背侧注意系统是导致精英和专家射手在静息态的竞技能力存在的差异的最主要因素。

背侧注意系统是由注意任务激活的功能性系统。一些 fMRI 相关文献表明,背部注意系统的 BOLD 信号在任务表现期间增加。Demarin 等人提出的功能性神经可塑性理论认为,通过不断的学习和记忆,大脑特定的功能状态由于功能性神经可塑性导致神经元之间的突触关系发生永久性的变化。在本研究中,两组受试者同为受过专业射箭训练的运动员,在长期训练和巩固过程中,背侧注意系统被与射箭相关的认知任务频繁地激活,不断得到强化,其大脑中特定领域的认知和精神运动能力得到了明显提升。结合实验结果,精英射手在微状态 D 的 3 个参数上具有更高的特征值,可能说明更长时间的特定技能训练,使精英射手的背侧注意系统被更加显著地激活,进而不断得到强化,产生了更强烈的功能性神经状态的改变,具备更出色的注意力。

有学者发现,静息态 Alpha 频段 EEG 功率越强,意味着静息态"基线"状态下的神经同步越强,受试者进行认知-运动任务时的表现就越好。静息态 EEG 反映出了大脑的一种"基线"状态。一些学者在对认知操纵任务中微状态分析的研究中提出微状态 D 是任务积极的。这可能说明经过更长时间的射箭技能训练,使得精英射手大脑中与背侧注意系统相关的神经状态具有更高的"基线"值与相对更积极的状态。因此他们可以付出比专家射手更少的认知努力就可以达到完成射箭任务所需要神经状态,这也说明精英射手在训练和比赛中更高效地集中注意力,这是精英射手更具有神经效率的一种体现。

10.4.2 精英和专家射手在射箭瞄准期间微状态分析

在射箭瞄准期间,两组射手的微状态参数同样出现了很多显著性差异的结果。之前学者很少研究过运动任务中的微状态,对于运动过程中的相关研究还没有得到准确的结论。尤其是结果表现出的射箭瞄准期间的微状态地形图更加不规则,与被之前学者研究过的 4 种静息态下典型的微状态类别有明显的不同,因此很难证明与之相关的生理功能。本节从学术研究的严谨性出发,没有把前人关于微状态在静息态的分析结论引入对射箭过程的分析中。因此,从微状态参数之间存在的显著差异的角度来分析是不够充分的,还应该以 sLORETA 溯源得到的微状态发生源所在脑区的生理意义来对射手在瞄准期间的结果进行分析。

在射箭瞄准期间的 sLORETA 分析中,除了微状态 A 外,精英射手的微状态 B、D 的发生源也分布在左颞区的 Brodmann37 区。Brodmann37 区与语言/语义理解功能有关。直观来看,该微状态对应的功能似乎与射箭瞄准过程没有直接的联系。但是,由于本研究是对 Alpha 节律下的微状态进行分析,Alpha 节律多出现在不参与任务的脑区,反映该脑区的活动被抑制。一些之前的研究证明了专业运动员在执行认知-运动任务过程中左颞区 Alpha 波功率在显著升高。这似乎也同样适用于解释本节的实验结果,意味着专业射手在射箭准备阶段时,能够合理地分配大脑的功能状态,通过抑制左颞区与射箭无关的文字识别及语言理解功能,以更好地将精力集中于激活与射箭运动相关的脑区。

在对微状态参数与射箭表现的相关性检验中,研究发现微状态 C 的持续时间和在总时间的覆盖范围与射箭表现存在显著的负相关性。与微状态 C 相关的参数值越低,则射箭表现越好。而根据表 10-2 中瞄准期间的各微状态参数值,两组射手的微状态 C 的 3 个微状态参数均在所有微状态类别中最低,这也印证了相关性的统计结果。精英射手微状态 C 的发生源出现在额叶,额叶区域被认为在自上而下的调节过程中发挥重要作用,如视觉空间注意、工作记忆和视觉特征加工。考虑到本节研究的是对大脑区域产生抑制作用的 Alpha 节律,这也可以解释为精英射手通过降低 Alpha 节律对额区空间注意、视觉加工等功能的抑制,有效促进了注意力集中。这也进一步证明了注意力对于射箭行为的完成的重要影响。

通过观察 sLORETA 在微状态 D 的溯源结果,发现除精英射手在瞄准期间外,射手们在其他状态下的微状态 D 分布都在边缘叶。虽然 Kim 等人的研究中有提到精英和专家射击运动员的边缘叶在任务中被激活,但还在未在其他生理学相关的研究中找到注意功能与边缘叶存在特定联系的充分解释。这或许是因为作为实验受试者的顶尖射箭运动员的数量有限,导致只能得到有限的结论。

另外,虽然结果中列出了各对应的微状态参数在两种状态之间的变化,但考虑射箭瞄准期间的微状态地形图与静息态相比也有很大差异,这很可能说明两种状态下对应的微状态不能被划分为同一类别,它们有着不同的生理学意义。因此在讨论中并没有对不同状态下的各微状态类别的参数变化做出明确的解释,仅把这些结果作为未来对认知-运动任务中的微状态研究的参考。

10.5 本章小结

综上所述,研究表明精英射手在静息态中的微状态 D 的持续时间、出现频率、覆盖范围显著高于专家射手,且其他微状态类别向该微状态的转移概率最大。射箭瞄准期间,两组射手的其他微状态向微状态 A 的平均转移概率最大。精英射手的微状态 C 与射箭表现存在显著的相关性。可以推测对注意力的控制是区别精英射手和专家射手竞技水平的关键因素。这些结论验证了精英射箭运动员和专家射箭运动员的微状态特征在不同状态下存在显著性差异,以及在瞄准时的微状态参数与射箭表现存在密切联系的假设,为探索长期执行认知-运动任务的专业运动员在不同状态的大脑神经状态的研究提供了 EEG 微状态动力学方面的有价值的参考。

参 考 文 献

[1] JIA H, LI H, YU D. The relationship between ERP components and EEG spatial complexity in a visual Go/Nogo task[J]. Journal of Neurophysiology, 2017, 117(1): 275-283.

[2] LI H, JIA H, YU D. The influence of vertical disparity gradient and cue conflict on EEG omega complexity in Panum's limiting case[J]. Journal of Neurophysiology, 2018, 119(3): 1201-1208.

[3] HU L, et al. EEG signal processing and feature extraction[M]. Singapore: Springer Singapore, 2019.

[4] KHANNA A, PASCUAL-LEONE A, MICHEL C M, et al. Microstates in resting-state EEG: current status and future directions [J]. Neuroscience & Biobehavioral Reviews, 2015(49): 105-113.

[5] LEHMANN D. Brain electric fields and brain functional states[M]// Evolution of dynamical structures in complex systems. Heidelberg: Springer, 1992: 235-248.

[6] LEHMANN D, SKRANDIES W. Reference-free identification of components of checkerboard-evoked multichannel potential fields[J]. Electroencephalography and Clinical Neurophysiology, 1980, 48(6): 609-621.

[7] LEHMANN D, STRIK W K, HENGGELER B, et al. Brain electric microstates and momentary conscious mind states as building blocks of spontaneous thinking: I. Visual imagery and abstract thoughts[J]. International Journal of Psychophysiology, 1998, 29(1): 1-11.

[8] BRITZ J, MICHEL C M. Errors can be related to pre-stimulus differences in ERP topography and their concomitant sources[J]. NeuroImage, 2010(49): 2774-2782.

[9] MICHEL C M, KOENIG T. EEG microstates as a tool for studying the temporal dynamics of whole-brain neuronal networks: a review[J].

Neuroimage, 2018(180): 577-593.

[10] TOMESCU M I, RIHS T A, ROINISHVILI M, et al. Schizophrenia patients and 22q11. 2 deletion syndrome adolescents at risk express the same deviant patterns of resting state EEG microstates: a candidate endophenotype of schizophrenia [J]. Schizophrenia Research: Cognition, 2015, 2(3): 159-165.

[11] KIKUCHI M, KOENIG T, WADA Y, et al. Native EEG and treatment effects in neuroleptic-naive schizophrenic patients: time and frequency domain approaches[J]. Schizophrenia Research, 2007, 97(1/2/3): 163-172.

[12] BRANDEIS D, LEHMANN D. Segments of event-related potential map series reveal landscape changes with visual attention and subjective contours[J]. Electro-encephalography and Clinical Neurophysiology, 1989, 73:507-519.

[13] CANTERO J, ATIENZA M, SALAS R, et al. Brain spatial microstates of human spontaneous alpha activity in relaxed wakefulness, drowsiness period, and REM sleep[J]. Brain Topogr, 1999(11):257-263.

[14] BRODBECK V, KUHN A, VON WEGNER F, et al. EEG microstates of wakefulness and NREM sleep [J]. Neuro Image, 2012 (62): 2129-2139.

[15] THURAISINGHAM R A, TRAN Y, CRAIG A, et al. Using microstate intensity for the analysis of spontaneous EEG: tracking changes from alert to the fatigue state[C]//Proceedings of the Annual International Conference of the IEEE Engineering in Medicine and Biology Society, 2009:4982-4985.

[16] SCHLEGEL F, LEHMANN D, FABER P L, et al. EEG microstates during resting represent personalitydifferences[J]. Brain Topography, 2012, 25(1): 20-26.

[17] BRANDEIS D, LEHMANN D. Segments of event-related potential map series reveal landscape changes with visual attention and subjective contours[J]. Electroencephalography and Clinical Neurophysiology, 1989(73):507-519.

[18] PIZZAGALLI D, LEHMANN D, KOENIG T, et al. Face-elicited

ERPs and affective attitude: brain electric microstate and tomography analyses[J]. Clinical Neurophysiology, 2000(111):521-531.

[19] MICHEL C M, THUT G, MORAND S, et al. Electric source imaging of human brain functions[J]. Brain Research Reviews, 2001, 36:108-118.

[20] LI Y, CHEN M, SUN S, et al. Exploring differences for motor imagery using Teager energy operator-based EEG microstate analyses[J]. Journal of Integrative Neuroscience, 2021, 20(2):411-417.

[21] SEITZMAN B A, ABELL M, BARTLEY S C, et al. Cognitive manipulation of brain electric microstates[J]. Neuroimage, 2017(146):533-543.

[22] HU N, LONG Q, LI Q, et al. The modulation of salience and central executive networks by acute stress in healthy males: an EEG microstates study[J]. International Journal of Psychophysiology, 2021(169):63-70.

[23] ARIELI A, STERKIN A, GRINVALD A, et al. Dynamics of ongoing activity: explanation of the large variability in evoked cortical responses[J]. Science, 1996, 273(5283):1868-1871.

[24] TSODYKS M, KENET T, GRINVALD A, et al. Linking spontaneous activity of single cortical neurons and the underlying functional architecture[J]. Science, 1999, 286(5446):1943-1946.

[25] LEOPOLD D A, MURAYAMA Y, LOGOTHETIS N K. Very slow activity fluctuations in monkey visual cortex: implications for functional brain imaging[J]. Cerebral Cortex, 2003, 13(4):422-433.

[26] BABILONI C, MARZANO N, IACOBONI M, et al. Resting state cortical rhythms in athletes: a high-resolution EEG study[J]. Brain Research Bulletin, 2010, 81(1):149-156.

[27] DEL PERCIO C, INFARINATO F, MARZANO N, et al. Reactivity of alpha rhythms to eyes opening is lower in athletes than non-athletes: a high-resolution EEG study[J]. International Journal of Psychophysiology, 2011, 82(3):240-247.

[28] GONG A, LIU J, LU L, et al. Characteristic differences between the brain networks of high-level shooting athletes and non-athletes calculated using the phase-locking value algorithm[J]. Biomedical

[29] LUCHSINGER H, SANDBAKK Ø, SCHUBERT M, et al. A comparison of frontal theta activity during shooting among biathletes and cross-country skiers before and after vigorous exercise[J]. PLoS One, 2016, 11(3): e0150461.

[30] ZHOU C L, LIU W N. Research and application of competitive sports psychological control [M]. Beijing: People's Sports Publishing House, 2010.

[31] VON WEGNER F, BAUER S, ROSENOW F, et al. EEG microstate periodicity explained by rotating phase patterns of resting-state alpha oscillations[J]. Neuroimage, 2021,1:224.

[32] MILZ P, FABER P L, LEHMANN D, et al. The functional significance of EEG microstates: associations with modalities of thinking[J]. Neuroimage, 2016, 125: 643-656.

[33] LEHMANN D, OZAKI H, PAL I. EEG alpha map series: brain micro-states by space-oriented adaptive segmentation [J]. Electroencephalography and Clinical Neu-rophysiology, 1987, 67: 271-288.

[34] HAUFLER A J, SPALDING T W, SANTA MARIA D L, et al. Neuro-cognitive activity during a self-paced visuospatial task: comparative EEG profiles in marksmen and novice shooters [J]. Biological Psychology, 2000, 53(2/3): 131-160.

[35] LOZE G M, COLLINS D, HOLEMS P S. Pre-shot EEG alpha-power reactivity during expert air-pistol shooting: a comparison of best and worst shots [J]. Journal of Sport Science, 2001(19):727-733.

[36] PASCUAL-MARQUI R D, MICHEL C M, LEHMANN D. Segmentation of brain electrical activity into microstates: model estimation and validation [J]. IEEE Transactions on Biomedical Engineering, 1995, 42(7): 658-665.

[37] KOENIG T, PRICHEP L, LEHMANN D, et al. Millisecond by millisecond, year by year: normative EEG microstates and developmental stages[J]. NeuroImage,2002(16):41-48.

[38] TIBSHIRANI R, WALTHER G. Cluster validation by prediction strength[J]. Journal of Computational and Graphical Statistics, 2005

(14):511-528.

[39] MURRAY M M, BRUNET D, MICHEL C M. Topographic ERP analyses: a step-by-step tutorial review[J]. Brain Topography, 2008, 20(4):249-264.

[40] TENNEY J R, KADIS D S, AGLER W, et al. Ictal connectivity in childhood absence epilepsy: associations with outcome[J]. Epilepsia, 2018(59):971-981.

[41] SYSOEVA M V, VINOGRADOVA L V, KUZNETSOVA G D, et al. Changes in corticocortical and corticohippocampal network during absence seizures in WAG/ Rij rats revealed with time varying Granger causality[J]. Epilepsy Behav, 2016(64):44-50.

[42] CEVADA T, MOREIRA A, VILETE L M P, et al. Resilience, psychological characteristics, and resting-state brain cortical activity in athletes and non-athletes[J]. The Open Sports Sciences Journal, 2020, 13(1):1-3.

[43] XIE Y, XU Y, BIAN C, et al. Semantic congruent audiovisual integration during the encoding stage of working memory: an ERP and sLORETA study[J]. Scientific Reports, 2017, 7(1):5112-5117.

[44] MAZZIOTTA J, TOGA A, EVANS A, et al. A four-dimensional probabilistic atlas of the human brain[J]. Journal of the American Medical Informatics Association, 2001, 8(5):401-430.

[45] DVOÁKOVÁ D, PÁNEK D, PAVL D. Options for studying human motion: neurophysiological program sLORETA [J]. Auc Kinanthropologica, 2019, 55(2):78-85.

[46] Pascual-Marqui R D. Standardized low-resolution brain electromagnetic tomography (sLORETA): technical details[J]. Methods Find Exp Clin Pharmacol, 2002, 24(Suppl D):5-12.

[47] ZALESKY A, FORNITO A, BULLMORE E T. Network-based statistic: identifying differences in brain networks[J]. Neuroimage, 2010, 53(4):1197-1207.

[48] POWER J D, COHEN A L, NELSON S M, et al. Functional network organization of the human brain[J]. Neuron, 2011, 72(4):665-678.

[49] KIM Y, CHANG T, PARK I. Visual scanning behavior and attention strategies for shooting among expert versus collegiate Korean archers

[J]. Perceptual and Motor Skills, 2019, 126(3): 530-545.

[50] BU D, LIU J D, ZHANG C, et al. Mindfulness training improves relaxation and attention in elite shooting athletes A single-case study [J]. International Journal of Sport Psychology, 2019, 50(1): 4-25.

[51] LU Q, LI P, WU Q, et al. Efficiency and enhancement in attention networks of elite shooting and archery athletes [J]. Frontiers in Psychology, 2021(12): 527.

[52] RAICHLE M E. The brain's default mode network[J]. Annual Review of Neuroscience, 2015(38): 433-447.

[53] PETERSEN S E, POSNER M I. The attention system of the human brain: 20 years after[J]. Annual Review of Neuroscience, 2012(35): 73-89.

[54] POSNER M I, PETERSEN S E. The attention system of the human brain[J]. Annual Review of Neuroscience, 1990, 13(1): 25-42.

[55] NEUBAUER A, FREUDENTHALER H H, PFURTSCHELLER G. Intelligence and spatiotemporal patterns of event-related desynchronization (ERD)[J]. Intelligence, 1995, 20(3): 249-266.

[56] BABILONI C, CASSETTA E, BINETTI G, et al. Resting EEG sources correlate with attentional span in mild cognitive impairment and Alzheimer's disease[J]. European Journal of Neuroscience, 2007, 25 (12): 3742-3757.

[57] ARDILA A, BERNAL B, ROSSELLI M. Language and visual perception associations: meta-analytic connectivity modeling of Brodmann area 37[J]. Behavioural Neurology, 2015(1): 1-3.

[58] STOWE L A, HAVERKORT M, ZWARTS F. Rethinking the neurological basis of language[J]. Lingua, 2005, 115(7): 997-1042.

[59] KLIMESCH W. EEG alpha and theta oscillations reflect cognitive and memory performance: a review and analysis [J]. Brain Research Review, 1999, 29(2/3): 169-195.

[60] HATFIELD B D, LANDERS D M, RAY W J. Cognitive processes during self-paced motor performance: an electroencephalographic profile of skilled marksmen [J]. Journal of Sport Psychology, 1984, 6 (1): 42-59.

[61] SAUSENG P, KLIMESCH W, STADLER W, et al. A shift of visual

spatial attention is selectively associated with human EEG alpha activity [J]. European Journal of Neuroscience, 2005, 22(11): 2917-2926.

[62] BUSCHMAN T J, MILLER E K. Top-down versus bottom-up control of attention in the prefrontal and posterior parietal cortices[J]. Science, 2007, 315(5820): 1860 – 1862.

[63] ZANTO T P, RUBENS M T, BOLLINGER J, et al. Top-down modulation of visual feature processing: the role of the inferior frontal junction[J]. Neuroimage, 2010, 53(2): 736 – 745.

[64] KIM W, CHANG Y, KIM J, et al. An fMRI study of differences in brain activity among elite, expert, and novice archers at the moment of optimal aiming [J]. Cognitive and Behavioral Neurology: Official Journal of the Society for Behavioral and Cognitive Neurology, 2014, 27 (4):173 – 182.

第 11 章　用于提升运动表现的神经反馈训练技术综述

神经反馈技术是神经工程的核心主题,也是脑机智能融合的关键技术之一。神经反馈的训练(Neurofeedback Training,NFT)是一种无创、安全、有效的大脑神经状态调控手段,目前已被广泛应用于大脑疾病的防治、康复和外在表现提升。其中,用于提升运动控制表现的神经反馈训练(NFT to improve Sport Performance,SP-NFT)已成为国内外一个重要的研究和应用热点,若干研究已表明了该方法在改善大脑功能、提升运动控制表现方面的有效性。本章提出一种面向用户体验的 SP-NFT 分类方法,对已有文献中报告的各种 SP-NFT 研究方案进行分类讨论,评述不同 SP-NFT 方案的技术原理、应用场景和使用特点。然后,讨论 SP-NFT 发展中的若干关键问题,包括 SP-NFT 研究中涉及的神经机制、方案选择、学习基础、实验实施等多个方面的要素。最后,展望 SP-NFT 未来的发展方向,包括基于其他脑电特征的 SP-NFT、与其他技术融合的 SP-NFT,以及商业化的 SP-NFT 等。

11.1　神经反馈技术的基本原理

第二次世界大战后,数学家 Norbert Wiener 发展了控制理论,提出系统是通过闭环反馈而被控制的。1969 年,Moss 根据 Wiener 的反馈理论首先提出生物反馈这个术语,并开展对生物反馈的合作研究和应用。之后,Skinner 进一步阐明了生物反馈中的操作性条件反射原理,为生物反馈的应用发展奠定了理论基础。在生物反馈训练中,神经反馈训练(Neurofeedback Training,NFT)是其中最重要、应用最广泛的一种技术。随着人工智能技术的发展,NFT 目前已成为新型自动化技术中一个必不可少的要素,是神经工程的重要主题,也是脑机智能融合的关键技术之一。大量研究表明 NFT 能够有效调节大脑活动,在促进人类大脑发育、成熟、学习、智力和知识增长等方面有极大的作用。

NFT 技术作为一种无创、安全、有效的大脑神经状态调控手段,最初主要应用于临床神经/精神疾病的防治和康复,之后逐步拓展到健康个体的表现提升。

对于健康个体,研究者想利用"自上而下"的方式,通过调控大脑功能进而影响行为,从而提升外在表现。例如:通过 NFT 提升个体的认知能力,使其变得反应更快,注意力更集中,记忆力更好;或者激活个体大脑中关于运动控制的脑区,使其获得更出色的运动表现。相比 NFT 的临床医学应用,针对个体的外在表现提升具有更广泛的应用前景,其中运动表现提升就是一个重要的热点研究方向。

运动表现无论对专业运动员还是普通个体都很重要。早在 1991 年,Landers 等人就将 NFT 应用于运动表现提升(NFT to improve Sport Performance,SP-NFT),实验对 24 名准专业射箭运动员进行了 SP-NFT,结果发现增强大脑右颞区活动的运动员射箭成绩出现了显著的提高,而增强左颞区活动的运动员则出现了成绩下降。2005 年,Raymond 等人研究了 Alpha/Theta SP-NFT 在拉丁舞者舞蹈表现方面的应用,发现参与训练的受试者在训练后舞蹈表现得到提升。2008 年,Arns 等人在高尔夫球击球准备期间应用了 SP-NFT,引导受试者识别最佳击球准备状态,发现应用 SP-NFT 辅助的受试者,其击球成绩平均提升了 25%。2011 年,Paul 等人通过为期 4 周的基于感觉运动节律(Sensorimotor Rhythm,SMR)的 SP-NFT,发现参与训练的校级射箭运动员的赛前愉悦水平、赛前唤醒水平、赛后唤醒水平都发生了显著改变,射箭成绩也得到了显著提升。2012 年,Rostami 等人采取注意力反馈和放松反馈相结合的训练模式,发现参与训练的步枪射击运动员射击成绩显著提高。同年,Faridnia 等人评估了 SP-NFT 在降低女性游泳运动员焦虑程度方面的效果,发现 NFT 能够显著降低受试者的焦虑程度。2014 年,Gruzelier 等人采用 Alpha/Theta NFT,提升了舞者的创造力水平。同年,Cheng 等人检验了 Theta 节律 SP-NFT 在高尔夫球中的应用,发现 SP-NFT 可以显著提升击球准确率和成绩。2015 年,Mikicin 等人研究了 SP-NFT 对运动员认知功能的改变情况,结果发现,参与实验的 35 名不同项目(游泳、击剑、柔道等)的大学生运动员在视觉注意反应、Kraepelin 工作曲线等不同指标上均取得了显著的提升。同年,Ring 等人研究了 NFT 对业余高尔夫球爱好者的影响,结果发现参与反馈的球手学会了在击球前降低其额叶 Alpha 节律活动,其击球表现得到了提升。2020 年,Gong 等人对比研究了 SMR 反馈和 Alpha 反馈对提步枪射击表现的效果、可训练性和神经可塑性,结果发现参与 SMR 反馈的大学生射手的射击表现得到了显著提升。

以上 SP-NFT 的研究参差不齐,不同学者的看法并不完全一致。Gruzelier 等人认为 SP-NFT 在提升运动控制表现方面具有较大的潜力和前景,是一种有效的训练方法,而 Mirifar 等人则认为已有的 SP-NFT 研究质量不一,少有研究采用严格的双盲-对照安慰剂控制实验,因此得到的结论难以支撑 SP-NFT 的有效性。项明强等人对之前的 SP-NFT 研究进行了 meta 分析,统计结果表明 SP-NFT 是一种通过改变受试者 EEG 特征,从而影响运动行为水平的有效调控方法,但由于满足统计标准的有效研究样本依然较少,所以得到的这些结论仍然难以保证结果的可靠性。这些评述主要是从专业技术的角度进行分类讨论的,已为 SP-NFT 的应用发展提供了理论支持和指导。然而,已有研究少有从用户体验的角度去考虑,难以为教练、运动员以及一般爱好者提供有效的技术支持,这可能是 SP-NFT 较少实际应用于运动训练的主要原因。

此外,已有 SP-NFT 研究范式具有多样性,不同方案之间差别很大。有的 SP-NFT 研究要求受试者在实验室进行训练,而另一些 SP-NFT 则要求受试者在实际运动过程中进行,有的 SP-NFT 要求受试者保持注意力集中,而有的 SP-NFT 则要求保持精神放松。虽然这些研究采取的训练方式不同,但是最终大多数研究都仅以受试者的运动表现作为评价指标。对这些不同训练方式的 SP-NFT 研究,如果不进行适当的分类,有可能会得到不正确的分析结果,一些不规范的 SP-NFT 研究结果甚至会影响到整体 SP-NFT 研究的有效性评价。这些问题也给对 SP-NFT 感兴趣和有需求的非专业人员(如教练和运动员)带来了很多学习上的障碍。

为解决以上问题,需要对 SP-NFT 进行更详细的分类并建立更具针对性的结果评价标准,同时应尽量减少专业性,更多地从用户使用的角度出发,以促进 SP-NFT 研究和应用的发展,使研究结果更具实用性和指导性。

为此,本章首先简要概述 NFT 的概念、过程和研究方法,然后从 SP-NFT 使用者的角度出发,提出一种面向用户体验的 SP-NFT 分类方法,并对当前关于 SP-NFT 的主要研究结果进行分类评述,进一步分析 SP-NFT 发展中需要把握的重点问题,最后展望 SP-NFT 的未来发展方向。

11.2 神经反馈技术的基本概念、过程和研究方法

11.2.1 神经反馈的概念

生物反馈,是指采用电子仪器测定神经、肌肉和自主神经系统的活动状态,把这些信息有选择地转换成人体易于感知的信号反馈给受试者,受试者通过学习和控制仪器所提供的反馈信号,学会自我调节内部心理生理变化,从而达到康

复治疗特定疾病或改善生理状态的目的。而 NFT,则是特指将大脑神经信号当作反馈信息的生物反馈技术。可用于反馈的神经信号很多,如 EEG(Electroencephalograph,EEG)、功能性磁共振(functional Magnetic Resonance Imaging,fMRI)、近红外光学成像技术(functional Near Infrared Spectroscopy,fNIS/fNIRS)以及经颅多普勒超声等,其中,基于 EEG 信号的 NFT 是最经典、最常用、研究最多的一种方式。

11.2.2 神经反馈训练过程

如图 11-1 所示,典型的 NFT 过程主要包括信号采集、特征提取、特征转换和反馈学习 4 个阶段。以基于 EEG 的 NFT 为例,信号采集过程主要是利用 EEG 放大器采集大脑头皮电信号,实验者可以根据实验范式的不同自主设置采集电极的数量、位置、参考等具体参数;特征提取过程通常在计算机内完成,计算机利用信号处理技术提取原始 EEG 信号中的能够反映受试者大脑状态的信号特征,作为反馈给受试者的有用信息,可用于反馈的 EEG 特征包括频段功率、连通性、慢皮层电位(Slow Cortical Potential,SCP)、实时 Z 分数、实时 LORETA 等特征;特征转换部分主要是对提取的反馈训练特征进行转换,将 EEG 特征转换为受试者易于接受的直观信息,例如视觉反馈,就是将反馈特征转换为柱状图、曲线图、画面清晰度、画面大小等能够直观感受到的画面变化,除了视觉反馈,常用的反馈输出形式还有听觉反馈、触觉反馈、闪光刺激反馈等。

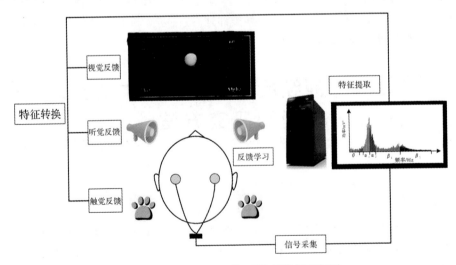

图 11-1 基于 EEG 的 NFT 系统原理框图

最后，反馈学习部分就是受试者通过感知到的信息调控自身精神状态，从而不断改变反馈信息，使反馈信息达到系统要求。根据操作性条件反射的原理，在完成 NFT 的同时，受试者就能够通过学习行为，达到调控自身大脑神经活动的目的。

11.2.3 神经反馈训练的研究方法

开展一项完整的 NFT 研究通常应包含 3 个步骤：确定训练目标和大脑神经机制的联系，检验 NFT 的可训练性，以及验证 NFT 的效果。

针对 SP-NFT 研究，确定训练目标和大脑神经机制之间的联系，就是揭示该运动行为中的大脑神经机制，挖掘出影响运动表现的关键神经特征。例如：有学者发现射击、射箭运动准备阶段大脑会出现左颞区功能抑制、右颞区功能激活的现象；发现精细型运动中的高运动表现通常伴随着额中线 Theta 节律的减少、中央区 SMR 的增加等现象。这些研究结果揭示出运动表现与大脑神经活动具有密切联系，因此调控这些神经活动也很可能反过来作用于运动表现，这些研究结果是开展 SP-NFT 的生理学基础。

其次，检验 NFT 的可训练性，就是检验受试者能否成功学会 NFT 的使用方法，讨论受试者训练过程中的学习策略，学习过程的难易程度，存在多少比例的无应答者(non-responder)，反馈训练能否改变受试者的大脑"基线"神经活动等一系列和训练实践有关的问题。一些研究表明：并非所有的神经特征都适合当作 NFT 特征，不同的 NFT 特征的训练难度也存在区别。例如：调控不同脑区之间连接性的训练难度就可能高于调控单个脑区的频带功率；调控 Gamma 节律的训练难度可能高于调控 Theta 节律。同时，许多 NFT 研究也报告了受试者群体中存在一定数量的无应答者，人数占全部受试者的 20%～30%，他们不能像其他受试者一样调控自身的大脑活动。而这种现象出现的原因目前还不清楚。神经可塑性检验也是可训练性分析中的一个重要组成部分，即检查受试者的大脑神经活动是否发生变化，是否在 NFT 之后产生神经可塑性改变。例如：Ghaziri 等人发现通过 10 个节次的 NFT，受试者的大脑灰质和白质体积发生了显著改变，这就是一个最直接证明 NFT 可训练性的例子。

最后，验证 NFT 的训练效果，就是检验所训练的目标是否因 NFT 发生了显著的改变以及 NFT 和训练目标的改变存在显著的相关性，这是验证 NFT 效果的唯一途径。与医学领域的 NFT 研究类似，SP-NFT 也通常采用对照实验的方式来检验训练效果。具体要求应该包括：

(1) 应对所有受试者进行组别划分，确定实验组和对照组，两组受试者的各

方面条件均应该无显著差异;

(2)每组实验的实验受试者数量应超过最低统计标准数量,通常每组应大于15人;

(3)实验设计时应采取双盲甚至三盲的实验设计,确保实验主试、受试者均对自身的分组情况未知;

(4)对照组应采用安慰剂控制设计,即让对照组的受试者也认为自己参加了正确的反馈训练,不能分辨出控制组的存在。

11.3 面向用户体验的 SP-NFT 方案分类

前人的 SP-NFT 研究通常按照实验范式(主要是反馈特征)进行命名分类,如 Theta 节律训练、Alpha 节律训练、SMR 训练或其他多种节律的组合反馈等。这种分类方法的优点是便于该领域中的研究者快速了解这种反馈训练的实验范式,有助于学者之间的交流。然而,这种分类方法却并不适用于非专业人员,由于缺乏神经科学方面的知识,所以教练员和运动员可能无法弄懂什么是 Theta 节律,Theta/Alpha 又意味着什么,反馈中为什么要降低它,为什么有的方案中要求降低 Theta 节律,而另一些方案则要求增加 Theta 节律。

因此,本节并未采用这种经典的基于反馈特征的 SP-NFT 分类方式,而是提出一种面向受试者体验的 SP-NFT 方案分类方法。如图 11-2 所示,按照本文提出的分类方法,归纳出 4 种典型的 SP-NFT 方案,分别为模拟式、注意力集中式、放松式和监测引导式,并对前人主要研究成果进行分类(见表 11-1)。这种分类方法是从使用者的角度出发,以描述受试者感受的方式直接归纳出 SP-NFT 最主要的训练特点,从而让读者更清楚地了解训练目的和训练过程。这不但降低了非专业人士对 SP-NFT 的理解难度,而且也便于对 SP-NFT 的训练效果进行定量的、面向训练效果的评估。

11.3.1 模拟式训练方案

模拟式 SP-NFT 训练方案,即模拟真实运动过程中大脑神经活动动态变化的一种反馈训练[见图 11-2(a)]。这种训练方式类似于传统的运动表象训练,即运动员在闭眼放松状态下,闭眼回想实际运动过程/比赛过程,体会运动过程中的动作细节和肢体感受,达到回顾技能要点、提升熟练程度的效果,从而提高自身运动表现。

虽然模拟式训练方案借鉴了表象训练的思想,但是与表象训练不同的是,模拟式 SP-NFT 是首先记录实际运动过程中受试者获得最佳表现时的大脑状态,筛选出可以反映最佳表现时的、可靠稳定的大脑神经特征。之后,让受试者在安静舒适的环境下进行 SP-NFT,回忆当时达到最佳表现时的状态,通过反馈训练努力"达到"完成最佳运动表现时的大脑神经状态。

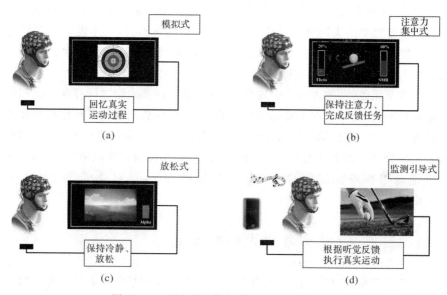

图 11-2　面向用户体验的 SP-NFT 方案

这种方案从受试者本身的最佳表现状态出发,用 SP-NFT 引导受试者重新达到这种状态,通过不断强化、熟悉达到最佳表现时的状态,从而提升运动表现,具有较为完整的理论基础和实现途径。

但是这种方案有一个重要的前置条件,即受试者的反馈特征必须与其获得最佳表现时的大脑状态完全匹配。而由于个体差异的存在,不同受试者达到最佳表现时的神经状态不会完全相同,如果选取的反馈特征不能反映该受试者的最佳表现神经状态,那么这种训练就是对其无效的,甚至还会产生相反的训练效果。

例如:Landers 等人发现抑制左颞区大脑活动能够有效提升专业射箭运动员的射击表现;但 Gong 等人的研究却表明,抑制左颞区大脑活动的 SP-NFT 在普通业余射手的射击表现提升方面则并不显著,甚至很多受试者还出现了射击表现降低的现象。此外,Ring 等人对高尔夫球爱好者进行了 Fz 位置的 Theta 和 Alpha2 降低训练(模拟专家击球准备阶段的大脑模式),结果发现实验组和控制组并未产生显著的训练效果差异。出现这种结果可能是因为受试者间运动水平的差异导致了受试者在达到最佳表现时的大脑神经状态也存在差异,所以对专家射手有效的 SP-NFT 在业余射手中并不适用。因此,模拟式 SP-NFT 要求研究者在训练前应确认反馈特征与最佳表现时的大脑神经状态之间是否匹配,之后才能展开训练。

目前,这种方案只应用在了射击、射箭、高尔夫球等闭锁性静态运动中,因为这些运动过程中的大脑神经活动可以被较为精确地测量,便于提取相对稳定的大脑神经特征。而对于其他开放性运动,如足球、篮球等活动,则很少有研究采取这样的 SP-NFT 方案来提高运动表现。但这并不代表着这种方案就一定对开放性运动无效,在前人研究中发现,实际运动和运动表象之间存在高度相似的大脑神经活动,运动员在观看运动过程的视频时,也会出现和实际运动相似的大脑活动。这些研究就给模拟式 SP-NFT 提供了一项潜在可行的解决方案,即通过采集受试者在运动表象/观看运动视频时的最佳表现大脑神经活动,从这些神经活动中提取稳定的神经特征作为反馈特征,再对受试者进行模拟式 SP-NFT。

11.3.2 注意力集中式训练方案

注意力集中式 SP-NFT 方案是当前研究中采用数量最多的一种方案。这种训练的原理是针对受试者的注意力进行训练,通过增强受试者的注意力水平,使其在运动过程中更加专注、集中注意力的时间更长,从而使受试者达到更加敏捷、迅速、镇定的运动状态,从而提升受试者的运动表现。

注意力集中式训练方案通常采用降低 Theta 节律功率,增加 SMR、Beta1 节律功率的方法,训练电极通常为 C_3、C_z 和 C_4 等中央区位置,可以对单个电极的单个频率进行训练,也可以结合多个电极的多个频率进行训练。降低 Theta 节律功率可以抑制受试者的困意、疲倦和精神涣散,增加 SMR 和 Beta1 节律功率则会使受试者的精神和注意力更加集中,最终使受试者达到一种安静、流畅、专注的精神状态(也被称为巅峰状态、冰山状态等)。注意力集中式训练的优点在于生理机制明确,大量的研究已经反复证明了这种方案中使用的 EEG 频段特征和生理状态之间的密切联系(这种方案也广泛应用于 ADHD 的临床干预),因此这种反馈训练的可训练性已无须验证,且大多数受试者都可以顺利地学会并进行训练。

注意力集中式 SP-NFT 可以应用于大多数闭锁性运动,如射击射箭、高尔夫球、长跑、游泳等项目。受试者在 SP-NFT 中达到的这种状态类似于执行这些运动过程中最佳表现时的状态,这种安静而专注的状态对于闭锁性运动是非常有益的,受试者能够专注于自身运动动作的完成,并避免多余的思维干扰,因此完成动作时更加高效流畅。注意力集中式 SP-NFT 方案的应用案例较多：2011 年,Paul 等人采用该训练方案对大学水平的射箭射手进行了训练,提高了受试者的射击成绩;2012 年,Faridnia 等人对女性专家游泳运动员进行了训练,减少了运动员的焦虑程度;2012 年,Rostami 等人采用该训练方案对专家步枪射手进行了训练,提高了他们的射击成绩。

此外,注意力集中式训练也可以应用于开放性运动,如球类、对抗类运动等项目。因为从普遍的观点来看,提升注意力可能对于做任何事物都是有益的,而不仅仅局限于运动控制和运动表现。虽然提升注意力不一定能够直接提升运动表现,但 SP-NFT 的训练效果可能作用于受试者的日常学习训练,能够通过提升学习效率,从而间接地提升运动表现。例如:Mikicin 等人对 35 名游泳、击剑、田径、跆拳道、柔道学生运动员进行了训练,发现他们的注意力得到了提升,速度、有效性、工作精度也都得到了提升。因此,注意力集中式训练是目前在运动科研中开展最广泛的一种 SP-NFT 方案。

11.3.3 放松式训练方案

放松式训练是一种能够有效调节情绪、缓解压力的 SP-NFT 方案。一种典型的训练方法是抑制顶区(P_z)位置的 Alpha 节律,增强 Theta 节律。通过这种模式的训练,受试者能够进入一种深入的"寂静"状态。在这种状态下,受试者能够让精神完全放松,可以有效降低自身的焦虑程度,同时,这种状态下的受试者还能够引导自身充分回忆比赛训练时的细节和感受,甚至有时还能诱发受试者产生一些平时难以出现的"灵感"或创造性思维。

这种训练方法的目的与注意力集中式方案恰恰相反,注意力集中式方案是降低 Theta 节律,增加高频成分(主要是 SMR 和 Beta1 节律);而放松式训练方案则是增加 Theta 节律,抑制高频成分(主要是 Alpha 节律)。因此放松式训练时反而要求受试者不要集中注意力,故意放空大脑,从而让身体和精神持续放松。

有学者认为这种方案最早可以追溯到托马斯·爱迪生的自我创造性训练:爱迪生手中握着一个铜球,然后准备打盹,当快要睡着时,手中的铜球就会因为手部失去力量掉到地上的托盘中,铜球敲击托盘发出声音将爱迪生叫醒,这时的爱迪生会陷入一种富有创造性思维灵感的"梦幻"状态,从而得到很多来之不易的"奇思妙想"。

表 11-1 SP-NFT 相关研究文献

作者(年代)	参与者(数量)	SP-NFT 方式(EEG 特征,位置)	指导任务	节次数量	单节次持续时间/min	SP-NFT 类型
模拟式 SP-NFT 训练方案						
Landers et al. (1991)	准精英射手(24)	提升左侧颞区(T_3) SCP 活动	努力移动电脑里的水平柱体	1	30	视觉
Gong et al (2020)	业余射手(45)	提升左侧颞区(T_3) Alpha 活动	努力使电脑中画面更清晰,声音更大	6	25	视觉-听觉结合
注意力集中式 SP-NFT 训练方案						
Paul et al. (2011)	校级水平弓箭手(24)	增强 SMR, 抑制 Theta 和 Bete2(C_z)	努力使动画移动	12	20	视觉-听觉结合
Faridnia et al. (2012)	国家队游泳运动员(20)	(1) 增强 Beta1 和 SMR,减少 Theta 和 Bete2; (2) 增强 SMR,减少 Beta2(C_3, C_4)	玩电脑游戏	12	40	视觉
Rostami et al. (2012)	国家队和省队步枪射击运动员(24)	(1) 增强 SMR,减少 Bete2 (C_3, C_4); (2) 增强 Alpha 和 Theta 的过渡部分,减少 Beta2 (P_z)	玩电脑游戏	15	60	视觉-听觉结合
Mikicin et al. (2015)	学生运动员(35)	增强 Beta1 和 SMR,减少 Theta 和 Beta1 (C_3, C_4)	在电脑游戏中完成平衡球游戏	20	30	视觉-听觉结合
Gong et al, (2020)	业余射手(45)	增强 SMR (C_3, C_z, C_4)	努力使电脑中画面更清晰,声音更大	6	25	视觉-听觉结合

续表

放松式 SP-NFT 训练方案					
Raymood et al. (2005)	校级水平舞蹈运动员 (24)	增强 Theta 并减少 Alpha (P_z)	想象跳舞	10	20	听觉
Gruzelier. (2014)	校级水平舞蹈运动员 (64)	增强 Theta 并减少 Alpha (P_z)	想象跳舞	10	20	听觉
监测指导式 SP-NFT 训练方案					
Arns et al. (2008)	业余高尔夫球运动员 (6)	个人事件相关 EEG 模式 (FP_z)	高尔夫球击球	3	N/A	听觉
Kao et al. (2014)	精英高尔夫球运动员 (3)	减少 Theta (F_z)	高尔夫球击球	1	25	视觉-听觉结合
Ring et al. (2015)	休闲高尔夫球爱好者 (24)	减少 Theta 和 Alpha 高频信号功率 (F_z)	高尔夫球击球	3	60	听觉
Cheng et al. (2015)	准精英和精英高尔夫球运动员 (16)	增强 SMR (C_z)	高尔夫球击球	8	30~45	听觉

目前,这种方案的 SP-NFT 主要被用于提升舞蹈运动表现,Raymood 和 Gruzelier 分别在 2005 年和 2014 年对舞者进行了这种方案的反馈,均提升了舞者的跳舞表现。因此,根据放松式 SP-NFT 的训练原理,可以推测这种训练方案也可能对艺术体操、花样滑冰、跳水等具有表演性质的、需要一些创造性思维的体育项目产生有益的促进作用。由于这些运动项目的对抗性较弱,运动期间主要是关注自身表现,所以放松式 SP-NFT 很可能通过训练降低受试者赛前的焦虑和紧张程度,从而提升比赛时的运动表现。

11.3.4 监测引导式训练方案

监测引导式 SP-NFT 是近年来发展速度较快的一种反馈训练方案。其实验周期短,见效快,克服了传统 SP-NFT 需要长时间训练的缺点,成为了众多学者关注的热点研究方向。这种方式的原理是 Yerkes-Dodson 理论,即唤醒程度和运动表现之间的倒 U 形关系模型(即运动表现在最佳唤醒程度时达到最佳,唤醒程度过低或过高时运动表现均会下降,两者呈现倒 U 形关系曲线)。SP-NFT 能够引导受试者达到与最佳运动表现相匹配的最佳唤醒程度,然后让受试者在最佳唤醒程度时执行运动动作;或者让受试者在整个运动动作过程中持续处于最佳唤醒状态,从而获得最佳唤醒程度下的运动表现,提升运动表现。

监测引导式 SP-NFT 区别于传统 SP-NFT 的最大特点就是其与训练动作的紧密结合,即反馈训练和运动过程是同步进行的。2015 年,Cheng 等人的研究采用了这种反馈方式,即在高尔夫球手击球过程中同步进行 SP-NFT 训练。SP-NFT 系统监测受试者击球准备阶段的大脑神经活动,以音频形式实时反馈给受试者当前的大脑活动,如果声音较大,则表示状态不佳,如果声音较小,则表示当前状态较好,受试者根据声音的指导选择合适的击球时刻。这种反馈训练方式取得了较好的训练效果,显著提升了受试者的击球表现。2019 年,Faller 等人对一名飞行员进行了该方案的 SP-NFT 实验,结果发现该方案能够有效地调控飞行员的唤醒程度,将飞行员的唤醒程度一直维持在最佳水平,从而提升了飞行员在进行飞行躲避任务时的任务表现。虽然 Faller 的研究并不是传统的运动科目,但研究结果为监测引导式 SP-NFT 的应用发展提供了非常有价值的借鉴。

长期以来,传统 SP-NFT 之所以在运动训练领域中推进缓慢,其中一个重要的原因就是训练周期过长。有些训练甚至需要 5~10 次的 SP-NFT 之后才能进行后测实验来检验训练效果。这种长时间的训练存在多方面的不足:从主试的角度来看,长时间训练的工作量很大,给实验开展带来了很大的挑战;从受试者的角度来看,长时间的训练也给自身带来了疲惫,由于缺乏运动表现效果的及时反馈,所以受试者对 SP-NFT 能否提升自己的运动表现存在怀疑,训练热情和训练信心可能随训练时间增加而逐步降低。此外,训练过程还存在实验场所较远、受试者因为有事而无法坚持训练等其他因素的干扰,要完成一个完整周期的 SP-NFT 难度就更大了。

监测引导式 SP-NFT 将反馈训练过程和实际运动过程相结合,做到实时反馈,及时利用目标任务的完成情况检验反馈的效果。这种方法很好地解决了传统 SP-NFT 中存在的训练时间过长的问题。每次 SP-NFT 实验只需要花费 1~2 h,既开展了 SP-NFT 研究,又可以检验训练效果,还不需要进行前、后测实验,节约了大量的实验时间。鉴于监测引导式 SP-NFT 的这种优良特性,这种方案也可能是目前及未来近一段时间内最具有潜力、最有可能推广商业使用的 SP-NFT 方案。

11.4 SP-NFT 发展中的若干重点问题

虽然目前 SP-NFT 研究已经取得了一定的进展,但其中还存在着一些重要但悬而未决的问题,这些问题是影响 SP-NFT 技术进一步发展的重要因素,理清这些问题有助于促进 SP-NFT 的进一步发展。本章尝试将这些问题整理出来,并给出一些初步的解决思路,供相关研究者参考。

11.4.1 关键问题之一:运动表现提升的神经机制基础

SP-NFT 可以通过操作性条件反射让受试者的大脑产生神经可塑性改变,调控大脑的脑区激活程度和脑区之间的神经通路。但这种改变为什么能够让受试者的运动表现得到提升,这种改变会不会对受试者其他方面的行为产生影响?这些都是 SP-NFT 背后的基础理论问题。

SP-NFT 产生有效作用的神经机制可能存在两个角度的解释:一方面是从强化学习的角度出发,即 SP-NFT 是让受试者不断重复实际运动时的大脑状态,或重复锻炼与运动控制功能相关的大脑脑区,让大脑对运动动作更加熟悉,对运动细节的掌控能力更高,从而提升运动表现。类似于著名的围棋人工智能 AlphaGo,通过学习上万盘专家和自己对弈的棋谱,最终成为了不可战胜的围棋冠军。

另一方面,可以从提高基础能力的角度解释 SP-NFT 的作用机制。这里所指的基础能力并非力量、耐力、协调等身体素质，而是指大脑的专注、意志、放松等精神方面的能力。SP-NFT不但让受试者在训练后某一方面的状态（如注意力/焦虑）得到了改善，而且更重要的是让受试者掌握了一种自我调控精神状态的能力。就好像自制力强大的人更容易成功一样，掌握了自我调控精神状态能力的人可能比不具备这种能力的人更容易达到卓越的表现。这种解释并不像第一种强化学习机制那样直接，而是具有一定的间接性。因此，从这个角度来说，受试者也许能够通过掌握自我调控精神状态能力，使自己不但能够在运动项目方面，甚至生活工作的其他方面也获得额外的收益。

测量多个维度的生理数据将有助于进一步揭示SP-NFT背后的神经机制基础。在大多数SP-NFT研究中，研究者主要关心的是受试者的运动表现是否得到了提升，因此大部分研究者在前测和后测实验时都只是简单地测量了受试者的某一项科目的运动表现，而并未关注SP-NFT对其他方面产生的影响。然而，Mikicin的研究提供了一个更好的示范，他对参加SP-NFT的受试者进行了多个维度的测量，包括受试者的注意力反应、Kraepelin工作曲线等指标，发现虽然最开始的目标是提升运动表现，但持续性的SP-NFT还具有改善认知功能方面的效果。同时，一些研究也报告了受试者在SP-NFT后其他方面的改变，如静息态EEG特征、反馈训练期间的EEG特征等，也进一步证实了SP-NFT的神经可塑性。可以看出，报告的数据越多样，就越有助于全面揭示SP-NFT的相关机制。因此，在今后的研究中，应该鼓励研究者报告除运动表现以外的、多元化的外在表现数据和相关生理数据，并且越多越好。

11.4.2 关键问题之二：反馈方案和反馈特征选择

在使用SP-NFT前，研究者应该首先对受试者进行全面且精确的评估。研究者应该从受试者的个体需求角度出发，充分考虑到受试者的自身条件和参与训练后期望达到的目标，从而确定该对受试者使用哪种SP-NFT。

首先，需要考虑的是受试者的训练目的，这需要建立在与教练员或者参训个体的充分沟通之上。训练对象是想要提升自己的注意力，还是想缓解自己的焦虑程度？还是近期有些状态不佳（如失眠、精神涣散），想要调整一下自己的精神状态？不同的问题具有不同的SP-NFT解决方案，随意选择SP-NFT很难达到良好的训练目标，甚至还有可能产生完全相反的训练效果。

其次，需要考虑到受试者的自身技能水平，这也是反馈方案是否能对受试者产生积极收益的一个潜在重要因素。在Gong等人的研究中认为，技能水平较高的专家受试者能够通过模拟训练式的SP-NFT提高运动表现，但普通的运动爱好者则更加适用于集中式/放松式这类更加具有普遍性的 SP-NFT。其背后的原理是运动专家具有更加熟练的技能,对运动行为的控制能力更好,因此可以轻松地使大脑回到运动执行时的情况,保持和真实运动时高度相似的状态。但这对普通的运动爱好者或业余运动员则具有难度,因此基于模拟训练式的 SP-NFT 更适用于运动专家,而普通运动爱好者可能更加推荐使用普适性的集中式/放松式反馈。

最后需要考虑的问题是训练者对 SP-NFT 的接受程度和自身大脑的调控能力,这方面则需要通过一定次数的预实验来进行判断。需要注意的是,SP-NFT 的训练特征选择决定了训练的模式,但反之则并不一定成立。例如:增强 C_3 的 SMR 节律和降低 Theta 节律都属于增强注意力方案,但在训练时,选择增强受试者的 C_3 电极的 SMR 还是降低 Theta 节律也是一个需要讨论和分析的问题。一些受试者觉得通过降低 Theta 节律来提升注意力更加容易,而通过增强 SMR/Beta1 则存在困难。这就需要教练选择合适的具体的 SP-NFT 方案,最好能够使受试者顺利开展训练后,再逐步增加难度,最终达到满意的训练效果。如果一开始选择的难度过大,很有可能打击到受试者的信心,导致其很快放弃训练或对训练充满怀疑,这也是训练前选择方案时应该注意的重要问题。

11.4.3 关键问题之三:学习/训练理论基础

如果研究者想要开发或者检验一种新的 SP-NFT 方案,在检验训练效果之前,首先应注意检验该方案的学习理论基础,即可训练性。虽然 SP-NFT 具有较为完整的学习理论,即操作性条件反射理论作为支撑,但检验某种新方案的可训练性仍然是一个重要步骤。这一点可能是一个容易被忽视的问题。

可训练性检验主要包括两个方面的内容:一方面是验证受试者能否改变 SP-NFT 中使用的反馈特征。在 SP-NFT 中,理论上可以使用任何 EEG 特征作为反馈特征,如增强某个脑区的活性、增强两个脑区之间的连通性、甚至通过溯源技术激活大脑的海马体等等。训练时也可以同时设置多个反馈训练目标,例如要求受试者在增强 SMR 的同时降低 Theta 和 Beta2 节律。SP-NFT 的多样性导致了不同 SP-NFT 方案在客观上存在难易程度区别。有些反馈特征虽然和行为表现存在联系,但并不一定是一个合适的训练目标,受试者可能需要花费很大的精力才能学会控制反馈特征,如果选择了不合适的反馈特征,会导致事倍功半的结果。

可训练性的另一方面内容是检验 SP-NFT 能否使受试者的基线神经特征发生改变,产生神经可塑性影响。这是为了从理论上证明 SP-NFT 是通过改变大脑神经活动从而影响行为表现的重要依据,也是说明 SP – NFT 并非安慰剂控制的重要证据。当然,如果是经典的 SP – NFT 特征,如 SMR 特征,已经有前人的研究证明了该训练会使静息状态下的相关特征发生改变,因此在开展研究前就可以省略此步骤。否则,如果研究者想尝试一种全新的反馈特征,首先应该注意检验可训练性问题。

11.4.4 关键问题之四:训练模式和参数选择

在开展一项 SP – NFT 研究之前,还需要考虑反馈模式和反馈参数选择。训练模式主要是指选择视觉反馈还是听觉反馈,或者是两者的结合。参数选择的重点则是在于每次的训练时间、整个训练疗程的训练次数,以及如何让受试者避免无聊或厌训的激励策略等。

前人研究表明,NFT 主要有视觉反馈、听觉反馈、触觉反馈三种反馈模式,其中又以视觉反馈和听觉反馈最常用。有文献报告,视觉-听觉联合反馈会起到比单独模式反馈更加有效的作用,但这个结论可能只适用于某种特定的 SP – NFT 方案,并未得到广泛的验证。根据笔者的 SP – NFT 实践,受试者在同时存在视觉反馈和听觉反馈的情况下,可能会受到相互干扰的影响,效果反而不如单独视觉或单独听觉好。支持视觉-听觉联合反馈的研究者认为两种反馈方式结合起来,能够让受试者在无意中忽视一种反馈的情况下,另一种反馈还能提醒受试者继续训练。而持怀疑态度的研究者则认为如果两种反馈模式结合得不好,可能容易让受试者产生混淆,反而影响反馈效果。

此外,和临床医学中的 NFT 相比,SP – NFT 具有一定的特殊性,即训练过程可以结合运动过程本身,从而取得更好的训练效果。例如:Cheng 等人利用了听觉 SP – NFT 实时提示受试者执行高尔夫球挥杆阶段的 SMR 变化情况,从而有效提升了高尔夫球的击球准确度。从这个例子可以发现,在执行实际运动中,人体的视觉功能通常都是被占据的,因此在 SP – NFT 中,听觉反馈可能具有更大的应用潜力。

SP – NFT 执行前还需要设置各项具体的反馈参数,如奖励的判定标准、每个试次的训练和放松的持续时间、一个节次的反馈持续时间以及整个反馈疗程的持续时间等。这些参数也会对训练效果产生一定的影响。在奖励的判定标准方面,最好遵循先易后难的原则,避免影响受试者的信心和兴趣。每个训练节次的持续时间通常设置为 20~30 min 为宜。整个反馈疗程的持续时间则可以根据受试者的感受和研究的目的而定,前人研究报告中最少的实验只进行了 1 个节次,最多报告则进行了 40 个节次。一些专家认为,如果想要在受试者大脑中检测到显著的生理性改变,至少要进行 5~10 个节次的训练。

该部分存在的问题是,虽然一些研究采用的反馈节次较少,但依然报告了积极的训练结果。因此,SP-NFT 的最佳训练节次的数量究竟是多少?如何通过更少的训练次数获得较好的训练结果?利用较少的反馈训练,使受试者未产生生理性改变的同时,能否得到足够好的运动表现提升?这些问题都是目前还需要继续探索的问题。

11.4.5 关键问题之五:实验的严谨性和可重复性

在医学领域,在开展一项临床干预研究时,应设置实验组和安慰剂控制组,并制订双盲、甚至三盲方案,从而确保研究的严谨性和有效性。从广义上看,SP-NFT 也属于一种医学干预手段,因此 SP-NFT 的效果研究也应该遵循这些原则,设置双盲-安慰剂控制实验方案。

在临床医学和认知科学领域的 NFT 研究中,由于实验受试者便于招募,实验本身的风险也较小,所以普遍采取了这种双盲-安慰剂控制研究方案。然而,在运动科学领域,如果实验的对象是顶级运动员,那么这样的实验设计可能会存在一些特殊的问题。

首先,愿意参与研究的运动员人数可能较少,受试者难以招募,某项运动的顶级运动员可能只有十余名或几十名,在此基础上再筛选愿意参与的研究受试者人数会更少。其次,SP-NFT 实验可能会干扰运动员本身的日常训练,尤其是对于安慰剂控制组的受试者,虚假的 SP-NFT 非但不能提升受试者的运动表现,还会占据运动员较长的时间,有时甚至达到数周或 1 个月,这不但浪费了运动员宝贵的训练时间,而且会因为持续性的失败反馈(例如很多控制组使用了随机信号或者是其他受试者的 EEG 信号)影响到运动员的情绪,从而产生运动表现下降的情况。这也是一些教练和运动员不愿意参与 SP-NFT 研究的重要原因。

因为受试者存在特殊性的问题,所以导致当前只有少数的 SP-NFT 研究采用了严格的双盲-安慰剂控制设计方案,而多数研究只是设置了被动控制组或者未设置控制组。相对主动控制组,被动控制组只是让受试者不参加 SP-NFT,因此对整个实验来说,研究的严谨性就大打折扣。

针对这个问题的可能解决方案首先包括扩大实验受试者的筛选范围,即受试者的筛选范围并不局限于顶级的专业运动员,也可以将其扩展到普通的运动员甚至运动爱好者。其次是适当缩短训练节次,缩短后测实验和反馈训练之间的时间,从而及时检验反馈训练的效果,减少整项研究所占用的时间。最后,调整控制组设置也是一个可行的手段,即不采用基于 SP-NFT 的安慰剂控制组,而是将其他的、相同训练时间的传统训练方法当作控制组训练方法,例如将冥想、正念训练作为控制组,检验 SP-NFT 和其他训练方法之间的差异。这种实验设计可能更加符合 SP-NFT 研究的实际情况。

11.4.6 关键问题之六:非特异性问题

相比药物干预,NFT 是一种更加宏观的大脑调控手段(因为其并不是在分子/激素水平上对大脑状态进行调控)。加之大多数 SP-NFT 都采用 EEG 信号作为反馈特征,因此 SP-NFT 的特异性并不是很好,即在训练后会让受试者产生非训练目标之外的改变。

SP-NFT 的非特异性主要体现在三个方面:反馈效果的非特异性、反馈 EEG 频段的非特异性以及反馈位置的非特异性。反馈效果的非特异性主要指 SP-NFT 对受试者造成非训练目标的额外的改变,例如在 SP-NFT 后发现受试者除了运动表现之外,注意力、工作记忆等方面也产生了改变。SP-NFT 对非目标频段和非目标位置造成的改变也被称为"夹带"效应,这种改变通常发生在目标频段和目标位置附近的频段和位置。例如:训练目标为增强 Alpha 节律,结果却发现临近 Alpha 节律的 Theta 和 Beta1 节律也发生了增强;训练位置是 C_z,结果发现附近的 FC_z 和 CP_z 等位置采集 EEG 特征也发生了改变。

鉴于 SP-NFT 的非特异性,很多专家认为使用 SP-NFT 时应该更加慎重,就像检验药物作用一样明确其可能存在的不良反应。虽然目前尚未发现因为 SP-NFT 的非特异性使受试者产生严重的不良反应,但由于对 SP-NFT 的研究并不彻底,同时缺乏大量的样本数据支撑,所以它也有可能使原本不需要改变的状态发生改变,从而产生其他附加影响。不能确定这种影响是否会对受试者带来不利的影响。因此,在进行 SP-NFT 时,也提倡对受试者的行为/认知,以及全脑的 EEG 状态进行尽可能全面的测量,来揭示神经反馈的非特异性改变。

11.5 SP-NFT 的未来发展方向

11.5.1 发展方向之一:基于新型脑影像技术的 SP-NFT

就目前的研究结果来看,主流的 SP-NFT 方案大都是基于 EEG 技术。但随着神经影像技术和计算机技术的迅速发展,其他神经影像技术也越来越多地应用于 NFT。近年来,出现的新型脑影像 NFT 主要有基于 fMRI 和基于 fNIRS 的 NFT,这两种反馈方法的原理较为类似,都是基于神经影像技术对目标脑区进行激活训练,从而达到训练提升外在表现的目的。

由于 fMRI 技术的大脑空间分辨率很高,所以基于 fMRI 的 NFT 可以训练到大脑中几乎所有位置,甚至如海马体、杏仁核等难以用其他方法定位的脑区都可以训练到。因此该技术在治疗精神疾病和调控情绪方面都得到了初步应用。但 fMRI 的缺点也非常明显,如体积庞大、费用高昂、时间分辨率低等。因此,基于 fMRI 的 SP-NFT 仍然局限于功能验证方面,推广使用的前景较低。

fNIRS 的技术优势是抗噪声能力很强,这一点在运动科学领域中是一个非常巨大的优势,通过这项技术优势,可以将基于 fNIRS 的 SP-NFT 从实验室扩展到精细型运动、甚至其他开放性运动。但是,fNRIS 依然具有难以克服的缺点,例如相比 EEG,其时间分辨率较低,信号频段较窄,可提取的信息有限等,这也限制了基于 fNIRS 的 SP-NFT 进一步的发展。

根据 EEG、fMRI 和 fNIRS 各自的技术优势,一个前沿的 SP-NFT 研究思路是将这几种方法结合使用:首先采用 fMRI 或 fNIRS 技术确定与某项运动表现密切相关的脑功能区,利用 fMRI 可以通过运动想象或观看运动视频等实验发现这些关键脑区,利用 fNIRS 则可以直接在真实运动情况下发现关键脑区。然后利用 EEG 技术中的溯源算法(如 LORETA 溯源),实时地采用基于 EEG 的 SP-NFT 训练这些影响运动表现的关键脑区,从而综合发挥 fMRI 空间分辨率高、fNIRS 抗噪声能力强、EEG 技术时间分辨率高的技术优势。例如,近期 Rieker 等人的研究就充分结合了 fMRI 技术和 fNIRS 技术的优势,开发了一种用于脑卒中病人运动康复的 SP-NFT 系统,取得了比传统反馈更好的训练效果。可以预见,这种研究思路在 SP-NFT 的发展中将越来越多。

11.5.2 发展方向之二:基于新型 EEG 特征的 SP-NFT

传统的 SP-NFT 最常采用的是 EEG 频带功率特征。多年来的研究也表明了将频带功率作为反馈特征产生的良好效果,并出现了一系列应用广泛的 SP-NFT 方案。然而,随着 EEG 信号处理技术的不断发展,学者们不断从 EEG 中提取了新的特征(见图 11-3),这些新特征在未来也可以应用于 SP-NFT。

(1) 其他频段 EEG 特征。在经典的 SP-NFT 方案中,EEG 特征主要包括 SCP(慢皮层电位)、Theta 节律、Alpha 节律、SMR 节律、Beta1 节律和 Beta2 节律。而近年来的 NFT 研究则将节律特征扩展到 Gamma 频段、亚慢频变化等。

这种训练频带上的变化表明随着技术的发展,学者们正在逐步探测经典频率之外的频率成分。例如,有研究者发现 Gamma 频段特征和冥想、正念等需要高度集中精神的活动有关。因此,基于其他频段 EEG 特征的 SP-NFT 也同样具有较大的应用潜力。

(2)功能性连接和脑网络特征。功能性连接和脑网络特征是目前 EEG 研究中受到广泛关注的、发展迅速的一个方向。很多研究发现静息态的脑功能性连接和脑网络特征与认知表现/运动表现之间存在非常密切的联系。相比传统的单个脑区激活/抑制训练,这种训练方法更加关注大脑中各脑区的信息交互和整体协调。目前,一些学者也逐步开始研究基于功能性连接和脑网络特征的 NFT,并取得了初步的显著结果。可以预见,基于功能性连接和脑网络特征的 SP-NFT 可能是未来一个重要的训练方案。

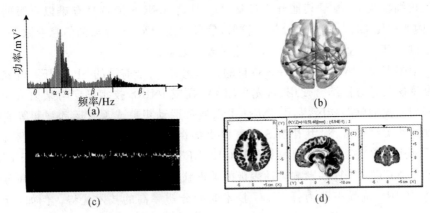

图 11-3 可用于 SP-NFT 的新型 EEG 特征
(a) EEG 频率特征; (b) EEG 功能性连接和脑网络特征;
(c) EEG-Z 分数特征; (d) EEG 溯源特征

(3)EEG 溯源特征。基于 LORETA 的 NFT 是根据溯源算法 LORETA 开发而来的一种 NFT 训练方法,该方法可以通过大脑表面的电信号溯源到大脑内部的活动脑区。通过将头皮上的 EEG 活动映射为大脑内具体的大脑功能区,进而在训练中直接训练特定的脑区变化,从而完成传统 NFT 无法到达的训练目标。基于 LORETA 的 SP-NFT 的优点是训练更有针对性,使 SP-NFT 的空间分辨率得到了极大的提升,这使得 SP-NFT 可训练的范围大大扩展,同时也可以在一定程度上解决 EEG-SP-NFT 的非特异性问题(即 11.4.6 节提到的"夹带"效应)。然而,LORETA 算法的数学模型是固定的,多种大脑内部的神经源活动都可能使头皮产生类似的电活动,即通过溯源算法得到的解只是多种可能解中的一种。同时，LORETA 反馈只能训练受试者激活目标脑区，但不能训练受试者"放松"目标脑区。从这个角度来看，相比传统的"增强/减弱"某个 EEG 频段特征的方案，基于源定位的 NFT 的训练方向性减少了。目前，基于 LORETA 的 SP－NFT 还没有在运动领域中得到试用，但随着技术的不断发展，基于 LORETA 的 SP－NFT 的应用场景也会不断增加。

除了以上提到的 3 种反馈方法之外，NFT 领域还有 Z 分数反馈（即关注全脑的综合变化，而不局限于某一个具体的 NFT 特征）、闪光刺激式反馈（类似于视觉稳态诱发电位，直接诱导大脑皮层产生响应）等方法。这些方法虽然在 NFT 领域都已得到了一定的应用，但还未得到 SP－NFT 方面的关注。这些方法在运动科学领域同样具有一定的应用潜力。

11.5.3 发展方向之三：基于多模态神经信号特征融合的 SP－NFT

多模态信号融合采集是当前神经科学中的一个重要研究方向，具体分为不同技术的多模态信号和同类技术的多模态信号（见图 11－4）。前者的典型应用是 EEG－fNIRS 或 EEG－fMRI 等不同神经成像技术的同步采集，这些研究可以从多个角度分析相同的生理过程，同时可以揭示不同影像技术之间的潜在联系。然而本节所讨论的并不是不同技术之间的融合采集，而是主要讨论同类技术之内的，基于多种电生理信号的数据采集和实时反馈，这种反馈方法有时也被称为"生理多导"。

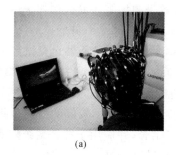
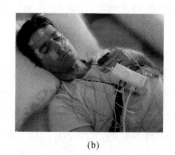

(a) (b)

图 11－4　可用于 SP－NFT 的多模态神经信号采集方式
(a) EEG－fNIRS 联合大脑神经信号采集设备；(b) 生理多导信号采集设备

基于生理多导的 NFT 主要是集脑电、肌电、心电、呼吸等多种电信号于一体的生物反馈方法，如果严格来看，这已经不再属于单纯的 NFT。但是，这种反馈训练的目的仍然与传统的 NFT 相同，即指导受试者学会对自身状态的调控，从而改善自身精神状态或提高自身外在表现。在临床医学领域，Maurizio等人将EEG和EMG（肌电）信号结合使用，应用于ADHD的反馈训练治疗，并取得了优于单一训练方法的训练效果。

基于生理多导的SP-NFT可能为提升运动表现带来较大收益。传统的SP-NFT只是单纯依托EEG，而生理多导则可以利用肌电信号同步采集实际运动行为中发挥关键作用的肌肉，实时监测大脑和肌肉两个维度的特征变化。同时根据一些先验的知识，更好地指导受试者改善自身状态，提升运动表现。例如在针对射击运动的SP-NFT中，可以同步测量大脑神经状态和控制食指弯曲（对应扣扳机过程）的小臂肌肉，之后通过提取相应的指标实时反馈给受试者，这种训练方式不但可以调控受试者射击准备阶段的大脑神经状态，甚至可以训练到受试者扣扳机时的肌肉精细活动。可以预见，基于生理多导的SP-NFT可能为教练和运动员带来多方面的收益，是一种非常有潜力的发展方向。

11.5.4 发展方向之四：结合新型/虚拟人机交互技术的SP-NFT

当前，主流的NFT平台通常是基于商用软件或自主开发的简单系统，反馈界面比较单一，缺乏有趣的激励策略或吸引特定受试者的个性化定制设计。反馈形式的单调可能造成受试者训练时的训练兴致不高，无法完全沉浸于训练环境，从而不能达到理想的训练效果。

解决该问题的一个发展方向就是将NFT技术与多种人机交互技术相结合，构建出"沉浸式"的、用户具有更好体验效果的训练环境。例如采用虚拟现实技术（Virtual Reality，VR）、增强现实技术（Augment Reality，AR）、混合现实技术（Mixed Reality，MR）等，这些新技术（见图11-5）能够让受试者的感官体验大幅提升，在这个过程中对受试者的EEG信号进行测量并进行反馈训练，是一个极具潜力的发展方向。目前，一些研究已经开展了在VR/AR环境下的EEG实验，如情绪识别、疲劳评估等应用场景，均取得了较好的研究效果。一些研究也已经将VR技术和NFT技术进行了结合，并应用于神经系统疾病的治疗和康复，如脑卒中、阿尔茨海默病等疾病，通过这种技术上的改进，增强了传统NFT技术的治疗效果。

虽然目前还尚未看到虚拟交互技术应用于SP-NFT，但可以预料到两种技术的结合能够使大脑调控更加有效，更加有助于受试者提高运动表现。结合虚拟交互技术的SP-NFT能够更好地为受试者设计熟悉的运动行为，同时又不需要让受试者实际地去执行这些活动，例如通过基于AR技术的SP-NFT学习运动的基本操作技巧，通过基于 VR 技术的 SP‑NFT 增加注意力或进行放松训练等。

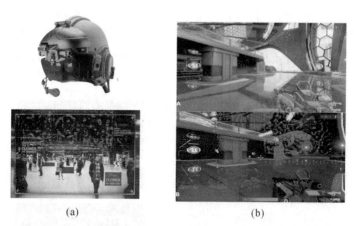

图 11‑5　可以用于 SP‑NFT 的新型/虚拟人机交互技术
(a)头戴式 AR 头盔和 AR 屏幕显示界面；　(b)已用于 NFT 的 VR 游戏界面

11.5.5　发展方向之五：SP‑NFT 的应用落地和商业前景

虽然 NFT 在临床医学中已经得到了广泛的使用，但 SP‑NFT 在运动科学领域还尚未得到广泛推广。其原因可能包括训练前的准备时间过长、训练持续时间过长、佩戴电极不够舒适、可能干预运动员正常训练、对运动表现的提升效果不够显著、不能对使用者产生足够的吸引力等等。因此，很多学者也很关注 SP‑NFT 技术何时能够真正走出实验室，推向实际的商业使用。

对比当前各类主流的 SP‑NFT 方案，其中最有希望推向实用化的可能是监测引导式 SP‑NFT。这种反馈的基本概念和主要特点在 11.3.4 节中已进行了详细论述。其最大的优势就是能够大大缩短检验反馈训练效果的时间，因此受试者可以通过及时反馈效果来了解 SP‑NFT 的使用情况，如果训练效果良好，那么受试者就会更加喜欢、更加愿意接受这种形式的训练。因此，监测引导式 SP‑NFT 是将来最具商业应用潜力、可以考虑商业投入的一个重要技术方向。

制约 SP‑NFT 推向商用化的一个重要问题是开展训练前的准备时间过长，训练前需要安装脑电帽、涂抹电极膏、调试电极阻抗等复杂的准备过程。干电极技术、无线数据传输技术以及定制脑电帽等技术为解决这个问题做出了很大的贡献，一些研究也表明了干电极技术的性能也越来越接近传统电极，并且取得了较好的实验效果。对于运动科学领域中的研究者来说,应该尽可能地尝试利用这些新设备进行系统开发和效果检验实验,这样就能够进一步拓展 SP‐NFT 的应用场景。例如,利用干电极和无线电极技术,开发出类似于"赋思头环"等比较成熟的商用产品,运动员就甚至可以自行配置训练方案并随时随地完成 SP‐NFT,这对于推动 SP‐NFT 的广泛应用具有重要的价值(见图 11‐6)。

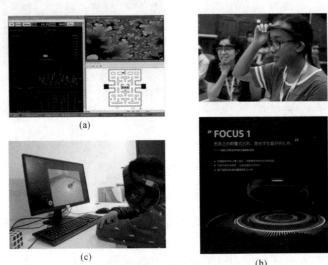

图 11‐6　NFT 的应用落地和商业化案例
(a) BrainMaster(脑训练大师)NFT 软件；　(b) 赋思头环使用案例和宣传图；
(c) 北京师范大学自研 NFT 系统

11.6　本章小结

NFT 目前已成为新型人机交互技术中一个必不可少的要素,也是脑机智能融合的关键技术之一。其中,用于提升运动控制表现的 NFT 已成为国内外重要的研究热点。为深入评述和展望该方向的研究,本章提出了一种面向 SP‐NFT 潜在用户群体,从用户体验的角度出发对 SP‐NFT 分类的新方法,通过对各类 SP‐NFT 的分类讨论,详细归纳了不同 SP‐NFT 方案的适用场景、使用效果以及技术特点。根据当前文献中报道的 SP‐NFT 应用情况,本章还总结了目前 SP‐NFT 发展中的关键问题,并展望了 SP‐NFT 未来的发展方向,这些内容可望帮助相关领域的研究者梳理研究思路,为寻找新的研究点提供一些有价值的参考。

参 考 文 献

[1] NORBERT W. Cybernetics or control and communication in the animal and the machine[M]. Whitefish: Kessinger Publishing LLC, 2007.

[2] MOSS D. Humanistic and transpersonal psychology: a historical and biographical sourcebook[M]. Westport: Greenwood Press, 1999.

[3] 施良方. 学习论[M]. 北京:人民教育出版社,2001.

[4] SITARAM R, ROS T, STOECKEL L, et al. Closed-loop brain training: the science of neurofeedback [J]. Nature Reviews Neuroscience, 2016, 18(2): 86-100.

[5] MARZBANI H, MARATEB H R, MANSOURIAN M. Neurofeedback: a comprehensive review on system design, methodology and clinical applications[J]. Basic & Clinical Neuroence, 2016, 7(2):143-158.

[6] GRUZELIER J H. EEG-neurofeedback for optimising performance. Ⅰ: a review of cognitive and affective outcome in healthy participants [J]. Neuroscience & Biobehavioral Reviews, 2014(44):124-141.

[7] GRUZELIER J H. EEG-neurofeedback for optimising performance. Ⅱ: creativity, the performing arts and ecological validity[J]. Neuroscience & Biobehavioral Reviews, 2014(44):142-152.

[8] GRUZELIER J H. EEG-neurofeedback for optimising performance. Ⅲ: a review of methodological and theoretical considerations [J]. Neuroscience & Biobehavioral Reviews, 2014(44):153-162.

[9] LANDERS D M, PETRUZZELLO S J, SALAZAR W, et al. The influence of electrocortical biofeedback on performance in pre-elite archers [J]. Medicine & Science in Sports & Exercise, 1991, 23(1): 123-129.

[10] RAYMOND J, SAJID I, PARKINSON L A, et al. Biofeedback and dance performance: a preliminary investigation [J]. Applied Psychophysiology and Biofeedback, 2005, 30(1): 65-73.

[11] ARNS M W, KLEINNIJENHUIS M, FALLAHPOUR K, et al. Golf

performance enhancement by means of "real-life neurofeedback" training based on personalized event-locked EEG profiles [J]. Journal of Neurotherapy, 2008, 11(4): 11-18.

[12] PAUL M, GANESAN S, SANDHU J S. Effect of sensory motor rhythm neurofeedback on psycho-physiological, electro-encephalographic measures and performance of archery players [J]. Ibnosina Journal of Medicine and Biomedical Sciences, 2011, 4(2): 32-39.

[13] ROSTAMI R, SADEGHI H, KOBRA A, et al. The effects of neurofeedback on theimprovement of rifle shooters' performance [J]. Journal of Neurotherapy, 2012, 16(4): 264-269.

[14] FARIDNIA M, SHOJAEI M, RAHIMI A. The effect of neurofeedback training on the anxiety of elite female swimmers [J]. Annals of Biological Research, 2012, 3(2): 1020-1028.

[15] GRUZELIER J H, THOMPSON T, REDDING E, et al. Application of alpha/theta neurofeedback and heart rate variability training to young contemporary dancers: state anxiety and creativity [J]. International Journal of Psychophysiology, 2014, 93(1): 105-111.

[16] CHENG M Y, HUANG C J, CHANG Y K, et al. Sensorimotor rhythm neurofeedback enhances golf putting performance [J]. Journal of Sport and Exercise Psychology, 2015, 37(6): 626-636.

[17] MIKICIN M, ORZECHOWSKI G, JUREWICZ K, et al. Brain-training for physical performance: a study of EEG-neurofeedback and alpha relaxation training in athletes [J]. Acta Neurobiologiae Experimentalis, 2015, 75(4): 434-445.

[18] RING C, COOKE A, KAVUSSANU M, et al. Investigating the efficacy of neurofeedback training for expediting expertise and excellence in sport [J]. Psychology of Sport and Exercise, 2015(16): 118-127.

[19] GONG A M, NAN W Y, YIN E W, et al. Efficacy, trainability, and neuroplasticity of SMR vs. Alpha rhythm shooting performance neurofeedback training [J]. Frontiers in Human Neurosicence, 2020 (14): 94.

[20] MIRIFAR A, BECKMANN J, EHRLENSPIEL F. Neurofeedback as

supplementary training for optimizing athletes' performance: a systematic review with implications for future research [J]. Neuroscience & Biobehavioral Reviews, 2017(75): 419-432.

[21] XIANG M Q, HOU X H, LIAO B G, et al. The effect of neurofeedback training for sport performance in athletes: a meta-analysis[J]. Psychology of Sport & Exercise, 2018(36): 114-122.

[22] 郑延平. 生物反馈的临床实践[M]. 北京:高等教育出版社, 2003.

[23] JANSSEN T W P, GELADÉ K, BINK M, et al. Long-term effects of theta/beta neurofeedback on EEG power spectra in children with attention deficit hyperactivity disorder[J]. Clinical Neurophysiology, 2020, 131(6): 1332-1341.

[24] FUKUDA M, AYUMU Y, MITSUO K, et al. Functional MRI neurofeedback training on connectivity between two regions induces long-lasting changes in intrinsic functional network[J]. Frontiers in Human Neuroence, 2015, 9(160):160.

[25] MARZBANI H, MARATEB H, MANSOURIAN M. Methodological note: neurofeedback: a comprehensive review on system design, methodology and clinical applications [J]. Basic and Clinical Neuroscience Journal, 2016, 7(2): 143-158.

[26] COBEN R, WRIGHT E K, DECKER S, et al. The impact of coherence neurofeedback on reading delays in learning disabled children: a randomized controlled study [J]. Neuroregulation, 2015, 2(4): 168-178.

[27] LEINS U, HINTERBERGER T, KALLER S, et al. Neurofeedback for children with ADHD: a comparison of SCP and theta/beta protocols. [J]. Prax Kinderpsychol Kinderpsychiatr, 2007, 32(5):384-407.

[28] KRIGBAUM G, WIGTON N L. A methodology of analysis for monitoring treatment progression with 19-channel Z-score neurofeedback (19ZNF) in a single-subject design [J]. Applied Psychophysiology and Biofeedback, 2015, 40(3):139-149.

[29] CANNON R, CONGEDO M, LUBAR J, et al. Differentiating a network of executive attention: LORETA neurofeedback in anterior cingulate and dorsolateral prefrontal cortices[J]. International Journal

of Neuroence, 2009, 119(3):404-441.

[30] HATFIELD B D, LANDERS D M, RAY W J. Cognitive processes during self-paced motor performance: an electroencephalographic profile of skilled marksmen [J]. Journal of Sport Psychology, 1984, 6(1): 42-59.

[31] SALAZAR W, LANDERS D M, PETRUZZELLO S J, et al. Hemispheric asymmetry, cardiac response, and performance in elite archers[J]. Res Q Exerc Sport, 1990, 61(4):351-359.

[32] DOPPELMAYR M, FINKENZELLER T, SAUSENG P. Frontal midline theta in the pre-shot phase of rifle shooting: differences between experts and novices[J]. Neuropsychologia, 2008, 46(5): 1463-1467.

[33] CHENG M Y, HUNG C L, HUANG C J, et al. Expert-novice differences in SMR activity during dart throwing [J]. Biological Psychology, 2015(110): 212-218.

[34] CHO M K, JANG H S, JEONG S H, et al. Alpha neurofeedback improves the maintaining ability of alpha activity [J]. Neuroreport, 2007, 19(3): 315-317.

[35] ZOEFEL B, HUSTER R J, HERRMANN C S. Neurofeedback training of the upper alpha frequency band in EEG improves cognitive performance [J]. Neuroimage, 2010, 54(2): 1427-1431.

[36] ENRIQUEZGEPPERT S, HUSTER R J, SCHARFENORT R, et al. Modulation of frontal-midline theta by neurofeedback [J]. Biological Psychology, 2014, 95(1): 59-69.

[37] GHAZIRI J, TUCHOLKA A, LARUE V, et al. Neurofeedback training induces changes in white and gray matter [J]. Clinical EEG & Neuroscience, 2013, 44(4): 265-272.

[38] ROS T, ENRIQUEZ-GEPPERT S, ZOTEV V, et al. Consensus on the reporting and experimental design of clinical and cognitive-behavioural neurofeedback studies (CRED-nf checklist)[J]. PsyArXiv, 2019(1):1-3.

[39] BERTOLLO M, FRONSO S D, FILHO E, et al. Proficient brain for optimal performance: the MAP model perspective [J]. PeerJ, 2016, 4(3): e2082.

[40] GONG A M, LIU J P, LU L, et al. Characteristic differences between the brain networks of high-level shooting athletes and non-athletes calculated using the phase-locking value algorithm [J]. Biomedical Signal Processing and Control, 2019(51):128-137.

[41] MUNZERT J, LOREY B, ZENTGRAF K. Cognitive motor processes: the role of motor imagery in the study of motor representations [J]. Brain Research Reviews, 2009, 60(2):306-326.

[42] HÉTU S, GRÉGOIRE M, SAIMPONT A, et al. the neural network of motor imagery: an ALE meta-analysis [J]. Neuroscience and Biobehavioral Reviews, 2013, 37(5):930-949.

[43] BABILONI C, DEL PERCIO C, ROSSINI P M, et al. Judgment of actions in experts: a high-resolution EEG study in elite athletes [J]. Neuroimage, 2009, 45(2):512-521.

[44] 周成林,刘微娜.竞技运动心理控制研究与应用[M].北京:人民体育出版社,2010.

[45] VERNON D, FRICK A, GRUZELIER J. Neurofeedback as a treatment for ADHD: a methodological review with implications for future research [J]. Journal of Neurotherapy, 2004, 8(2):53-82.

[46] MARZBANI H, MARATEB H, MANSOURIAN M. Methodological note: neurofeedback: a comprehensive review on system design, methodology and clinical applications [J]. Basic and Clinical Neuroscience Journal, 2016, 7(2):143-158.

[47] COLLURA T F. Technical foundations of neurofeedback[M]. 伏云发,龚安民,南文雅,译.北京:电子工业出版社,2020.

[48] YERKES R M, DODSON J D. The relation of strength of stimulus to rapidity of habit-formation [J]. Journal of Comparative Neurology, 1980(18):459-482.

[49] FALLER J, CUMMINGS J, SAPROO S, et al. Regulation of arousal via online neurofeedback improves human performance in a demanding sensory-motor task [J]. Proceedings of the National Academy of Sciences of the United States of America, 2019(16):6482-6490.

[50] HAMMOND D C. What is neurofeedback: an update [J]. Journal of Neurotherapy, 2011, 15(4):305-336.

[51] GRUZELIER J, EGNER T, VERNON D. Validating the efficacy of

neurofeedback for optimising performance [J]. Progress in Brain Research, 2006(159):421-431.

[52] SILVER D, HUANG A, MADDISON C J, et al. Mastering the game of go with deep neural networks and tree search [J]. Nature, 2016, 529 (7587):484-489.

[53] ZOTEV V, KRUEGER F, PHILLIPS R, et al. Self-regulation of amygdala activation using real-time fMRI neurofeedback[J]. Plos One, 2011, 6(9):e24522.

[54] PAVLA L, ADÉLA L, BARBORA K, et al. fMRI neurofeedback in emotion regulation: a literature review [J]. Neuro Image, 2019(1): 75-92.

[55] RIEKE J D, MATARASSO A K, YUSUFALI M M, et al. Development of a combined, sequential real-time fMRI and fNIRS neurofeedback system enhance motor learning after stroke[J]. Journal of Neuroence Methods, 2020(341):108719.

[56] FABIO F, RICHARD S, DANIELA D, et al. Experienced mindfulness meditators exhibit higher parietal-occipital EEG gamma activity during NREM sleep[J]. PLos One, 2013, 8(8):e73417.

[57] ZHOU G, LIU P, HE J, et al. Interindividual reaction time variability is related to resting-state network topology: an electroencephalogram study[J]. Neuroence, 2012(202): 276-282.

[58] GONG A M, LIU J P, LI F B, et al. Correlation between testing-state electroencephalographic characteristics and shooting performance[J]. Neuroscience, 2017(366): 172-183.

[59] SCHOENBERG P L, SPECKENS A E M. Multi-dimensional modulations of alpha and gamma cortical dynamics following mindfulness-based cognitive therapy in major depressive disorder[J]. Cognitive Neurodynamics, 2015(9):1-3.

[60] RAMOT M, KIMMICH S, Gonzalez-Castillo J, et al. Direct modulation of aberrant brain network connectivity through real-time neurofeedback[J]. eLife, 2017(6):1-6.

[61] THATCHER R W, BIVER C J, SOLER E P, et al. New advances in electrical neuroimaging, brain networks and neurofeedback protocols [J]. Journal of Neurology and Neurobiology, 2003,6(3): 168.

[62] 聂春燕，贺方，佐藤礼华. 多种生理信号的采集及其在情绪分析中应用[J]. 长春大学学报，2016(6)：44-49.

[63] MAURIZIO S, LIECHTI M D, HEINRICH H, et al. Comparing tomographic EEG neurofeedback and EMG biofeedback in children with attention-deficit/hyperactivity disorder[J]. Biological Psychology, 2014(95)：31-44.

[64] CONGEDO M, LUBAR J F, JOFFE D. Low-resoluton electromagnetc tomography neurofeedback[J] IEEE Transactions on Neural Systems and Rehabilitation Engineering, 2003(12)：387-397.

[65] SLOBOUNOV S, TEEL E, NEWELL K. Modulation of cortical activity in response to visually induced postural perturbation：combined VR and EEG study [J]. Neuroscience Letters, 2013, 547(10)：6-9.

[66] MARTIN S, et al. A post-stroke rehabilitation system integrating robotics, VR and high-resolution EEG imaging [J]. IEEE Transactions on Neural Systems & Rehabilitation Engineering A Publication of the IEEE Engineering in Medicine & Biology Society, 2013(1)：1-3.

[67] RODRIGUEZ A, REY B, CLEMENTE M, et al. Assessing brain activations associated with emotional regulation during virtual reality mood induction procedures[J]. Expert Systems with Applications, 2015, 42(3)：1699-1709.

[68] KOBER S E, REICHERT J L, SCHWEIGER D, et al. Effects of a 3D virtual reality neurofeedback scenario on user experience and performance in stroke patients[C]//International Conference on Games and Learning Alliance. Springer International Publishing, 2016.

[69] BAQAPURI H I, ROES L D, ZVYAGINTSEV M, et al. A novel brain-computer interface virtual environment for neurofeedback during functional MRI[J]. Frontiers in Neuroscience, 2021(14)：1-3.

[70] COLLADO-MATEO D, ADSUAR J C, OLIVARES P R, et al. Using a dry electrode EEG device during balance tasks in healthy young-adult males：test-retest reliability analysis [J]. Somatosensory & Motor Research, 2015, 32(4)：219-226.

[71] KAM J W Y, GRIFIN S, SHEN A, et al. Systematic comparison between a wireless EEG system with dry electrodes and a wired EEG system with wet electrodes [J]. NeuroImage, 2019(1)：119-129.

第12章　用于提升射击表现的神经反馈系统设计和开发

在后续章节中，本书会介绍利用神经反馈技术提升射击表现的实验研究，主要包括注意力集中式神经反馈训练方案、模拟式训练方案以及改良后的注意力集中式神经反馈范式（PEAK范式）。为便于读者理解，本章将详细介绍实验中采用的神经反馈训练系统。该神经训练反馈系统为笔者自主设计研发，采用北京新拓脑电放大器作为系统硬件平台，MATLAB GUI作为系统软件平台。反馈训练流程采取放松-训练交替进行的实验范式，实现了图像反馈和声音反馈两种刺激手段，并针对射击训练任务设计了图像反馈界面，更好地使受试者融入训练任务。本章详细介绍了神经反馈训练系统的设计思路、结构框架、硬件构成、传输接口以及软件平台中各功能模块的设计思路和实现方法。在各个功能模块介绍之后，还增添了该部分的主要实现代码，以更好地帮助读者理解系统的设计开发过程。

12.1　引　　言

在本书第13章和第14章中，将分别讨论SMR和Alpha节律神经反馈训练在提升射击表现方面的作用，以及PEAK神经反馈方案的作用效果和相关无应答者机制。在这两章中，会详细介绍如何利用神经反馈训练系统开展实验研究，检验神经反馈训练对提升射击表现以及相关神经生理机制方面的效果。其中，开展神经反馈训练实验研究的首要基础就是需要具备一套可以开展神经反馈训练的神经反馈训练系统。

神经反馈训练系统是执行神经反馈训练实验研究的基础，其主要功能是提供一个可以用于和受试者交互的训练平台。在这个训练平台上，能够实现信号采集、特征提取、特征转换和反馈学习4个部分的功能。

信号采集是利用传感器或脑影像技术（如EEG或fMRI技术等）对受试者的实时大脑信号进行采集；特征提取是对采集到的大脑信号进行信号处理并提取特征，提取的特征要能够反映受试者训练目标的关键指标，如注意力集中度、放松程度、恐惧程度等；特征转换则是将这些指标转换为受试者可以直观理解的具体感官信号，如图像、声音、触觉，让受试者通过这些感官信号了解自己此刻的大脑神经状态；最后是反馈学习，即让受试者感受到自身大脑状态和感官信号之间的联系，学会有意识控制调节自身大脑状态，最后通过这种有意识的调节，让受试者掌握控制自身大脑状态的能力，并向有益的方向进行锻炼改善。

用于神经反馈训练的系统包括商用神经反馈训练系统和自主开发神经反馈系统。目前神经反馈的商用产品大多为国外产品，如欧洲 SPIRIT 公司的 Spirit 10A 系列、美国 AUTOGENICS 公司的 A620 脑电神经反馈系统等。国外产品大多采用西方风格设计，国内用户使用起来有一定的学习难度，适应度稍差，且存在非开源和反馈模式及系统参数固定等问题，软硬件需配套使用，难以满足科研需求。

相比固定的商用神经反馈训练系统，自主开发神经反馈训练系统的优势在于可以根据研究者的科研目标灵活设置神经反馈训练中的各种参数，进一步还可以尝试探索一些以前未使用过的神经反馈训练特征。这种自由设定方面的优势可以帮助研究者从多个不同的角度探索神经反馈训练的效果，能够进一步深入挖掘神经反馈的理论深度和应用价值。

在反馈特征方面，自主开发的神经反馈训练系统不但可以改变频带功率这类基础性的训练特征，而且可以测试各种新型反馈特征的效果，如不同频带功率的比值、连通性特征、脑网络特征、脑电复杂性特征等，只要是可以通过信号处理技术提取计算的脑电特征，都可以融入系统进行测试。例如 Enriquez-Geppert 等研究者探索额中线 Theta 节律对于提高受试者认知表现方面的效果，Megumi 等研究者搭建了 fMRI 神经反馈系统，训练受试者增强不同脑区之间的功能性连接；在反馈参数方面，可以自由改变反馈训练的时间、次数、奖励类型，Ghaziri 等人发现如果进行持续性的神经反馈训练，当训练次数达到 40 次以上时，还会对受试者的大脑灰质和白质产生可塑性影响；在反馈刺激方面，商用神经反馈训练系统是已经设计好的画面或游戏，而自主开发系统则可以在原有的基础上自由改变反馈画面和声音，更便于针对不同的训练任务和受试者进行个性化反馈方案定制，例如 Vernon 等研究者发现相比于单一刺激，视听结合式的反馈刺激能够更加有效地提升反馈效果。

总而言之，本章提供了一种基础的神经反馈训练系统开发方案，详细介绍了该系统的设计思路、硬件系统参数设置以及软件系统平台开发流程，并提供了较为完整的关键功能实现代码。然而，神经反馈系统开发属于生物医学工程领域中的课题，涉及的专业知识除神经科学、生理学之外，还需要掌握一定的计算机软件开发、信号处理、微机接口等方面的工程技能。同时，需要注意的是，由于本章所介绍的系统是课题组自主开发用于科研使用的神经反馈训练系统,其功能主要是满足课题组的科研实验,所以其中涉及的实验代码相对基础,也存在很多尚未完善的部分。介绍该部分也仅是为便于读者阅读后续第 13 章和第 14 章的内容,而非作为一种前沿的新型技术,对于读者仅作参考。

12.2　神经反馈训练系统结构设计

图 12-1 为神经反馈系统的结构框架图。如图所示,本系统包括两大部分:硬件平台和软件平台。硬件平台依托北京新拓 NT9200 系列脑电放大器(32 导联),主要实现脑电信号的采集和传输功能,其中包含 3 个功能模块,分别为参数设置模块、阻抗测试模块和数据传输模块。

软件平台依托个人计算机,利用 MATLAB GUI 程序设计平台自主开发的神经反馈系统操作与显示系统,主要实现脑电信号的信号处理分析和反馈刺激呈现功能。软件平台包含前端界面和后端处理两个部分。前端界面包括系统控制模块、反馈训练调节模块和特征可视化模块。后端处理包括时钟同步模块、信号处理模块和数据存储模块。

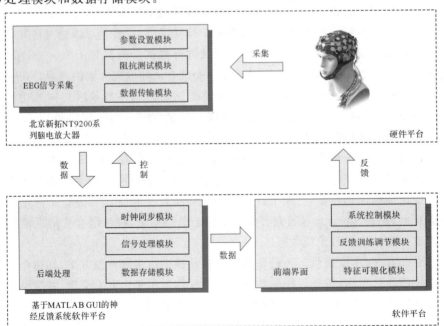

图 12-1　神经反馈系统框架

12.3 神经反馈系统的硬件构成

12.3.1 EEG放大器和系统参数

神经反馈系统的硬件平台是北京新拓脑电放大器。放大器外观如图12-2所示,该放大器体积适中,采用盘状电极接触头皮,电极为银/氯化银材质(也可为金材质),可支持32导联EEG信号同步采集。全脑采集信号时,通常采用前额叶中心位置接地,左侧半脑采集电极以左侧乳突/耳垂作为参考,右侧半脑采集电极以右侧乳突/耳垂作为参考。放大器右侧设置阻抗检测指示灯,用于指示相应导联位置的阻抗情况,如果灯光亮起,则表示电极阻抗过大需要调整,当阻抗低于 10 kΩ 时,灯光熄灭。数据传输采用 USB 接口和专用数据传输线,并提供底层数据传输驱动和软件开发工具包(Standard Development Kit,SDK)。

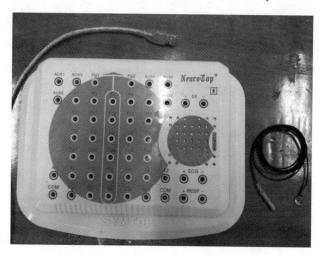

图12-2　北京新拓 NT9200-32D 脑电放大器

放大器硬件参数见表12-1,主要参数种类包括通道数、采样率、噪声电平、时间常数、输入范围、阻抗检测、各通道参数设置功能、电源方式、共模抑制比、高频滤波、工频陷波、信号最小分辨率、隔离电压和运行环境。通常情况下,商业采购的医用脑电放大器硬件参数应符合对应的国家标准,因此只要其能够提供二次开发的软件接口,能够支持二次开发,即可满足神经反馈系统的开发要求。

表 12－1　NT9200－32D 脑电放大器性能参数

技术参数种类	参数值	技术参数种类	参数值
通道数	32	电源与连接	USB 供电连接
采样率/Hz	1 000	共模抑制比/dB	≥110
噪声电平/μV_{pp}	≤2.5	高频滤波/Hz	30、45、60、120
时间常数/s	0.03、0.1、0.3	工频陷波/Hz	50、60
输入范围/mV	±15	分辨率/μV	0.5
阻抗检测	支持	隔离电压/V	2 500
各通道	参数可单独设置并可开关	运行环境	温度 10～40 ℃，湿度 30%～75%

12.3.2　脑电放大器参数设置

在将脑电放大器连接电脑后，需要设置好参数才能进行脑电采集和神经反馈训练。以下是脑电放大器的相关参数和意义。

(1)nHightFre 高频滤波参数：就是使用高通滤波器，通过对截止频率的设定，能够抑制高频成分，达到滤波，保留低频脑电信号的作用。可以设置为 15、30、45、60、120，分别对应 15 Hz、30 Hz、45 Hz、60 Hz、120 Hz(默认值为 30 Hz，即主要采集分析 Delta、Theta、Alpha 和 Beta 节律的信号)。

(2)nTimeConstant 时间常数：脑电放大器中的时间常数也称低频滤波，用以滤除缓慢变化的信号，与低频截止频率的对应关系是 $f=1/2\pi T$，其中 T 为时间常数。可以设置为 3、10、30(默认值为 30)，分别对应 0.03 s、0.1 s、0.3 s(默认值为 0.3 s)。

(3)nModeOfSign 工频陷波：用于滤除脑电信号提取过程中的工频干扰。脑电信号是微弱电信号，通常要把脑电信号放大约 10 000 倍才能得到好的采集效果。但是在此过程中由电源交流电压产生的工频干扰有时会被放大到比脑电信号振幅强数十倍甚至上百倍，因此陷波电路必不可少。陷波器的作用可以理解为带阻滤波器，即阻止规定频带的信号成分通过，可以设置为 0、50、60，分别对应关闭、50 Hz、60 Hz(默认值为 50 Hz)。

(4)nModeOfSign 信号方式：本系统所使用的 NT9200－32D 放大器为阻抗检测型，可以设置为 0、1、2(默认值为 0)，分别对应 EEG、方波、阻抗检测(默认值为 EEG)。

(5)nGateOfJam 干扰门限:就是干扰检测的门限值,可以设置为 0~127 之间的任意数字[默认值为 127(7FH)],对应门限值为 127.5~(127×256+255)×0.5 μV。设为 127(7FH)时相当于关闭干扰检测。

本系统所用放大器的参数都按默认值进行设定,见表 12-2。

表 12-2 脑电采集涉及的参数、意义及默认值

参数格式	代表意义	默认值
unsigned short nHightFre	高频滤波	30 Hz
unsigned short nTimeConstant	时间常数	0.3 s
unsigned short nWorkFre	工频陷波	50 Hz
unsigned short nModeOfSign	信号方式	EEG
unsigned short nGateOfJam	干扰门限	127

在完成脑电放大器和计算机的互联互通后,脑电放大器便可将一定时长(动态链接库中 ReadData 函数规定一个数据包包含 10 个采样点数据,即 10 ms)的 EEG 数据封装并上传,对应的计算机上的脑电处理软件即按顺序对不断上传的 EEG 数据进行读取和存储,以便于后续的分析处理。

12.3.3 数据传输接口

数据传输接口是利用脑电放大器进行数据传输的通道,其包括物理接口和软件接口两个方面:如图 12-2 所示,脑电放大器的物理接口是 USB 接口,可以与计算机直接相连,因此其传输的数据格式符合相应的 USB 接口数据传输规范;接口另一方面的含义是软件接口,即在计算机中的软件平台上,采用调用函数的方式控制放大器信号各项操作,如打开、关闭、输入读写、参数调整等具体过程。

表 12-3 为新拓公司提供的 SDK 中包含的接口函数,可以看到,这些函数具体包括打开、关闭、读取设备信息等基本控制功能,也包括读取数据、写入参数、读取设备参数等脑电采集功能,这些文件都是 C++文件,在编译程序时加入 EEGAMP.H 头文件和 EEGAMP.LIB 库文件即可对脑电放大器进行编程。在配置好驱动文件之后,接入放大器 USB 连接,即可采用这些函数对放大器进行操作。

表 12-3 SDK 中包含的编程接口函数表

函 数	函数形式	说 明
OpenDevice	HANDLE OpenDevice();	打开放大器,取得放大器设备句柄
CloseDevice	BOOL CloseDevice(HANDLE hDevice);	关闭放大器。在放大器停止使用前应调用该函数
ReadData	BOOL ReadData(HANDLE hDevice,short * pBuffer,ULONG * nCounts)	用于读取放大器数据
ReadParam	STRU_PARAM ReadParam (HANDLE hDevice)	用于从放大器读取参数
WriteParam	BOOL WriteParam(HANDLE hDevice,STRU_PARAM OutData);	用于向放大器写入参数
ReadDevice	STRU_DEVICE_INFO ReadDeviceInfo(HANDLE hDevice);	用于读取设备信息
ReadParamEx	BOOLReadParamEx(HANDLE hDevice, short nParamType,short * pBuffer,short * nSize);	用于从放大器读取某一类型的参数
WriteParamEx	BOOLReadParamEx(HANDLE hDevice, short nParamType,short * pBuffer,short nSize);	用于向放大器写入某一类型的参数

特别需要注意的是,由于本系统的开发环境是 MATLAB GUI 平台,所以为便于在 MATLAB 软件平台中调用这些函数,还需要将表 12-3 中的函数重新编写为 MATLAB 系统中可直接执行的 MEX 格式的函数,可执行 MEX 函数的数量和输入输出标准与表 12-2 中函数完全一致。该过程相对简单,可由掌握 C++编程方法的研究者自行完成,如果存在困难,也可交由脑电放大器设备的研发厂商协助开发提供。

12.4 神经反馈训练系统软件平台

12.4.1 神经反馈训练系统的后端处理

神经反馈系统后台处理包括三个部分:时钟同步模块、数据处理模块和数据存储模块。时钟同步模块负责定时功能,确定反馈训练时的休息和训练时长,同时为需要处理的 EEG 信号提供数据长度信息。数据处理模块主要负责 EEG 信号特征值和反馈训练成绩的计算。数据存储模块主要负责记录全程 EEG 信号、反馈训练成绩和数据定时标签信息。

时钟同步模块主要使用了 MATLAB 中的 timer 定时器函数,每使用一次即读取一次放大器采集的 EEG 信号,每次读取的数据长度为 10 ms(10 个采样点),通过计算 EEG 数据的长度得到系统的运行时长,完成系统的记录定时功能。之后,将读取的数据保存于待使用的二维矩阵变量中,即随后信号处理模块中使用的原始 EEG 数据。

代码实现如下:

```
%% 数据读取部分-(主程序部分)
mytimer= timer('ExecutionMode','fixedRate','Period',0.003);
mytimer.TimerFcn ={@my_callback_fcn,handles};
% 设置定时器,以 0.003 s 为步长,连续执行从放大器中的数据读取任务


%%数据提取定时器执行函数,每 0.003 s 就执行一次读取
functionmy_callback_fcn(obj,events,handles)
global gm_hDevice;      % 调用放大器打开标识
globalnum;              % 记录数据数量
globalDataCh;           % 表示暂时存储的 10 s 脑电数据变量
globalfileID;           % 保存的 EEG 数据的文件名
[SF,Data]=ReadData32( gm_hDevice);
%ReaData32 为从放大器中读取数据函数
if(SF(1)==1)            % 判断放大器是否打开
DataCh(:,11:10000)=DataCh(:,1:9990);
DataCh(:,1:10)=Data([1,3],:);
% 读取脑电放大器中的 1 号和 3 号导联作为提取信号导联,都为左耳参考
num=num+10;
if rem(num,10000)==0
ff=fwrite(fileID,DataCh,'double');
%将脑电信号数据写入保存,以被后续分析
    end
end
```

数据处理模块是对原始时钟数据和 EEG 数据进行一系列特征提取,从而将需要的计算结果传输至前端显示界面。数据处理的方式可以是关于 EEG 信号处理的任何方法,根据反馈特征的不同,可以为时域分析、功率谱分析或功能性

连接分析等。以功率谱分析为例,神经反馈训练系统可以利用时域滤波直接计算功率或利用 MATLAB 中的 pwelch 函数计算信号功率的方法,对每次更新的数据窗内的 EEG 信号进行功率计算,得到信号的瞬时功率谱(代码中展示的方法是时域滤波后直接计算功率)。之后根据频段划分,确定各个频段功率的具体数值。最后根据特征计算公式,得到该反馈范式需要的反馈特征(例如计算导联 1 与导联 2 在 Alpha 频段上的功率比值)。

代码实现如下:

```
%%% 脑电特征提取模块,对数据进行特征提取,在反馈部分显示特征曲线
function FeatureData = FeatureCacu(DataS)  % DataS 为当前脑电信号
global FilterPower   % FilterPower 为滤波器参数
% 采用直接滤波法提取的特征为第 1 导联和 2 导联上的 Alpha 功率比值
sigfilter1 = filtfilt(FilterPower (1,:),1,DataS(1,1:2000));
sigfilter2 = filtfilt(FilterPower (1,:),1,DataS(2,1:2000));
%计算 Alpha 频段功率/Hz
FeatureData1 = mean(sigfilter1.^2,2)/5;
FeatureData2 = mean(sigfilter2.^2,2)/27;
FeatureData = FeatureData1/FeatureData2;
```

数据处理模块还负责为特征可视化模块传输必要的数据,每次计算特征后,将本次特征与静息态基线特征(根据静息态 EEG 计算得到的特征值的中值)进行对比,并向特征可视化模块发送信号,控制特征可视化模块改变当前的反馈信息。如果特征值超过静息态特征,则控制反馈信息给予受试者正反馈,加强图像和声音信息,反之则减弱图像和声音信息。

代码实现如下:

```
%%% 设置音乐播放定时器,基线结束后,反馈训练开始时进行音乐反馈
Music_tra = 15;  % 定时器执行次数,每 2 s 执行一次(即播放一次)
mymusic = timer('ExecutionMode','fixedRate','Period',2.000,'TasksToExecute',Music_tra);
mymusic.TimerFcn = {@my_music_fcn,handles};

%%%音乐反馈定时器执行函数
function my_music_fcn(obj,events,handles)
global PowerFB      % 本次反馈的实时特征
global PBase        % 本次反馈的基线
global FilterB      % 音乐播放文件:音乐滤波器组参数
global MusicFile    % 音乐播放文件:音频文件
global Fs_play      % 音乐播放文件:音频信号采样率
```

```
% 音乐播放中的变量参数
globali_play        % 播放文件的次数,每播放一次加1,每2 s加1
globalN_F           % 保存反馈特征信号,即PowerF,用于判断本次反馈时间内特征是
否大于基线
global i_Fil        % i_Fil 指示滤波器播放标签,初始为1,每判断成功一次加1
% 开始执行音乐播放
ifi_play==1;        % 第1次播放
    N_FB=length(PowerFB);
    MeanP_tra=mean(PowerFB);
else ifi_play>1
        MeanP_tra=mean(PowerFB(N_FB+1:end));
%从第2次开始,每次先记录反馈特征数据
        N_FB=length(PowerFB);
    end
end
%判断反馈特征是否大于基线
ifMeanP_tra>PBase
    i_Fil=i_Fil+1;
else
    i_Fil=i_Fil-1;
end
%防止 i_Fil 大于15,小于1,即只有15个等级
ifi_Fil>15
    i_Fil=15;
else ifi_Fil<1
    i_Fil=1;
   end
end
FilMusic=filter(FilterB(i_Fil,:),1,MusicFile(:,:,i_play));
i_play=i_play+1;
sound(FilMusic,Fs_play);
```

代码实现如下:
```
%% 设置图像反馈定时器,基线结束后,反馈训练开始时进行图像反馈
Fig_tra=120; % 定时器执行次数,每2 s执行一次(即播放一次)
myfbfig=timer('ExecutionMode','fixedRate','Period',1.000,'TasksToExecute',Fig_tra);
myfbfig.TimerFcn ={@myfbfig_fcn,handles};%
```

%% 图像反馈定时器执行函数
```
function myfbfig_fcn(obj,events,handles)
    global PowerFB        % 本次反馈的实时特征
    global PBase          % 本次反馈的基线
    global FigFile        % 调用图像文件
    global Gray_index     % 调用显示索引文件
    global i_show         % 显示图像的次数,每显示一次加1
    global i_Fig          % 指示显示图像索引标签,初始为1
    global N_FB2          % 保存反馈特征信号,即 PowerF,用于判断本次反馈时间内特征是否大于基线
    if i_show==1;         % 第1次播放
        N_FB2=length(PowerFB);
        MeanP_tra2=mean(PowerFB);
    % 第2次播放
    else if i_show>1
            MeanP_tra2=mean(PowerFB(N_FB2+1:end));
            N_FB2=length(PowerFB);
        end
    end

    if MeanP_tra2>PBase
        i_Fig=i_Fig+1;
    else
        i_Fig=i_Fig-1;
    end
    % 防止大于15,小于1
    if i_Fig>15
        i_Fig=15;
    else if i_Fig<1
            i_Fig=1;
        end
    end
    i_show=i_show+1;
    %调节图像灰度后显示图像
    imshow(FigFile,[0 Gray_index(i_Fig)]);
```

此外,数据处理模块还负责计算受试者每个试次的反馈成绩,计算的方法是

每次在计算信号的实时反馈特征后,将特征与基线特征进行对比,记录超过基线的特征值出现的次数,最后除以总比较次数,乘以100,即为该反馈训练试次的成绩。

数据存储模块用于保存整个反馈训练中的各项数据,包括 EEG 信号数据、定时标签数据和反馈训练成绩数据。EEG 信号即实验开始至实验结束整个过程的全部原始信号。定时标签以数据采样点的形式记录了每个反馈试次开始的时刻和结束的时刻。反馈训练成绩数据则记录了每个试次的成绩。

12.4.2 神经反馈训练系统前端界面

图 12-3 为神经反馈系统前端界面图(休息期间),从图中可以看出,本系统包括四个部分:左上角的主控部分、左下角的训练控制部分、右上角的反馈信息部分以及中央的反馈信息显示部分。反馈界面中间是一张荷花池塘图片,用于提示受试者保持安静放松状态,下方则是一条不断变化的蓝色曲线,用于反映受试者实时的反馈特征。

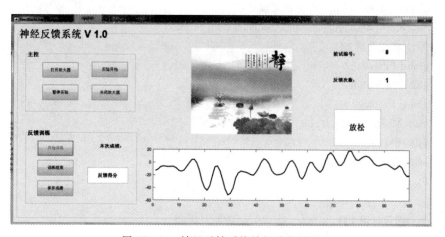

图 12-3　神经反馈系统放松阶段界面

按照使用功能划分,前端界面主要完成三部分功能:系统控制模块、反馈训练调节模块和特征可视化模块。

系统控制模块包含四个按钮:打开放大器、实验开始、暂停实验和关闭放大器。顾名思义,四个按钮分别对应着四项系统基本功能。在实验开始时,系统会要求主试输入数据保存路径和文件名。

(1)打开和关闭放大器。在完成脑电放大器和 PC 的互联互通后,系统就可以通过调用串口操作函数来读取脑电放大器采集的脑电数据,并可以利用 MATLAB 强大的图形可视化 GUI 功能实现主界面的显示和功能按钮设置。点击主界面控键按钮就会触发对应的函数,使用对应的功能。比如点击"打开放大器"按钮会触发 OpenDevice 函数来打开串口对象。代码如下,可以看到,该部分代码主要包括放大器状态变量设置、受试者相关信息变量设置、反馈系统参数变量设置几个部分。其中:设置了 gm_hDevice 作为全局变量,用于表示放大器的打开状态;SubNum 为受试者编号;FilterB 为声音均衡器滤波参数(用于调节声音反馈的低沉/明亮);MsicFile 为音乐片段文件。最后部分是打开放大器后的返回窗口,如打开成功,则弹出"打开成功"窗口,如打开失败,则弹出"打开失败"窗口,需进一步对设备调试完善。

代码实现如下:

```
%% 放大器打开部分代码
function OpenDevice_Callback(hObject, eventdata, handles)
global gm_hDevice; % 放大器打开标识符
gm_hDevice=OpenDevice;
global SubNum;      % 受试者编号
SubNum=str2double(handles.SubNumText.String);
%% 声音反馈文件
global FilterB;
global MusicFile;
global Fs_play;
load('Music_file3.mat');
FilterB=B;
MusicFile=Musicmp3;
Fs_play=Fs;


%% 图像反馈文件
global FigFile;
global Gray_index;
load('FbfigFile.mat');    % 加载图像和索引文件
FigFile=FB_gray;          % 图像文件
Gray_index=Gray_Index;    % 显示索引参数文件,分为 30 个等级

%% 打开状态显示对话框
if(gm_hDevice~=0)
    h=dialog('name','打开情况','position',[600 350 200 70]);
```

第 12 章　用于提升射击表现的神经反馈系统设计和开发

```
uicontrol('parent',h,'style','text','string','打开成功！','position',[50 40 120 20],'fontsize',12);
    uicontrol('parent',h,'style','pushbutton','position',[80 10 50 20],'string','确定','callback','delete(gcbf)');
else
    errordlg('打开失败','错误');
end
```

关闭放大器部分,就是将所有的中间产生的数据进行保存,包括受试者的个人信息、训练成绩、过程中产生的脑电信号等,统一保存到规定的文件内,便于后续分析。

代码实现如下：

```
%%数据保存部分代码
function SaveScore_Callback(hObject, eventdata, handles)
global FBScore;      % 受试者训练成绩
globalSubNum;        % 受试者编号
FB_Score=FBScore;
global TraiLab;      % 反馈时刻的数据标签,便于后续分析 EEG 信号
Trai_Lab=TraiLab;
global fileID;
fclose(fileID);
save(['E:\MATLABR2015b\BCIonline\TestData\Sub_',num2str(SubNum),'Score.mat'],'FB_Score');
save(['E:\MATLABR2015b\BCIonline\TestData\Sub_',num2str(SubNum),'Lab.mat'],'Trai_Lab');
set(handles.FeedBack_begin,'ForegroundColor',[0 0 0]);
```

代码实现如下：

```
%%关闭放大器
function CloseDevice_Callback(hObject, eventdata, handles)
set(handles.OpenTest,'ForegroundColor',[0 0 0]);
global gm_hDevice;
global SI;SI=0;
global mytimer;
global mymusic;
global myfbfig;
% 停止相关定时器
stop(mytimer);
```

```
stop(mymusic);
stop(myfbfig);
%删除相关定时器
delete(mytimer);
delete(mymusic);
delete(myfbfig);

if(CloseDevice(gm_hDevice))
    h=dialog('name','关闭情况','position',[600 350 200 70]);
    uicontrol('parent',h,'style','text','string','关闭成功！','position',[50 40 120 20],'fontsize',12);
    uicontrol('parent',h,'style','pushbutton','position',[80 10 50 20],'string','确定','callback','delete(gcbf)');
else
    errordlg('关闭失败','错误');
end
```

反馈训练调节模块包含三个按钮：开始训练、训练结束和保存成绩。当训练开始时，系统开始呈现可视化界面，受试者按照指示的要求进行放松，在一定时长的休息后转入训练模式，受试者开始进行反馈训练，调整自身心理策略，使反馈图像和反馈声音产生变化。点击训练结束后，系统停止工作。最后点击保存成绩按钮将所有数据保存至开始实验时指定的相应文件夹位置。

前端界面最主要的部分是特征可视化部分，即将后端处理得到的实时 EEG 特征以受试者便于理解的形式呈现出来。图 12-4 为神经反馈系统训练时的界面。从图中可以看出，本系统采取了视觉反馈的形式，以黑白靶纸的清晰度作为反馈特征的改变量。当反馈特征高于基线特征值时，靶纸就增加一个清晰度，反之则减少一个清晰度。同时，下方的曲线图也呈现出特征值的持续变化情况，红色为基线值，蓝色为实时反馈特征。此外，本系统的反馈特征可视化模块还增加了声音反馈，即让一段舒缓的音乐随着特征值不断改变，当反馈特征高于基线时，音乐就变得明亮，反之则变得低沉。

12.4.3 神经反馈训练系统功能测试

（1）功能按钮相互切换。任意输入编号后打开放大器，选择好存储位置即可开始测试各按钮功能，点击试验开始、暂停实验、开始训练、训练结束、保存成绩、关闭放大器等按钮,测试的预期效果是只要符合逻辑的切换,可流畅控制系统工作运行状态,且无异常出现,经过数次实际测试结果与预期相同。

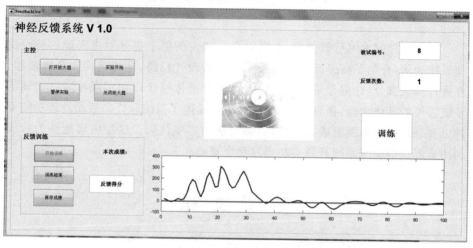

图 12-4 神经反馈系统训练阶段界面

(2)放松阶段基线测试。预期效果是点击"开始训练"按钮后,系统将会提示"放松",图片静止,下方时间-功率轴显示实时计算的脑电反馈参数值,达到预设时长显示红色基线,同时提示进入"训练"模式。实际效果与预期相同。

(3)反馈训练。进入"训练"模式后,预期效果是图片消失,音乐响起,若此时实时测得的功率值在基线之上则表现为声音响度增大,靶纸动态显示逐渐清晰,反之,则声音响度变小,靶纸动态显示逐渐模糊甚至消失。在达到预设训练时长后,即进入下一轮次的放松阶段,反馈训练次数加1,同时显示本次反馈训练的成绩。实际效果是系统正常接收和处理脑电信号,动画显示和音乐响度变化与预期相同。电极安装于受试者头皮,系统提示放松时,我们要求受试者按训练模式进行,当系统提示训练时,我们要求受试者放松,结果是受试者训练状态时脑电反馈参数值较高,放松时脑电反馈参数值较低,系统显示的"放松""训练"只起到提示受试者切换状态的作用,符合预期。

(4)历史记录。开始反馈训练后,任意时间点击结束训练,预期效果是都可以在选好的存储位置找到每位受试者的神经反馈训练脑电记录、时间同步标签和反馈成绩等记录。实际效果符合预期,将脑电记录和时间同步标签在EEGLAB工具箱中打开,结果是正常脑电信号,且能通过标签区分放松阶段和训练阶段,符合预期。

12.5 本章小结

为便于理解本书后续内容,本章以自主研发的用于提升射击表现的神经反馈系统为例,介绍了神经反馈训练系统的一般设计思路、系统结构和开发流程。在硬件构成部分,详细介绍了脑电放大器的数据传输接口和实现神经反馈训练系统需要的具体功能,在软件平台部分,重点描述了系统软件的后端处理功能部件以及系统前端界面组成,并提供关键功能的实现代码。这些内容能够为后续利用神经反馈训练系统开展实验研究奠定基础。

参 考 文 献

[1] 李革新,武斌,常蜀英. 应用 A620 脑电生物反馈仪诊断和治疗儿童注意力缺陷和多动症[J]. 北京生物医学工程,2001,20(3):235-236.

[2] ENRIQUEZ-GEPPERT S, HUSTER R, SCHARFENORT R, et al. Modulation of frontal-midline theta by neurofeedback [J]. Biological Psychology, 2014, 95(1): 59-69.

[3] MEGUMI F, YAMASHITA A, KAWATO M, et al. Functional MRI neurofeedback training on connectivity between two regions induces long-lasting changes in intrinsic functional network [J]. Frontiers in Human Neuroscience, 2015(9): 160.

[4] GHAZIRI J, TUCHOLKA A, LARUE V, et al. Neurofeedback training induces changes in white and gray matter [J]. Clinical EEG & Neuroscience, 2013, 44(4): 265-272.

[5] VERNON D, FRICK A, GRUZELIER J. Neurofeedback as a treatment for ADHD: a methodological review with implications for future research [J]. Journal of Neurotherapy, 2004, 8(2):53-82.

[6] 汤卫英. 脑电图机主要性能参数的常规计量[J]. 医疗卫生装备,2000,88(4):37-38.

[7] 史志怀,万遂人. 脑电信号采集中工频陷波电路的设计[J]. 医疗装备,2009,22(11):12-13.

第13章 用于提升射击表现的 SMR 和 Alpha 节律神经反馈比较研究

第8章的研究结果表明,静息态 EEG 特征和射击表现之间存在显著的相关性,利用静息态 EEG 可以为评估射手射击水平提供依据。由此推测,如果通过技术手段调控大脑状态,改变受试者的静息态 EEG 特征,也许能够达到改善受试者大脑功能,提高射手射击表现的目的。因此,本章设计了用于提升射击表现的 SMR 和 Alpha 节律神经反馈的训练效果对比试验,分析了受试者对两种反馈训练的主观评价、反馈训练成绩和反馈特征动态改变情况,并检验了反馈前后的射击表现和静息态 EEG 节律功率改变情况。研究结果验证了两种神经反馈训练的可训练性和提升射击表现的有效性,同时也证明了神经反馈训练是一种能够通过自主调控改变大脑静息态 EEG 特征的有效手段。

13.1 引 言

射击作为一项易学难精的运动,其运动表现与神经系统之间的联系一直是众多学者关心的问题,学者们在研究射击瞄准期间神经机制的同时,也在积极探索提高射手射击表现的有效方式。前几章内容通过实验分析,研究了射击瞄准期间、射手静息态 EEG 的相关神经机制,结果表明,专业射击运动员与普通人在大脑活动上存在显著差异,普通射手的静息态大脑活动也与射击成绩存在密切联系。因此自然想到,如果以专业运动员的大脑特征为目标,调控普通射手的大脑活动,是否能够达到优化普通射手射击技能,提升运动表现的目的?因此,本章和下一章主要探索神经调控技术对提升射击表现的作用。

前人研究表明,对大脑活动进行调控的方式主要有两类,一类是基于外部刺激的方法,如经颅磁刺激(Transcranial Magnetic Stimulation,TMS)、经颅直流电刺激(transcranial Direct Current Stimulation,tDCS)等,另一类就是基于神经反馈的主动学习方法。实验证明,两种方式都能通过干预对大脑活动产生影响,而且各具优势。但是,从学习效果来看,Narli 的学习理论中指出,相比外部刺激式的学习,通过主动学习获取的知识和经验通常印象更加深刻,更能够促进学习产生持续性的长期效果。在用于提升射击/射箭表现的神经反馈训练(Neurofeedback Train for enhancing Shooting Performance,SP-NFT)研究中,Rostami 等人采用基于 SMR、Beta 混合的 NFT 来训练步枪射手的增强注意力,从而提高射手的射击水平。这种训练的依据是注意力的集中通常伴随着大脑 SMR 的增加,同时 SMR 也与高尔夫球、飞镖投掷等闭锁性、需要高度注意力集中运动的最佳表现之间存在密切的联系,因此 SMR 反馈也常被用于改善患者注意力,如针对 ADHD 的治疗,并已在临床医学上得到了广泛应用。

另外,一些学者发现在进行射击射箭运动时,射击准备期间的大脑左、右半脑 EEG 活动存在一种不对称现象,具体表现为左颞区 Alpha 功率增加,而右颞区 Alpha 功率稳定或减少。因此,基于该现象,Landers 等人通过训练射手改变 T_3、T_4 电极的电位活动,提高了正确神经反馈组(抑制 T_3 位置活动,增加 T_4 位置活动)的射击成绩,降低了错误反馈组(抑制 T_4 位置活动,增加 T_3 位置活动)的射击成绩。

然而,这两项研究受限于当时的技术手段,都存在一些实验方案不完善的问题。例如:两个研究都只采用了视觉反馈范式,而越来越多的证据表明视-听觉联合刺激的反馈模式更加有效;Landers 的研究中,受试者只进行了一个节次的 NFT,就进行了反馈效果评估,而当前很多临床研究认为,神经反馈至少要进行 4~5 个节次的训练,才能起到显著的调控作用。此外,这两项研究都是重点侧重于运动训练,只分析了 NFT 后行为指标(如射击稳定性、射击成绩)的改变情况,而没有详细分析 NFT 的可训练性和神经可塑性等神经生理学机制。也就是说,两项实验都没有分析训练中受试者可以主动调节脑电特征的程度如何,即可训练性,以及这种训练能否会对大脑 EEG 节律产生一些持久的变化,即神经可塑性。

近年来,一些研究指出应该在 NFT 前首先检验训练的可训练性。例如,Cho 等人首先证明了中央顶区 Alpha 节律活动的可训练性,发现该反馈可以增强受试者维持 Alpha 活动的能力。Zoefel 等人证明了顶枕区 Alpha 高频活动的可训练性,发现该反馈可用于增加认知能力。Enriquez-Geppert 等人证明了额中线 Theta 神经反馈的可训练性,发现了这种训练方式在提高认知能力方面的作用。

神经可塑性研究的主要依据是神经生理特征和认知/行为指标之间的密切联系。大量研究表明,静息态神经生理特征和认知/行为指标之间存在非常显著的相关性。因此一些学者认为,如果 NFT 不但能够改变认知/行为指标,而且能够改变与之相关的神经生理特征,那么就可以推断神经反馈训练是通过改变神经生理特征,从而影响行为,为神经反馈训练提供神经可塑性方面的证据。神经可塑性可以从多个角度进行分析,当前研究发现 NFT 不但可以对静息态 EEG 特征产生可塑性改变,而且可以使大脑白质、灰质以及静息态脑网络特征产生改变。

因此,前人的两项 SP-NFT 研究并不能充分说明训练是真正调控了大脑活动,从而改变了运动行为,还仅仅是一种基于 NFT 的安慰剂效应。这些研究缺陷也是 NFT 技术在运动科学领域受到争议、推广进度缓慢的主要原因之一。此外,虽然 NFT 在运动科学领域中已得到了广泛关注,但对在非职业射击运动训练领域,如军警训练中,还尚未开展此类研究。能否对普通的业余射手使用 NFT 以增强其外在表现,哪种 NFT 模式更加能够提高非专业射手的射击成绩,这些都是非常值得探索的问题。

综上所述,本研究假设:①SP-NFT 具有可训练性,即受试者通过一定时间的训练可以掌握反馈训练要领,提高训练成绩;②SP-NFT 具有神经可塑性,即训练对大脑活动会产生一定影响,通过一定周期的训练,大脑的"基线"神经活动能够发生显著改变。为验证假设,本实验自主搭建了具有视觉、声音双重反馈范式的 SP-NFT 系统。将招募的 30 名受试者随机分为两组,两组分别接受 Rostami 和 Landers 采用的用于提升射击表现的反馈模式。通过 3 周 6 个节次、带有间隔的双盲 SP-NFT,对这两种 SP-NFT 的训练效果、可训练性和神经可塑性情况进行检验。

13.2　SMR 和 Alpha 节律神经反馈实验的材料和方法

13.2.1　神经反馈训练的实验受试者和实验流程

实验受试者为大学 45 名在校大二学生(均为男性,年龄:19±2 岁),受试者均通过射击课程学习,掌握手枪射击技能,且均为右利手,无神经性或精神疾病,头部未受过重大外伤,未做过开颅手术。按照年龄、身高、体重、体型随机分为三组。SMR 反馈组采用 SMR 反馈模式($N=15$,N 为人数),Alpha 反馈组采用 Alpha 节律反馈模式(注:增强电极的 Alpha 幅度即为抑制该脑区活动,$N=15$),控制组($N=15$)不进行任何反馈训练。所有参与者均为自愿参加实验,且实验前了解实验目的及流程,并填写同意实验方案知情书,实验中若出现任何不适均可及时报告并申请退出。

前人研究指出,一次充分有效的 NFT 实验至少应进行 4~5 个节次的训练,而且两次训练之间最好包含一天以上的时间间隔。因此,如图 13-1 所示,本实验设计了为期三周 6 次的 NFT,每名受试者每周进行两个节次的训练,每次训练间隔一天(例如周一和周三、周二和周四)。每一个训练节次结束后,受试者都会按照要求报告本次训练的主观感受以及训练期间所用到的反馈策略,以便下次训练回忆调整。

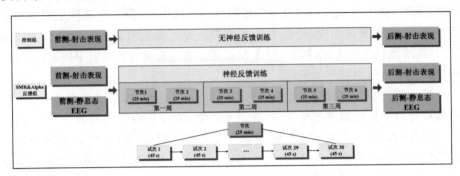

图 13-1　SMR 和 Alpha 神经反馈实验训练流程

如图 13-2 所示,反馈训练期间,各组受试者均安装 C_z、C_3、C_4、T_3、T_4 这 5 个训练电极,参考电极为左、右耳垂,同步采集 EEG 信号并提取反馈特征,确保受试者不知道自己参与的是哪种反馈训练。EEG 信号由北京新拓放大器设备实施采集并由 USB 接口传送至电脑,并利用 MATLAB 2015a 平台编写的 NFT 程序实时计算反馈特征,系统详细说明见第 12 章。

电极安装完毕后,开始对受试者进行反馈训练。每个训练节次时长约 25 min,共包括 30 个反馈试次。每个训练试次持续 45 s,包含 15 s 的放松阶段和 30 s 的训练阶段,以休息-训练交替(A-B-A-B)的方式进行。在 15 s 放松休息中,受试者静坐休息,不刻意回想任何射击动作要领,训练阶段开始时,放松阶段的特征值中值以红色直线的形式出现在反馈界面。SMR 组的反馈特征为 C_3、C_z、C_4 电极的平均 SMR 功率,本章实验 SMR 频段范围定义为 12~15 Hz,Alpha 频段范围定义为 8~12 Hz。计算公式为

$$F_1 = \mathrm{mean}(P_{C_3,\mathrm{SMR}} + P_{C_z,\mathrm{SMR}} + P_{C_4,\mathrm{SMR}}) \tag{13-1}$$

Alpha 组的反馈特征为 T_3 位置的 Alpha 频段功率减去 T_4 位置的 Alpha 频段功率,即

$$F_2 = P_{T_3,\mathrm{Alpha}} - P_{T_4,\mathrm{Alpha}} \tag{13-2}$$

训练阶段,受试者集中注意力进行射击想象,系统实时计算受试者的反馈特征,并以蓝色动态变化曲线形式出现在反馈界面,提示受试者此时反馈特征值的

大小。同时,系统设置了数字声音均衡器来控制反馈音乐的播放。根据受试者实时反馈的 EEG 特征控制均衡器的参数:训练阶段开始时,音乐最低沉,当反馈特征幅度持续高于基线时,反馈音乐逐渐高亢明亮。

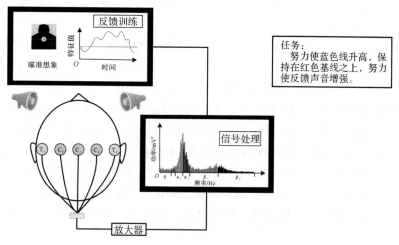

图 13-2　SMR 和 Alpha 神经反馈训练实验原理示意图

为量化评估神经训练情况,在每个反馈试次后,都计算本反馈试次的训练成绩。该指标由反馈期间特征高于基线特征的时间决定。例如:在此次反馈试次中,若反馈特征总是高于基线,则本次反馈试次结束后,训练成绩记为 100 分;反之,若反馈特征总是低于基线,则本次训练成绩记为 0 分。每个反馈试次结束后,本试次的训练成绩都会显示在反馈界面上,展示给受试者和实验操作员。

13.2.2　行为数据与 EEG 数据采集

为检验 NFT 对射击表现的影响,分别在训练前、后各组织一次射击测验来评估受试者的射击表现。测验内容为单次击发固定目标射击。每名受试者执行 25 次 25 m 胸环靶手枪射击,射击用枪为 92 式手枪,射击姿势为站立姿势,每次为单发射击,每次击发包括完整的举枪、瞄准、射击、收枪动作,一次击发完成后进行下一次射击动作。

分别在反馈训练前和反馈训练后测量所有受试者的静息态 EEG,用来检验神经反馈对大脑"基线"活动影响。采集装置为北京新拓 32 导 EEG 放大器,按照国际 10-20 标准安放于整个头皮,电极位置分别为 Fp_1、Fp_2、F_3、F_4、C_3、C_4、P_3、P_4、O_1、O_2、F_7、F_8、T_3、T_4、T_5、T_6、F_z、C_z、P_z、FC_3、FC_4、CP_3、CP_4、FT_7、FT_8、

TP_7、TP_8、FC_z、CP_z、O_z、PO_3、PO_4,前额接地,左、右耳垂作为参考。实验时所有电极阻抗保持在 5 kΩ 以下。采集时,受试者静坐于舒适安静的座椅上,分别保持 5 min 的闭眼静息态和 5 min 的睁眼静息态。为控制警戒水平,实验者在线同步观察受试者的 EEG 波形,若受试者发生改变 EEG 的行为(如瞌睡、哈欠),则口头提醒受试者。

将采集的 EEG 数据进行离线分析,把所有数据分割为若干 2 s 一段的数据段,采用目视筛查去掉受眼动、肌电影响较大的数据段,得到不包含伪迹的睁闭眼静息态 EEG 数据段。根据闭眼静息态 EEG 得到受试者的 IAF,作为后续为受试者提供反馈特征的频段信息。对于睁眼静息态 EEG,采用 ICA 去除伪迹影响,得到不包含眼电伪迹的睁眼静息态 EEG 数据,用于后续的功率谱分析。

为比较两组反馈的合理性和难易程度,采用填写自我感受量表的方法评估受试者的主观评价。每个节次的反馈训练后,受试者都分别报告训练中的疲劳程度、努力程度以及反馈任务的困难程度。评价量表使用 5 级测度:1 表示程度最低,5 表示程度最高。例如对于疲劳程度,1 表示完全不感到疲劳,5 表示感到非常疲劳。

13.2.3 反馈训练实验分析指标和统计检验

在统计检验之前,首先采用 K-S 检验分析了待检验样本的概率分布。结果表明:对于射击表现、静息态 IAF 和静息态 EEG 频带功率指标,这些样本并不完全服从高斯分布,因此在统计检验时,对这些样本使用 Wilcoxon 符号-秩检验来确定各组的前测和后测之间的差异。而主观评价指标和 NFT 训练成绩、反馈特征指标则服从高斯分布,因此采用重复测量方差分析(Repeated - Measures Analysis of Variance,RM - ANOVA)进行统计检验。

(1)射击表现指标。对于每个受试者,射击表现指标定义为 25 次射击成绩的平均值。为了检验前测和后测射击表现之间的差异,采用 Wilcoxon 符号-秩检验分别对 SMR 组、Alpha 组和控制组前测和后测射击表现的中位数差异进行检验。然后,为了比较 SMR 组和 Alpha 组对射击成绩影响的差异,实验还对 SMR 组和 Alpha 组的后测射击表现减去前测射击表现进行了 Wilcoxon 符号-秩检验。

(2)主观评价指标。对于每个受试者,主观评价指标为每个节次的原始评价指标分数。为分析两个反馈组受试者的主观评价指标之间的差异和不同节次之间的变化情况,采用 RM - ANOVA 分别在组因素(SMR 组和 Alpha 组)和节次因素(1~6 节次)上进行检验。

(3) 训练期间的训练成绩和反馈特征指标。对于训练期间的训练成绩和反馈特征改变情况,首先计算两组受试者每个节次的训练成绩、放松状态和训练状态反馈特征的均值和方差。然后采取 RM-ANOVA 对训练成绩、训练期间的反馈特征在组因素和节次因素上进行统计检验,检验受试者在 6 个节次的训练过程中,训练成绩和反馈特征是否发生显著改变。

(4) 静息态 EEG 节律功率指标。针对训练前、后静息态 EEG 特征的改变情况,分别从三个角度进行对比分析:①静息态 IAF。②参与反馈导联的功率谱,即 ROI 上的静息态 EEG 功率谱。③全脑静息态 EEG 功率地形图。对于静息态 IAF 和 ROI 上的静息态 EEG 功率谱,采用 Wilcoxon 符号-秩检验分析前、后测的指标差异。低于全脑静息态 EEG 功率地形图,只画出了反馈前、后特征值均值差异,并未进行统计检验。

13.3 实验结果

13.3.1 反馈训练前、后射击表现

图 13-3 为三组受试者前测和后测的射击表现指标的比较结果。左侧为 SMR 组,中间为 Alpha 组,右侧为控制组。蓝色、红色和黑色框分别表示受试者的后测射击表现,灰色框表示前测射击表现。

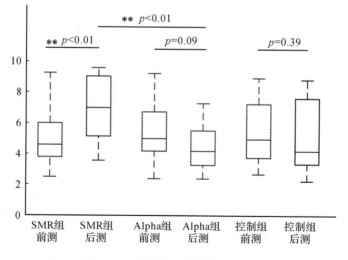

图 13-3 各组前、后测射击表现差异

统计结果显示:SMR 组训练后射击表现中位数显著高于训练前($z=-3.55, p<0.01$);Alpha 组训练后射击表现中位数明显低于训练前($z=1.80, p=0.09$);控制组中位射击成绩无明显变化($z=0.85, p=0.39$)。两组 SP-NFT 组的射击表现差异结果为 SMR 组显著高于 Alpha 组($z=-3.06, p<0.01$)。

13.3.2 对反馈训练的主观任务评价

表 13-1 显示了 6 个反馈节次中 3 个主观任务评价指标的均值和标准差。从表中可以看出,两组的疲劳程度约为 2,而努力程度和困难程度均约为 3。RM-ANOVA 结果表明:对于疲劳指标,组因素效应不显著,$F(1,14)=0.44, p>0.05$,节次因素效应不显著,$F(5,70)=0.47, p>0.05$;对于努力指标,组因素效应显著,$F(1,14)=10.54, p<0.01$,说明 Alpha 组显著高于 SMR 组,节次因素效应不显著,$F(5,70)=0.68, p>0.05$;对于困难指标,组因素效应显著,$F(1,14)=17.02, p<0.01$,表明 Alpha 组难度高于 SMR 组,节次因素效应不显著,$F(5,70)=0.18, p>0.05$。同时,三种指标在两个因素上的交互作用均不显著。

表 13-1 两组受试者所有节次反馈主观评价的均值标准差

	节次 1	节次 2	节次 3	节次 4	节次 5	节次 6
疲劳(SMR)	2.27±1.03	1.93±0.70	2.20±0.86	2.20±0.94	1.93±0.96	2.00±1.07
疲劳(Apha)	2.13±0.74	2.13±0.92	2.00±0.85	1.93±0.80	2.00±0.85	1.80±0.68
努力(SMR)	2.80±0.56	2.93±0.70	2.80±0.86	2.53±0.92	2.87±0.99	2.60±0.74
努力(Alpha)	3.40±0.99	3.13±0.92	3.27±0.80	3.00±0.76	3.00±0.93	3.13±0.74
困难(SMR)	2.27±1.03	2.33±0.90	2.33±1.11	2.33±1.11	2.40±1.12	2.40±1.06
困难(Alpha)	2.93±0.59	2.67±0.82	3.00±0.65	3.07±0.80	2.87±0.83	2.93±0.96

13.3.3 训练中参数特征的动态变化

(1)训练成绩随训练次数的变化情况。图 13-4 为各节次神经反馈训练成绩的均值和标准差。横轴为反馈训练节次,纵轴为神经反馈的训练成绩,蓝线为 SMR 组,红线为 Alpha 组。从图中可以看出,两组受试者的训练成绩均随着训练次数的增加而增加。RM-ANOVA 结果表明,组因素效应显著[$F(1,14)=$

5.43，$p<0.01$，后验分析：SMR 组 > Alpha 组]，节次因素效应显著[$F(5,70)=3.13$，$p<0.01$，后验分析：S6>S1]，说明受试者在经过 6 个节次的 SP-NFT 后能够很好地掌握神经反馈，神经反馈训练成绩显著提高。

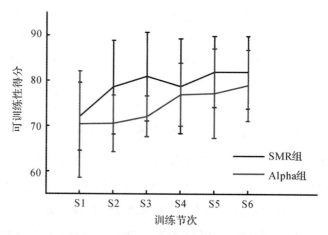

图 13-4　神经反馈训练成绩随训练节次变化图

(2) 反馈特征随训练次数的变化情况。图 13-5 显示了各节次神经反馈期间反馈特征的均值和标准差。左边是 SMR 组，右边是 Alpha 组。灰线为静息状态下的反馈特征；蓝色和红色的线分别表示 SMR 组和 Alpha 组的反馈特征。对于 SMR 组，RM-ANOVA 结果显示，状态因素效应显著[$F(1,14)=78.25$，$p<0.001$，post-hoc：训练>放松]，而节次因素效应不显著[$F(5,70)=0.68$，$p>0.05$]。对于 Alpha 组，RM-ANOVA 结果显示，状态因素效应显著[$F(1,14)=7.32$，$p<0.01$，post-hoc：训练>放松]，而节次因素效应不显著[$F(5,70)=0.28$，$p>0.05$]。比较两组，发现两个反馈组在训练状态下的反馈特征均显著高于放松状态，而 Alpha 组的 F 值低于 SMR 组。

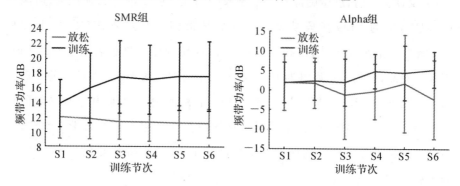

图 13-5　反馈特征值随训练节次变化图

13.3.4 反馈训练对静息态 EEG 节律功率的改变

(1)训练前、后的 IAF 对比。根据闭眼静息态 EEG 计算得到的 IAF 的中值和标准差为：SMR 组前测为(10.64 ± 0.69) Hz，后测为(10.45 ± 0.56) Hz，前测与后测未存在显著差异$(z=0.99, p=0.32)$；对于 Alpha 组，前测为(10.30 ± 0.83) Hz，后测为(10.23 ± 0.92) Hz，前测与后测未存在显著差异$(z=1.42, p=0.16)$。

(2)比较反馈训练前、后测 ROI 静息态 EEG 功率谱。图 13-6 为 SMR 组和 Alpha 组训练前、后在反馈导联上静息闭眼 EEG 的功率谱。左边是 SMR 组，右边是 Alpha 组。星号（*）表示训练前、后频带功率有显著变化$(p<0.05)$。图 13-7 为睁眼静息态 EEG 的功率谱，细节如图 13-6 所示。从图中可以看出，两个反馈组的反馈特征均按照反馈训练方向发生改变：SMR 组中，由于训练受试者提高自身的 C_z、C_3 和 C_4 电极的 SMR，导致了闭眼静息态下的 C_z 电极$(z=-2.96, p<0.05)$的 Alpha 频带功率和睁眼静息态下的 C_3 和 C_4 电极的 Beta 频带功率显著增加$(C_3: z=-4.39, p<0.05; C_4: z=-3.22, p<0.05)$。Alpha 组中，由于训练受试者增加左侧 T_3 电极的 Alpha 频带功率，同时降低右侧 T_4 电极的 Alpha 频带功率，导致闭眼静息态下 T_3 电极的 Alpha 频带功率显著增加$(z=-3.01, p<0.05)$，闭眼静息态和睁眼静息态下 T_4 电极的 Alpha 功率（闭眼：$z=2.86, p<0.05$；睁眼：$z=2.88, p<0.05$）和睁眼静息态下 T_4 电极的 Beta 功率显著减少$(z=2.95, p<0.05)$。

(3)反馈训练前、后全脑静息态功率改变情况。图 13-8 为训练前、后两组闭眼静息态下的 EEG 频段功率差值全脑地形图。上方是 SMR 组，下方是 Alpha 组。从左到右分别是 Theta、Alpha 和 Beta 频带。红色表示后测的 EEG 功率高于前测，蓝色表示后测的 EEG 功率低于前测。图 13-9 为睁眼静息态下的结果。在 SMR 组中，结果显示反馈后受试者的前额叶、额叶和中央区域的频带功率增加。对于 Alpha 组，结果显示反馈后受试者左半脑的频带功率增加，而右半球的频带功率略有减弱。两组的静息 EEG 功率特征变化与 SP-NFT 增强方向一致。

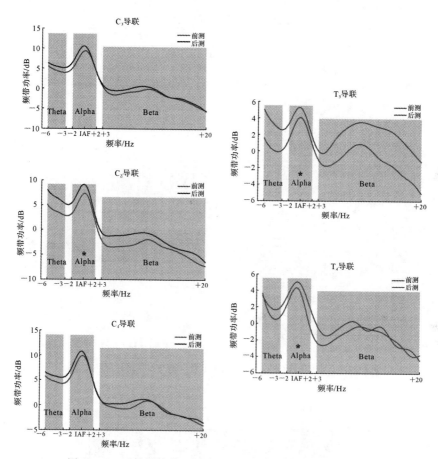

图 13-6 反馈训练前、后闭眼 ROI 静息态 EEG 功率谱对比图

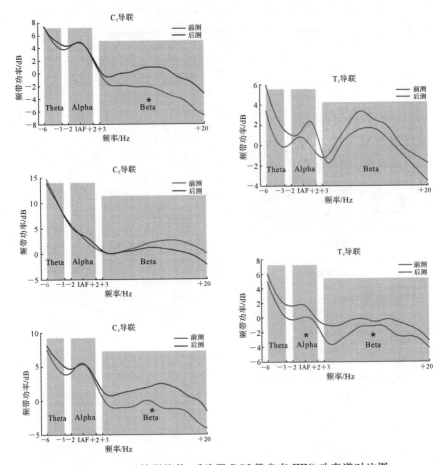

图 13-7 反馈训练前、后睁眼 ROI 静息态 EEG 功率谱对比图

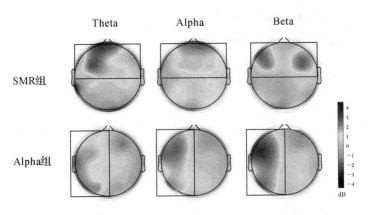

图 13-8 反馈训练前、后闭眼静息态 EEG 功率差异脑地形图

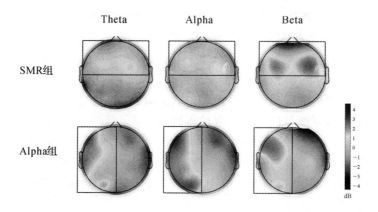

图 13-9 反馈训练前、后睁眼静息态 EEG 功率差异脑地形图

13.4 实验结果讨论

本章研究对比了 SMR 和 Alpha 节律 SP-NFT 的训练效果、可训练性和神经可塑性。实验改进了传统的神经反馈范式,将传统的视觉反馈优化为视-听结合反馈;增加了 NFT 节次的数量,每个受试者执行了 3 周 6 次的 SP-NFT。此外,实验还特别分析了前人研究未探索过的 SP-NFT 的可训练性和神经可塑性。

13.4.1 反馈训练对射击表现的影响

从射击表现来看,两组参与 NFT 的受试者出现了不同的结果。参加 SMR 功率训练的受试者的射击表现显著提高,而参加颞区 Alpha 功率训练的受试者射击表现发生了下降。参加 SMR 训练的受试者射击表现得到了显著提高,这与 Rostami 以及其他利用 SMR 神经反馈改善健康受试者表现的研究结果一致。同时也再次佐证了 SMR 训练在提高受试者注意力、改善精神状态、提高表现方面的有益作用。而对于参加 Alpha 训练的受试者未取得良好的表现提高效果,甚至还出现了射击表现下降,其原因可能有以下几个方面:

一方面,Landers 等人虽然也是针对左、右颞区进行了反馈训练,但训练的模式只是激活单侧颞区,例如:正确反馈组就是增加左侧颞区的低频电位,抑制左颞区活动。而本研究中则是增强一侧颞区活动,同时降低另一侧颞区的活动。

Collura 曾经指出,在神经反馈中,以降低活性为目的的训练可能是一种"挤压"式的增强训练,虽然研究者试图通过抑制某一脑区的活动,但训练结果却导致这一脑区的强化。根据这个理论,本研究中 Alpha 反馈组虽然提高了左颞区、降低了右颞区的 Alpha 节律,但结果可能使受试者的两侧颞区都得到了强化,受试者并没有通过训练学习到最佳的射击状态,因此导致射击表现并没有提高。另一方面的原因可能是研究受试者的不同,Landers 等人选取的是准专业射箭运动员,而本研究使用的受试者则是非专业射手,这些射手在射击准备阶段可能还未形成专业射手准备期间的大脑神经特征,因此导致该组的受试者不能完全体会到 Alpha 反馈训练,导致反馈训练效果不佳。这些差异可能也是导致本文结果与前人研究不一致的原因。

13.4.2 反馈训练的可训练性分析

前人研究表明,应用神经反馈提高受试者运动表现应满足两个前提,其一是运动表现与大脑神经活动存在密切相关,其二是反馈特征确实能够通过训练得到增强。在射击运动中,运动表现与 EEG 的密切关系已被多次报道。例如:射击瞄准过程中,左侧颞区(T_3)出现 Alpha 节律增长;集中注意力时,中央区 SMR 节律出现显著增长。因此,本节重点研究了神经反馈的可训练性。6.3.3 节的实验结果表明,两组受试者通过 6 次 NFT,训练成绩逐渐提高,SMR 反馈组的反馈特征在前 4 次逐渐增加,第 5 次和第 6 次变化幅度稳定。Alpha 反馈组的反馈特征在第 3 次和第 4 次训练中,训练期间的反馈特征与放松期间的特征值差异达到了最大,第 5 次和第 6 次训练中则变化程度恢复稳定。前 4 次的训练特征增加表明受试者逐渐掌握了自主控制自身 EEG 信号活动的方法,达到调控大脑活动的目的。统计结果上的显著性差异也说明了反馈训练后,受试者能够按照反馈要求提高自身大脑 EEG。然而,研究中还发现,后两次的反馈效果增加并不明显,分析原因可能为:一方面,受试者可能在经过多次训练后对训练失去兴趣,感到乏味,因此训练积极性不高;另一方面,受试者训练几次后发现可以轻松提高可训练性成绩,失去训练挑战性,因此训练积极性下降。

13.4.3 反馈训练对大脑的可塑性作用分析

本研究的另一个重点在于研究了 NFT 的神经可塑性作用,即通过一段时间的训练,是否能够对受试者的大脑活动产生持续性改变,能够达到重新构建神经连接、恢复或增强大脑功能的目的。

实验结果表明,两组反馈训练都对受试者的闭眼和睁眼静息态 EEG 产生了显著的改变。同时从全脑频段功率地形图上看,静息态 EEG 改变的位置也与反馈电极的安放位置相重合,这说明反馈训练是一种具有针对性的、对训练靶区直接进行改变的有效的神经可塑性训练方法。

前人研究表明,静息态 EEG 作为人体的一种"基线"状态,与受试者的认知、运动控制能力有密切的联系,是反映受试者生理状态的一种稳定指标。因此,反馈训练后受试者的静息态 EEG 发生显著改变,这不但是神经反馈具有神经可塑性的有力证据,而且也可能是 NFT 改善行为指标的主要原因。

此外,本研究的静息态 EEG 采集于训练结束后一周,这说明反馈训练具有一定的持续性效应。这种现象类似于力量训练或耐力训练,通过一段时间强度适中的训练,身体的力量或耐力指标都有一定的提升,同时这种提升也能够持续保持一段时间。这说明,在可以预见的将来,在技能学习训练过程中,教练也可以适当增加 NFT,将其贯穿于受试者的整个训练过程中,提高受试者的注意和专注能力,从而辅助提高受试者的体、技能水平。

13.5 本章小结

本章主要研究了 SMR 和 Alpha SP-NFT 对提升射击表现的效果、可训练性以及对大脑神经可塑性影响方面的问题。实验基于自主设计的 SP-NFT 系统,对 30 名受试者分别开展了为期 3 周 6 次的 SP-NFT。通过实验数据采集和统计检验分析,得到以下主要结论:

(1)训练过程中的训练成绩和反馈特征变化数据表明,受试者可以通过训练正确掌握 NFT 技术,提高训练性分数和反馈特征。通过对比主观评价结果,发现 SMR 反馈比 Alpha 反馈的难度更低,更加容易掌握。

(2)训练前、后的射击测验数据表明,SMR 组的后测射击成绩要显著高于前测,而 Alpha 组的射击成绩则呈边际显著降低,控制组则未出现显著变化。表明增强 SMR 比增强左、右颞区 Alpha 功率差值对提高非专业射手的射击成绩更加有效。

(3)前、后测睁、闭眼静息态 EEG 对比结果表明,受试者参与反馈导联的功率谱、全脑功率都产生了靶向性的特异性改变,表明 NFT 能够对静息态 EEG 活动产生持续性影响,具有神经可塑性。

研究结果证明了采用神经反馈系统提高射击表现的效果、可训练性和神经可塑性,为后期将神经反馈技术应用于射击训练提供了理论依据。同时,本研究发现基于增加注意力的 SMR 反馈可能对提升业余射手的射击表现更加有效，这也为后续对业余射手开展针对性的 NFT、提升射击水平提供了新的方向。

参 考 文 献

[1] SITARAM R, ROS T, STOECKEL L, et al. Closed-loop brain training: the science of neurofeedback [J]. Nature Reviews Neuroscience, 2016, 18(2): 86 – 100.

[2] LEFAUCHEUR J P. Stimulation corticale (tDCS) pour améliorer les performances sportives: brain doping [J]. Neurophysiologie Clinique/clinical Neurophysiology, 2017, 47(3): 206 – 207.

[3] HOY K E, BAILEY N, ARNOLD S, et al. The effect of γ-tACS on working memory performance in healthy controls [J]. Brain & Cognition, 2015(101): 51 – 56.

[4] NARLI S. Is constructivist learning environment really effective on learning and long-term knowledge retention in mathematics? Example of the infinity concept [J]. Educational Research & Reviews, 2011, 6420(1): 36 – 49.

[5] ROSTAMI R, SADEGHI H, KOBRA A, et al. The effects of neurofeedback on the improvement of rifle shooters' performance [J]. Journal of Neurotherapy, 2012, 16(4): 264 – 269.

[6] CHENG M Y, HUANG C J, CHANG Y K, et al. Sensorimotor rhythm neurofeedback enhances golf putting performance [J]. Journal of Sport and Exercise Psychology, 2015, 37(6): 626 – 636.

[7] VERNON D, FRICK A, GRUZELIER J. Neurofeedback as a treatment for ADHD: a methodological review with implications for future research [J]. Journal of Neurotherapy, 2004, 8(2): 53 – 82.

[8] CHENG M Y, HUNG C L, HUANG C J, et al. Expert-novice differences in SMR activity during dart throwing [J]. Biological Psychology, 2015(110): 212 – 218.

[9] HATFIELD B D, LANDERS D M, RAY W J. Cognitive processes during self-paced motor performance: an electroencephalographic profile of skilled marksmen [J]. Journal of Sport Psychology, 1984, 6(1): 42 –

59.

[10] SALAZAR W, LANDERS D M, PETRUZZELLO S J, et al. Hemispheric asymmetry, cardiac response, and performance in elite archers [J]. Research Quarterly for Exercise and Sport, 1990, 61(4): 351-359.

[11] LANDERS D M, PETRUZZELLO S J, SALAZAR W, et al. The influence of electrocortical biofeedback on performance in pre-elite archers [J]. Medicine & Science in Sports & Exercise, 1991, 23(1): 123-129.

[12] DAVID V, ANN F, JOHN G. Neurofeedback as a treatment for ADHD: a methodological review with implications for future research [J]. Journal of Neurotherapy, 2004, 8(2): 53-82.

[13] HAMMOND D C. What is neurofeedback: an update [J]. Journal of Neurotherapy, 2011, 15(4): 305-336.

[14] ENRIQUEZGEPPERT S, HUSTER R J, SCHARFENORT R, et al. Modulation of frontal-midline theta by neurofeedback [J]. Biological Psychology, 2014, 95(1): 59-69.

[15] CHO M K, JANG H S, JEONG S H, et al. Alpha neurofeedback improves the maintaining ability of alpha activity [J]. Neuroreport, 2007, 19(3): 315-317.

[16] ZOEFEL B, HUSTER R J, HERRMANN C S. Neurofeedback training of the upper alpha frequency band in EEG improves cognitive performance [J]. Neuroimage, 2010, 54(2): 1427-1431.

[17] ENRIQUEZ-GEPPERT S, HUSTER R, SCHARFENORT R, et al. Modulation of frontal-midline theta by neurofeedback [J]. Biological Psychology, 2014, 95(1): 59-69.

[18] MIRIFAR A, BECKMANN J, EHRLENSPIEL F. Neurofeedback as supplementary training for optimizing athletes' performance: a systematic review with implications for future research [J]. Neuroscience & Biobehavioral Reviews, 2017(75): 419-432.

[19] BABILONI C, MARZANO N, IACOBONI M, et al. Resting state cortical rhythms in athletes: a high-resolution EEG study [J]. Brain Research Bulletin, 2010, 81(1): 149-156.

[20] ZHOU G, LIU P, HE J, et al. Interindividual reaction time variability

is related to resting-state network topology: an electroencephalogram study [J]. Neuroscience, 2012, 202(2): 276-282.

[21] ZHANG R, YAO D, VALDéSSOSA P A, et al. Efficient resting-state EEG network facilitates motor imagery performance [J]. Journal of Neural Engineering, 2015, 12(6): 066024.

[22] WAN F, NAN W Y, VAI M I, et al. Resting alpha activity predicts learning ability in alpha neurofeedback [J]. Frontiers in Human Neuroscience, 2014(8):500.

[23] CHO M K, JANG H S, JEONG S H, et al. Alpha neurofeedback improves the maintaining ability of alpha activity [J]. Neuroreport, 2007, 19(3): 315-317.

[24] ZOEFEL B, HUSTER R J, HERRMANN C S. Neurofeedback training of the upper alpha frequency band in EEG improves cognitive performance [J]. Neuroimage, 2010, 54(2): 1427-1431.

[25] GHAZIRI J, TUCHOLKA A, LARUE V, et al. Neurofeedback training induces changes in white and gray matter [J]. Clinical EEG & Neuroscience, 2013, 44(4): 265-272.

[26] KLUETSCH R C, ROS T, JEAN T, et al. Plastic modulation of ptsd resting-state networks by EEG neurofeedback [J]. Acta Psychiatrica Scandinavica, 2014, 130(2): 123-136.

[27] SCHÖNENBERG M, WIEDEMANN E, SCHNEIDT A, et al. Neurofeedback, sham neurofeedback, and cognitive-behavioural group therapy in adults with attention-deficit hyperactivity disorder: a triple-blind, randomised, controlled trial [J]. Lancet Psychiatry, 2017, 4 (9): 673-684.

[28] DELORME A, MAKEIG S. EEGLAB: an open source toolbox for analysis of single-trial EEG dynamics including independent component analysis [J]. Journal of Neuroscience Methods, 2004, 134(1): 9-21.

[29] KLIMESCH W. EEG alpha and theta oscillations reflect cognitive and memory performance: a review and analysis [J]. Brain Research Review, 1999, 29(2/3): 169-195.

[30] LANDERS D M, PETRUZZELLO S J, SALAZAR W, et al. The influence of electrocortical biofeedback on performance in pre-elite archers [J]. Medicine & Science in Sports & Exercise, 1991, 23(1):

123-129.

[31] COLLURA T F. Technical Foundations of Neurofeedback [M]. London: Routledge, 2013.

[32] HATFIELD B D, LANDERS D M, RAY W J. Cognitive processes during self-paced motor performance: an electroencephalographic profile of skilled marksmen [J]. Journal of Sport Psychology, 1984, 6(1): 42-59.

[33] DOPPELMAYR M, FINKENZELLER T, SAUSENG P. Frontal midline theta in the pre-shot phase of rifle shooting: differences between experts and novices [J]. Neuropsychologia, 2008, 46(5): 1463-1467.

[34] CHENG M Y, HUNG C L, HUANG C J, et al. Expert-novice differences in SMR activityduring dart throwing [J]. Biological Psychology, 2015(110): 212-218.

[35] MEGUMI F, YAMASHITA A, KAWATO M, et al. Functional MRI neurofeedback training on connectivity between two regions induces long-lasting changes in intrinsic functional network [J]. Frontiers in Human Neuroscience, 2015(9): 160.

第14章 PEAK神经反馈训练对提升射击表现的效果和无应答者特性研究

第13章中,研究发现对于射击运动,注意力增强式神经反馈训练比模拟式神经反馈更加有效。因此,为进一步探索注意力增强式神经反馈训练在提升射击表现方面的应用效果,本章开展了一项用于提升射击表现的神经反馈训练(Neurofeedback Training for Sport Performance,SP-NFT)实验研究。实验招募了20名受试者,进行2周4次的"巅峰"范式NFT,采集受试者前、后测隐显目标射击表现和相关脑电数据,检验了SP-NFT对射击表现的提升效果、静息态EEG特征以及SP-NFT期间无应答组EEG特性变化情况。研究结果表明:受试者后测射击表现显著高于前测($p<0.01$),静息态Theta频带功率显著降低($p<0.01$);相对正常受试者,无应答者在SP-NFT期间的努力程度更高,Theta频段功率和SMR功率的变化程度更低。这些结果表明SP-NFT能够有效提升受试者射击表现,也进一步揭示了无应答组的相关生理机制。研究能够为用于提升射击表现的SP-NFT技术的进一步发展提供理论支撑和实验证据。

14.1 引 言

神经反馈训练是一种无创、安全、有效的大脑神经状态调控技术,属于脑机接口技术的一种经典应用形式。可用于该技术的神经信号包括脑电、功能性磁共振(functional Magnetic Resonance Imaging,fMRI)、功能性近红外光谱(functional Near Infrared Spectroscopy,fNIS/fNIRS)等多种神经影像信号,EEG是其中最常用、最经典的一种。基于EEG的NFT不但能够用于康复多种大脑疾病/缺陷,还能够改善健康个体认知功能,提升运动表现。

在运动科学领域,用于提升运动表现的神经反馈训练主要分为两类。一类是通过SP-NFT进行放松训练,减缓受试者的焦虑情绪,增强竞技信心。Raymmond等人通过增强P_z位置的Theta功率,降低Alpha功率,提升了舞蹈运动员的动作表现。Strizhkova 等人通过增强 F_1、F_2、P_3、P_4 位置的 Alpha 功率，提升了体操运动员完成复杂动作的流畅度。另一类是通过 SP-NFT 进行增强注意力训练，强化受试者的专注能力，从而提升运动表现。Rostami 等人通过增强运动员 C_3、C_4 位置的感觉运动节律（Sensorimotor Rhythm, SMR），降低 Beta2 功率，提升了运动员的射击表现。Mikicin 等人通过增强女子游泳运动员 C_3、C_4 位置的 SMR 和 Beta1 功率，降低 Theta 功率，提升了运动员的多项认知能力和运动表现指标。Cheng 等人通过增强 C_z 位置的 SMR 功率，提升了专业高尔夫球手的击球表现。

对于射击这项需要高度精神集中的精细型运动，很多学者认为射击表现和大脑神经状态密切相关，增强注意力训练能够优化射手大脑状态，提升射击表现。在传统射击训练中，教练员也常采用"剪纸板""穿针眼"等经典训练方法增强射手的注意力，提升射击成绩。在利用 SP-NFT 提升射击表现方面，前人的研究也主要采取注意力集中式 SP-NFT。例如 Rostami 等人采用 SMR 反馈提升了射击运动员在步枪慢速射击中的射击表现，Gong 等人通过对比研究发现，增强注意力的 SP-NFT 在射击运动方面可能比其他反馈方式更加有效。

然而，在前人利用 SP-NFT 提升射击表现的研究中，研究对象多为专业运动员，少有业余射手或需要从事射击训练的普通士兵，且射击科目也主要以慢速射击为主，而对需要较高反应速度的应用射击（如隐显目标射击）则未有研究。同时，相关文献还表明在 NFT 过程中存在 20%~30% 的无应答者（non-responder），这些受试者不能像正常受试者一样顺利完成 NFT。无应答者是制约 NFT 推广实用的一个重要问题，而在关于 SP-NFT 的多数研究中，还尚未看到有文献专门对无应答者进行区别分析。

针对以上问题，本章在自主设计开发 NFT 平台的基础上，提出一种改进的用于提升受试者注意力的反馈训练范式——"巅峰"（PEAK）范式 SP-NFT，检验该训练对受试者隐显目标射击表现的提升作用和 EEG 特征改变情况。同时，实验假设在 SP-NFT 过程中存在一定数量的无应答者，这些无应答者不但在训练中的表现与正常受试者存在差异，而且 SP-NFT 对他们产生的影响也与正常组不同。为验证假设，研究招募 20 名年龄相近、掌握射击技能的健康受试者，进行为期 2 周 4 次的 PEAK 范式 SP-NFT。研究正常受试者和无应答者进行 SP-NFT 后，射击表现和静息态 EEG 特征的变化情况，分析 SP-NFT 过程中两类受试者的主观评价和 EEG 特征变化情况，揭示 PEAK 范式 SP-NFT 对受试者射击表现的提升效果和无应答者的相关生理特性。

14.2 PEAK 神经反馈训练实验的材料和方法

14.2.1 受试者和实验流程

实验受试者为 20 名青年男性(年龄 20±2),身体健康,无疾病。每次 NFT 前 24 h 内未摄入酒精及其他刺激性食品饮料,并满足以下实验条件:

(1)头部未受重大损伤,未进行过开颅手术。

(2)参加过完全相同时长的专业射击学习,并进行过完全相同次数的射击训练。

(3)所有受试者均为右利手,且采用右眼瞄准。

(4)所有受试者均通过系统的射击学习训练,掌握基础射击技能,能够熟练完成大纲要求的射击动作。每名受试者自愿参与研究,了解实验过程和目的,并填写自愿实验协议书。

图 14-1 为 PEAK 神经反馈实验训练流程。整个实验在 4 周内完成,按照前测射击、SP-NFT 训练、后测射击的流程展开。在前、后测射击之间,每名受试者参加为期 2 周 4 个节次(session)的反馈训练,1 周内的两个反馈训练节次间隔大于 1 天,训练在每个工作日的 9:00—11:00、15:00—17:00 进行。每个节次大约 25 min,包括 3 min 睁眼静息态 EEG 采集和 30 个训练试次(trail),每个试次持续 45 s,包含 15 s 的放松阶段和 30 s 的训练阶段。

图 14-2 为 PEAK 范式 SP-NFT 的结构原理示意图。系统包括 EEG 采集放大器、EEG 信号处理以及视听觉信息反馈显示 3 个部分。EEG 信号放大器为北京新拓生产的 NT9200-16D 脑电放大器,神经反馈训练软件平台为自主开发的基于 MATLAB GUI 的 SP-NFT 系统。

反馈训练采用放松-训练连续交替模式,每个试次包含 15 s 的放松阶段和 25 s 的训练阶段。放松阶段受试者保持睁眼放松状态,大脑放空,不刻意想象任何事情。放松结束后,记录受试者在放松阶段的 EEG 反馈特征中值,作为训练阶段的特征基线。训练阶段要求受试者集中注意力想象瞄准,同时系统界面呈现反馈图像,该图像能够根据受试者的 EEG 反馈特征自动调节图像的清晰程度,受试者集中注意力使反馈图像的清晰度增加。图像每 1 s 更新一次,更新的依据是训练阶段每秒内反馈特征是否高于基线,如果高于基线,则图像清晰度增加一个程度,反之则降低一个程度。除图像反馈外,系统还提供声音反馈,若反馈特征高于基线,则反馈音乐响亮程度增加,反之则降低一个程度。25 s 训练阶段结束,系统根据训练阶段反馈特征高于基线的比率计算本试次的反馈训练成绩。

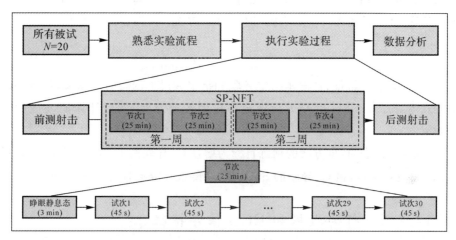

图 14-1 PEAK 神经反馈实验设计和训练流程

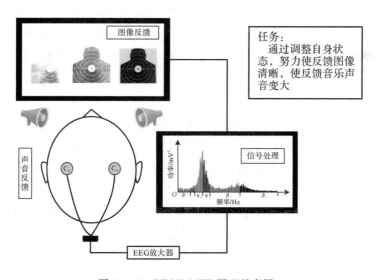

图 14-2 PEAK NFT 原理示意图

PEAK 神经反馈方案的目的是激活大脑运动皮层,提高受试者的专注度和敏锐度,从而提升运动表现。前人研究表明,C_3 导联和 C_4 导联主要采集大脑运动皮层的 EEG,该位置低频信号(Theta)功率的降低和高频信号(Beta1 和 SMR)功率的增加都反映了注意力提升过程,且增强左侧脑区的 Beta1 节律还可以在提升专注度的同时,适度增加受试者的警觉程度,避免受试者训练过程中的注意力分散。因此,PEAK 反馈方案是一种结合了不同脑区位置和不同 EEG 节律特征、优化后的提升注意力的 SP-NFT 方案。反馈特征设置为

$$F_{NFT} = \frac{P_{C_3,Beta1}}{P_{C_3,Theta}} + \frac{P_{C_4,SMR}}{P_{C_4,Theta}} \qquad (14-1)$$

式中:F_{NFT} 为反馈特征;P 表示指定导联和指定频段上的瞬时功率值,计算功率的方式为对原始 EEG 信号进行规定频段的带通滤波,然后计算滤波后的信号功率。

式(14-1)表明:该方案的训练目标为增强 C_3 导联的 Beta1 频段功率,降低 Theta 频段功率;增强 C_4 导联的 SMR 功率,降低 Theta 频段功率。

14.2.2 行为数据和 EEG 信号特征

前、后测射击均为隐显目标射击,该科目是一种典型的快速反应应用射击,能够有效测量受试者的反应能力以及对射击目标的注意力水平。射击目标设置在距离受试者 25 m 处,靶纸大小为 52 cm×52 cm,射击目标在规定时间内随机出现,每次出现后显示不超过 3 s,共出现 10 次。每名受试者执行 10 次射击,需要在目标出现后迅速击发,击中靶纸(6 环以内)记为 1 分,未击发或未击中靶纸记为 0 分,满分 10 分。

EEG 数据方面,实验分别计算了每个训练节次的静息态 EEG 频段功率和训练试次中放松阶段和训练阶段的平均 EEG 频段功率。频段划分与 SP-NFT 系统中的功率特征计算方法相同,分别计算 Theta 频段(4~7 Hz)、Alpha 频段(8~12 Hz)、SMR 频段(12~15 Hz)、Beta1 频段(16~20 Hz)的频段功率。

实验还采集了每名受试者对反馈训练的主观评价指标。每个训练节次结束后,受试者都会针对本次训练填写主观感受问卷,回答关于本次训练的五个主观感受问题。问题包括本次训练的疲劳程度、训练中的紧张程度、主动参与意愿、训练中的努力程度以及本次训练的难易程度。每个问题都包含 7 个程度等级,1 表示程度最低,7 表示程度最高。

根据前人研究,人群中往往存在 20%~30% 的受试者不能顺利完成 NFT,

这些受试者被称为关于 NFT 的无应答者。无应答者的成因暂时还尚未研究清楚,有可能是其本身的心理策略问题,也可能是 NFT 系统设计不完善的原因。实验将反馈训练成绩低于 60 分的试次数量超过所有训练试次一半的受试者认定为无应答者。最后共发现 4 名受试者为无应答者,其余 16 名为正常训练受试者。研究分析两组受试者在射击表现、静息态 EEG 特征、反馈训练成绩、主观评价、反馈训练阶段 EEG 特征等方面的差异。

14.2.3 实验分析指标和统计检验

为检验 PEAK 范式 SP-NFT 的训练效果和反馈训练阶段的无应答者特性,采用统计分析对相关数据指标进行检验。统计分析包括两个方面,一方面是关于 SP-NFT 对射击表现和静息态 EEG 特征的训练效果分析:

(1) SP-NFT 对射击表现的训练效果分析,采用双因素方差分析(two-way Analysis of Variance,ANOVA2)(2×2),分别在组因素(正常组和无应答组)、前、后测因素上对射击表现进行检验。

(2) SP-NFT 对静息态 EEG 特征的训练效果分析,针对 C_3 导联和 C_4 导联上的 Theta、SMR、Beta1、SMR/Theta、Beta1/Theta 5 个 EEG 频段功率特征,采用 ANOVA2(2×4),分别在组因素(正常组和无应答组)和训练节次(节次 1~节次 4)因素上进行检验。

另一方面,关于反馈训练阶段的无应答者特性,实验分别对比分析了两组受试者的反馈训练成绩、主观评价指标以及训练阶段 EEG 特征。

(1) 两组受试者的反馈训练成绩对比分析,采用 ANOVA2(2×4)对受试者反馈训练成绩在组因素(正常组和无应答组)和节次因素(节次 1~节次 4)上进行检验。

(2) 两组受试者的主观评价指标对比分析,采用 ANOVA2(2×4)在组因素(正常组和无应答组)和节次因素(节次 1~节次 4)上对 5 个主观评价指标进行检验。

(3) 两组受试者训练阶段 EEG 特征对比分析,分别绘制两组受试者在 C_3 和 C_4 导联上的 EEG 平均时频分布图、EEG 功率谱以及训练阶段反馈特征与放松阶段反馈特征对比图,并分别对两组受试者训练阶段反馈特征和放松阶段反馈特征进行了配对样本 T 检验。

14.3 实验结果

14.3.1 SP-NFT 的训练效果分析

1. 射击表现效果分析

表 14-1 为所有受试者的前、后测射击表现结果,其中加下划线的受试者为无应答组。采用 ANOVA2 对受试者的射击表现进行统计检验,在前测和后测因素上,$p<0.01$,后测射击成绩显著高于前测射击成绩。在组因素上,$p>0.05$,正常组的射击成绩与无应答组的射击成绩无显著差异。

表 14-1 受试者反馈训练前、后的射击表现 (单位:命中数)

受试者编号	前 测	后 测	受试者编号	前 测	后 测
S1	5	8	S11	0	7
S2	2	4	S12	7	6
S3	0	5	**S13**	3	5
S4	4	6	S14	5	6
S5	3	4	S15	5	7
S6	3	5	**S16**	6	4
S7	5	5	S17	2	6
S8	4	6	S18	2	5
S9	6	3	S19	2	5
S10	4	7	S20	6	7

注:加粗文字为无应答组被试。

2. 静息态 EEG 特征效果分析

通过对静息态 EEG 频段功率特征在组因素(正常组和无应答组)和节次因素(节次 1~节次 4)上进行的 ANOVA2 检验,发现显著结果如下:在 C_3 导联上,Theta 频段功率在组因素上 $p<0.05$,后验分析表明正常组＞无应答组;在节次因素上 $p<0.05$,节次 1＞节次 2＝节次 3＝节次 4。SMR 功率在组因素上

$p<0.01$，正常组 > 无应答组，节次因素上 $p=0.06$，表现出趋势显著，节次 1 < 节次 2 = 节次 3 = 节次 4。在 C_4 导联上，Theta 频段功率在组因素上 $p<0.01$，正常组 > 无应答组；在节次因素上 $p<0.05$，节次 1 > 节次 2 = 节次 3 = 节次 4。SMR 功率在节次因素上 $p<0.05$，后验分析表明节次 1 < 节次 2 = 节次 3 = 节次 4。总结发现：相比正常组，无应答组参与训练的多个静息态 EEG 频段功率更低。两组受试者第一次反馈训练时 Theta 频段功率较高，后续训练中显著降低，但后三次的变化并不显著。

14.3.2 SP-NFT 过程中的无应答组特性分析

1. 组间反馈训练成绩对比分析

表 14-2 为两组受试者反馈训练成绩的均值和标准差。通过对反馈训练成绩的 ANOVA2 检验，结果表明在组因素上 $p<0.01$，后验分析表明正常组 > 无应答组；在节次因素上 $p<0.01$，节次 1 < 节次 2 = 节次 3 = 节次 4。总结发现：①正常组的反馈训练成绩显著高于无应答组。②第一次反馈成绩普遍较低，第二次反馈成绩得到了显著的增加，之后反馈训练成绩保持稳定。

表 14-2　两组受试者的反馈训练成绩均值和标准差　（单位：分）

	节次 1	节次 2	节次 3	节次 4
正常组	69.6(±17.5)	80.4(±12.5)	79.6(±12.5)	82.6(±14.5)
无应答组	58.8(±6.5)	60.0(±8.5)	59.5(±7.5)	55.8(±7.8)

2. 组间主观评价对比分析

图 14-3 为所有受试者的主观评价的均值和标准误差，* 表示两类受试者之间存在显著差异（$p<0.05$）。从图中可以看出，正常组和无应答组在努力程度方面存在显著差异，无应答组表现出更高的努力程度，而在其他主观评价上则无显著差异。

表 14-3 是两组受试者在 4 个节次上主观评价的均值和标准差。通过对 5 个评价问题在组因素（正常组和无应答组）和节次因素（节次 1～节次 4）上进行的 ANOVA2 检验，显著结果包括：训练紧张程度评价中，节次因素上 $p<0.01$，后验分析表明节次 1 > 节次 4；努力程度评价中，组因素上 $p<0.01$，正常组 < 无应答组。对于其他主观评价，在组因素和节次因素上均无显著差异。总结发

现：①受试者在第一次训练时最为紧张,之后紧张感逐渐降低,最后一次实验最为放松。②无应答组比正常组在训练中付出的努力更多。

表14-3 所有节次反馈训练后的主观评价指标　　（单位：分）

	节次1	节次2	节次3	节次4
疲劳（正常组）	3.00(±1.53)	2.75(±1.29)	2.73(±1.10)	2.93(±0.93)
疲劳（无应答组）	3.00(±1.00)	3.00(±0.82)	3.75(±0.96)	2.75(±0.50)
紧张（正常组）	4.56(±1.00)	2.56(±0.96)	2.40(±1.18)	2.37(±0.89)
紧张（无应答组）	3.00(±0.00)	2.00(±0.82)	3.00(±2.45)	1.50(±0.58)
参与（正常组）	5.25(±1.13)	5.56(±1.41)	5.60(±1.12)	5.31(±1.45)
参与（无应答组）	5.66(±0.58)	6.00(±0.00)	6.00(±0.00)	6.00(±0.00)
努力（正常组）	4.75(±0.62)	4.68(±1.49)	4.53(±0.99)	4.56(±0.96)
努力（无应答组）	5.33(±1.15)	5.75(±0.50)	5.75(±0.50)	5.75(±0.50)
难易（正常组）	4.33(±1.07)	3.18(±1.04)	3.66(±0.31)	3.50(±0.97)
难易（无应答组）	4.00(±1.00)	3.25(±0.50)	4.25(±1.50)	3.75(±0.95)

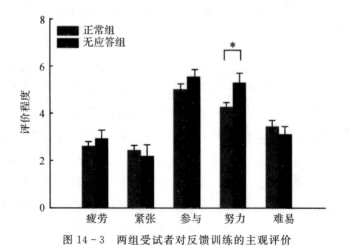

图14-3　两组受试者对反馈训练的主观评价

14.3.3　组间EEG功率特征对比分析

图14-4为两组受试者所有节次训练阶段的平均EEG时频功率分布图,由

训练阶段的平均时频分布减去放松阶段的平均时频分布得到,颜色深浅表示频带功率(由小波系数转换得到)的大小。

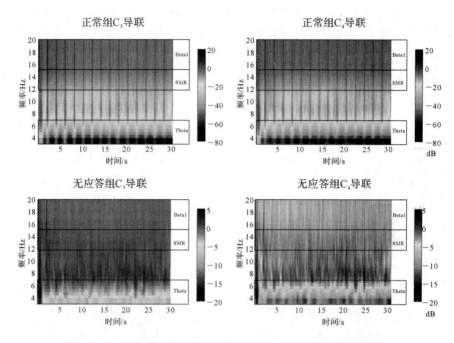

图 14-4　两组受试者反馈训练期间 EEG 平均时频功率分布图

从图中可以看出,两组受试者的 EEG 时频动态变化显著不同,正常组的频带功率变化范围(−80~20)要显著大于无应答组(−20~5),表明相比无应答组,正常组在反馈训练阶段的 EEG 特征变化要比放松阶段更加明显。具体到频带特征来看,可以发现无应答组的 Theta 频段功率减少程度显著低于正常组。

图 14-5 为两组受试者在所有节次上的平均 EEG 功率谱。可以看出:正常组在训练阶段,C_3 导联和 C_4 导联的 EEG 功率谱整体下降,其中 Theta 频段功率下降得最为明显;而无应答组在训练阶段的 Theta 频段功率下降程度则较正常组更少,在 Alpha 频段上,无应答组训练阶段的功率比放松阶段更高,而在 SMR 频段和 Beta1 频段上训练阶段和放松阶段则没有变化。

图 14-6 为反馈特征的数据盒形图和统计检验结果,上方是正常组 C_3 导联和 C_4 导联的反馈特征,下方是无应答组 C_3 导联和 C_4 导联的反馈特征。图中数据为所有节次中正常组放松阶段的平均 EEG 反馈特征和训练阶段的平均 EEG 反馈特征(C_3 导联的 EEG 反馈特征为 Beta1/Theta,C_4 导联为 SMR/Theta),

图中左侧是放松阶段的反馈特征,右侧是训练阶段的反馈特征,检验方式为配对样本 T 检验。从中可以看出,正常组在 C_3 导联和 C_4 导联上,放松阶段和训练阶段的反馈特征均表现出显著差异($p<0.01$),而无应答组在 C_3 导联和 C_4 导联上放松阶段和训练阶段的差异程度检验 p 值分别为 0.081 和 0.112,均未达显著。表明正常组放松阶段和训练阶段的反馈特征值差异显著,而无应答组两个阶段的反馈特征差异未达显著。

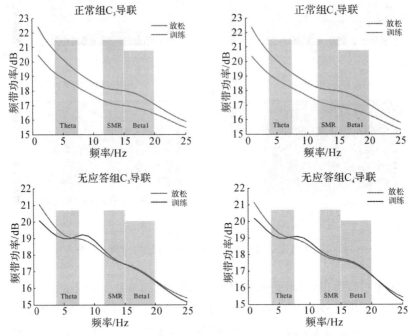

图 14-5 两组受试者反馈训练期间的 EEG 平均功率谱

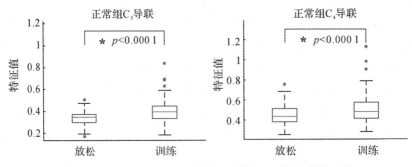

图 14-6 两组受试者反馈特征的数据盒形图和统计差异

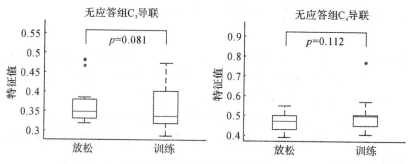

续图 14-6 两组受试者反馈特征的数据盒形图和统计差异

14.4 实验结果讨论

14.4.1 SP-NFT 对射击表现提升的效果分析

Chen 等人认为,射击、射箭等精细型运动需要射手注意力高度集中,而注意力集中的过程又伴随着 Theta 频段功率的减少和 SMR 功率的增加,进行相关特征的 SP-NFT 可以引导受试者强化自身注意力,从而提升运动表现。实验选取的射击运动类型为隐显目标射击,相比慢速射击,该射击科目对射手的注意力和反应力要求更高。SP-NFT 训练效果分析表明,通过训练的受试者射击表现得到了显著提升,验证了 SP-NFT 在增强业余射手注意力、提升快速反应射击运动表现的有效性。

14.4.2 SP-NFT 对 EEG 特征的影响效果分析

前人文献指出,NFT 可能通过改变大脑静息态神经活动,影响受试者的生理、心理活动,从而起到改变受试者外在表现的作用。对静息态 EEG 特征的训练效果分析表明,相比无应答组,正常组 SP-NFT 前、后的静息态 Theta 频段、SMR 频段功率发生了显著的改变,Beta1 频段功率发生了趋势性的改变,表明 SP-NFT 不但可以提升受试者的行为表现,还可以改变受试者大脑原本的 EEG 节律活动。

14.4.3 SP-NFT 的无应答组分析

研究的另一个重点在于分析 SP-NFT 过程中,不同受试者的主观评价和 EEG 特征,探索无应答者的相关生理机制,为优化完善 SP-NFT 提供依据。首先,研究中无应答者的个数占整体参与训练总人数的 20%,比例与前人大多数研究相符合。其次,通过反馈训练成绩分析,无应答组的成绩显著低于正常组,且各个节次之间无显著变化,说明无应答者即使通过若干次训练,也很难学会控制自身 EEG 活动。

在本研究中,通过对比正常组和无应答组的主观评价指标,发现相对正常组,无应答组在反馈训练中付出了更加强烈的"努力"。针对人群中存在的无应答者的问题,Davelaar 等人猜想可能与受试者的心理策略相关,无应答者在反馈训练中过于集中于任务目标,非常努力想要达到要求(例如努力使反馈图像发生变化),而正常组则更关注自身的感受(例如感觉到自己胃里有东西)以及外在环境的变化(例如听到了周围的微弱响声)。从主观评价指标差异来看,无应答组的心理策略符合 Davelaar 等人的猜想。但与此同时,本研究也猜想这种努力也可能是由于受试者自身成绩较差,所以在训练中付出更多所导致,也可以解释为一种为目标付出更多努力的补偿反应。

根据正常组和无应答组的 EEG 特征对比结果,研究发现两组受试者在平均功率谱和反馈特征上都存在显著差异。从 EEG 时频分布和功率谱曲线上可以看出:对于正常组,能够取得成功反馈的结果主要是因为受试者能够正常调控参与反馈训练的频段功率,呈现出训练阶段与放松阶段 EEG 功率特征存在显著差异的现象;而对于无应答组,可以观察到放松阶段和训练阶段的 EEG 功率差异并不显著,尤其是 Theta 频段,两个阶段的功率仅存在较小差别,表明无应答组较难控制自身的反馈特征,同时,相比正常组,无应答组训练阶段的 EEG 功率谱在 Alpha 频段范围出现了尖峰,表明无应答组在反馈训练中可能调节了非反馈特征的频段功率,这也可能是导致无应答组不能正常完成训练的原因之一。

14.5 本章小结

本章主要探索了 PEAK 范式 SP-NFT 在提升隐显目标射击表现中的应用效果和无应答者特性。通过统计分析,结果发现 SP-NFT 能够提升射手隐显目标射击表现并对受试者的静息态 EEG 特征产生显著影响。在 SP-NFT 训练过程中,无应答者付出了更多的努力,但反馈训练成绩则并未随努力得到提高,原因可能与其固有的 EEG 频段功率特征有关。实验结果为优化射击训练方法提供了新的思路,也为完善 SP-NFT 系统设计、克服无应答者问题提供了实验支持。

参 考 文 献

[1] ONAGAWA R, MURAOKA Y, HAGURA N, et al. An investigation of the effectiveness of neurofeedback training on motor performance in healthy adults: a systematic review and meta-analysis[J]. Neuroimage, 2023(270):120000.

[2] 杨冬梅,张文海,丁强. 实时功能性磁共振成像神经反馈的研究进展[J]. 中国生物医学工程学报,2020(5):587-594.

[3] 李梦琪,龚安民,南文雅,等. 基于功能近红外光谱成像的神经反馈技术及应用[J]. 生物医学工程学杂志,2022,39(5):1041-1049.

[4] 袁密桁,丁鹏,南文雅,等. 神经反馈训练促进精神障碍康复的方法及其应用现状[J]. 中华神经医学杂志,2022,21(9):956-963.

[5] 杨文杰,南文雅,龚安民,等. 神经反馈调节健康个体注意力的研究进展[J]. 中国生物医学工程学报,2022,41(3):351-359.

[6] GONG A M, GU F, NAN W Y, et al. A review of neurofeedback training for improving sport performance from the perspective of user experience [J]. Frontiers in Neurosicence,2021(15):638369.

[7] 赵祁伟,陆颖之,周成林. 新兴技术融合发展下竞技运动心理学研究进展、实践与展望[J]. 上海体育学院学报,2020,44(11):18-27.

[8] RAYMOND J, SAJID I, PARKINSON L A, et al. Biofeedback and dance performance: a preliminary investigation[J]. Applied Psychophysiology and Biofeedback,2005,30(1):65-73.

[9] STRIZHKOVA O, CHERAPKINA L, STRIZHKOVA T. The neurofeedback course using of high skilled gymnasts at competitive period [C]//8th INSHS International Christmas Sport Scientific Conference. Szombathely: International Network of Sport and Health Science,2014,9(1):561-569.

[10] ROSTAMI R, SADEGHI H, KOBRA A, et al. The effects of

neurofeedback on the improvement of rifle shooters' performance[J]. Journal of Neurotherapy, 2012, 16(4):264–269.

[11] MIKICIN M, ORZECHOWSKI G, JUREWICZ K, et al. Brain-training for physical performance: a study of EEG-neurofeedback and alpha relaxation training in athletes[J]. Acta Neurobiologiae Experimentalis, 2015, 75(4):434–445.

[12] CHEN T T, WANGLE K P, CHANG W H, et al. Effects of the function-specific instruction approach to neurofeedback training on frontal midline theta waves and golf putting performance[J]. Psychology of Sport & Exercise, 2022(61):102211.

[13] 牛斯然. 优秀手枪射击运动员中枢神经系统机能变化水平的研究[D]. 太原:山西大学,2020.

[14] SHAO M M, LAI Y H, GONG A M, et al. Effect of shooting experience on executive function: differences between experts and novices[J]. PeerJ, 2020, 8(5):e9802.

[15] GU E, GONG A M, QU Y, et al. Brain network research of skilled shooters in the shooting preparation stage under the condition of limited sensory function[J]. Brain Sciences, 2022(12):1373.

[16] 王建武. 射击运动员的注意力要求及培养思路[J]. 体育世界(学术版), 2019,795(9):167.

[17] 李四化,李京诚,刘淑慧. 心底会意字在单发射击环节中的应用[J]. 中国体育教练员,2019,27(1):44–46.

[18] GONG A M, NAN W Y, YIN E W, et al., Efficacy, trainability, and neuroplasticity of SMR vs. Alpha rhythm shooting performance neurofeedback training[J]. Frontiers in Human Neurosicence, 2020 (14):94.

[19] ENRIQUEZGEPPERT S, HUSTER R J, SCHARFENORT R, et al. Modulation of frontal-midline theta by neurofeedback[J]. Biological Psychology,2014,95(1):59–69.

[20] OBLAK E F, SULZER J S, LEWIS-PEACOCK J A. A simulation-based approach to improve decoded neurofeedback performance[J]. Neuroimage,2019(195):300–310.

[21] COLLURA T F. Technical foundations of neurofeedback[M]. London:Routledge, 2013.

[22] KADOSH K C, STAUNTON G. A systematic review of the psychological factors that influence neurofeedback learning outcomes [J]. NeuroImage, 2019(185):545-555.

[23] DEL PERCIO C, BABILONI C M. Visuo-attentional and sensorimotor alpha rhythms are related to visuo-motor performance in athletes[J]. Human Brain Mapping, 2010, 30(11):3527-3540.

[24] GHAZIRI J, TUCHOLKA A, LARUE V, et al. Neurofeedback training induces changes in white and gray matter[J]. Clinical EEG and Neuroscience, 2013, 44(4):265-272.

[25] MEGUMI F, YAMASHITA A, KAWATO M, et al. Functional MRI neurofeedback training on connectivity between two regions induces long-lasting changes in intrinsic functional network[J]. Frontiers in Human Neuroscience, 2015, 9(160):160.

[26] FALLER J, CUMMINGS J, SAPROO S, et al. Regulation of arousal via online neurofeedback improves human performance in a demanding sensory-motor task [J]. Proceedings of the National Academy of Sciences of the United States of America, 2019, 116(15):6482-6490.

[27] ZOEFEL B, HUSTER R J, HERRMANN C S. Neurofeedback training of the upper alpha frequency band in EEG improves cognitive performance [J]. Neuroimage, 2010, 54(2):1427-1431.

[28] DAVELAAR E J, BARNBY J M, ALMASI S, et al. Differential subjective experiences in learners and non-learners in frontal alpha neurofeedback: piloting a mixed-method approach[J]. Frontiers in Human Neuroscience, 2018(12):402.